贵州省社会科学院基础理论研究重点项目(2011—2015年)

抗战时期贵州田赋研究

安尊华　等著

图书在版编目(CIP)数据

抗战时期贵州田赋研究/安尊华等著.—北京:知识产权出版社,2015.9
(贵州抗日战争研究系列/吴廷述主编)
ISBN 978-7-5130-2481-5

Ⅰ.①抗… Ⅱ.①安… Ⅲ.①赋税制度—经济史—史料—贵州省—1937~1945 Ⅳ.F329.73

中国版本图书馆 CIP 数据核字(2014)第 286724 号

责任编辑:王 辉　　　　　　　责任出版:孙婷婷

抗战时期贵州田赋研究

安尊华等　著

出版发行	知识产权出版社有限责任公司	网　址	http://www.ipph.cn
电　话	010-82004826		http://www.laichushu.com
社　址	北京市海淀区马甸南村1号	邮　编	100088
责编电话	010-82000860-8381	责编邮箱	wanghui@cnipr.com
发行电话	010-82000860转8101/8029	发行传真	010-82000893/82003279
印　刷	北京中献拓方科技发展有限公司	经　销	各大网上书店、新华书店及相关专业书店
开　本	720 mm×1000 mm 1/16	印　张	13.5
版　次	2015年9月第1版	印　次	2015年9月第1次印刷
字　数	210千字	定　价	38.00元
ISBN 978-7-5130-2481-5			

出版权专有　侵权必究
如有印装质量问题,本社负责调换。

贵州省社会科学院基础理论研究重点项目
(2011—2015 年)

"抗战时期贵州历史专题研究"成果之二

总主编：吴廷述

本书撰稿人：安尊华　翁泽红　张云峰　龙平久　李德生
　　　　　　徐　适　黄　昊　范　松　罗晓萍

民国二十六年

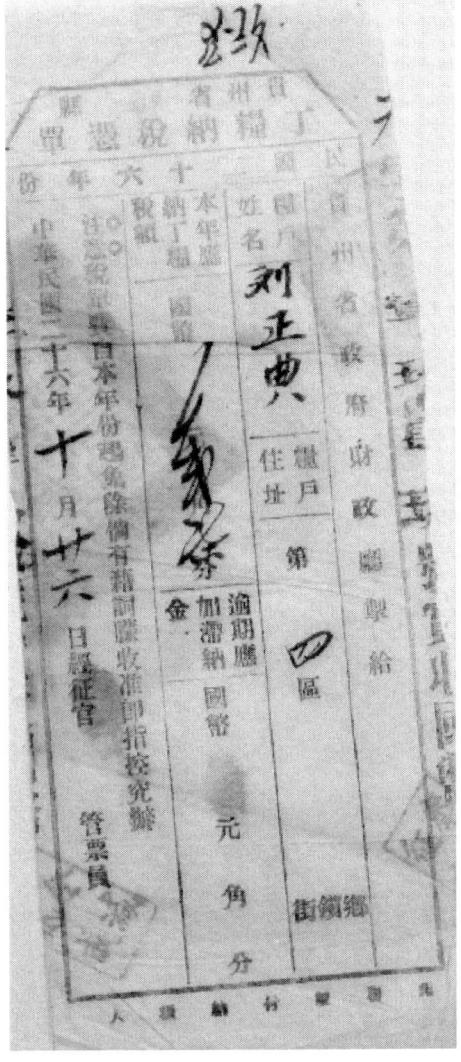

民国二十六、二十八年

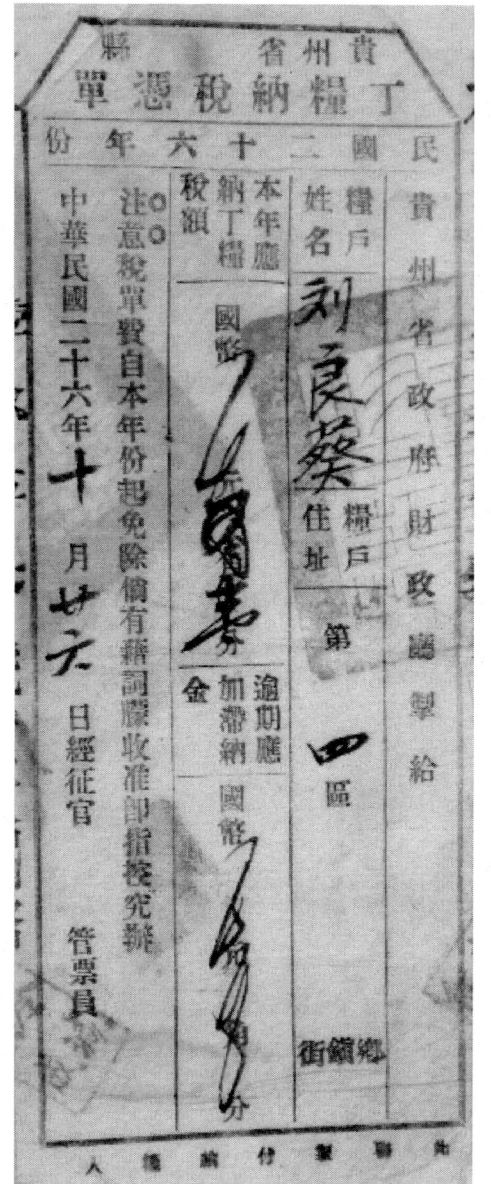
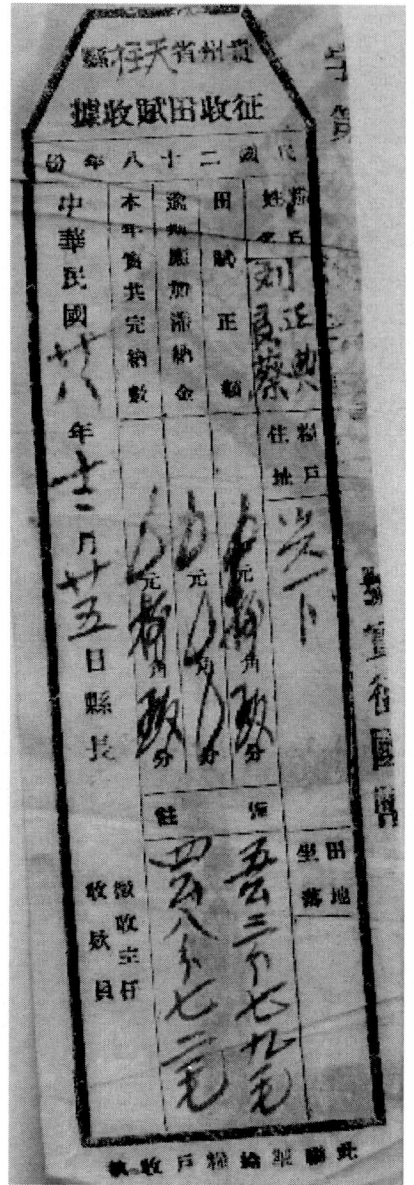

民国三十年

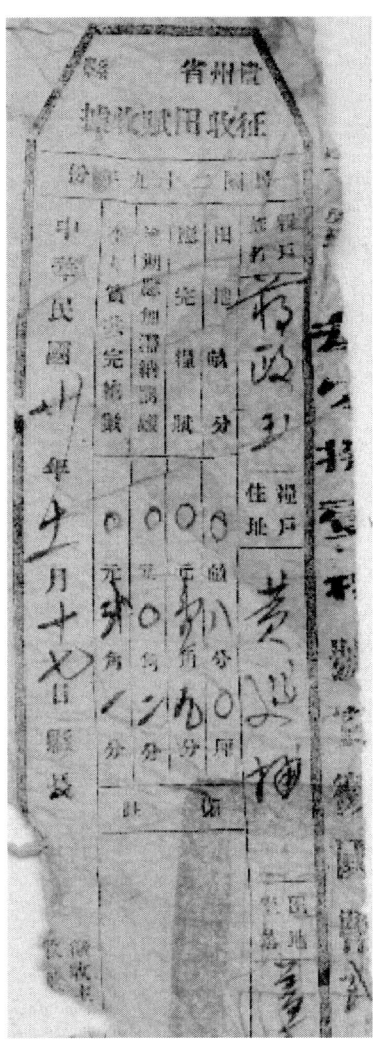
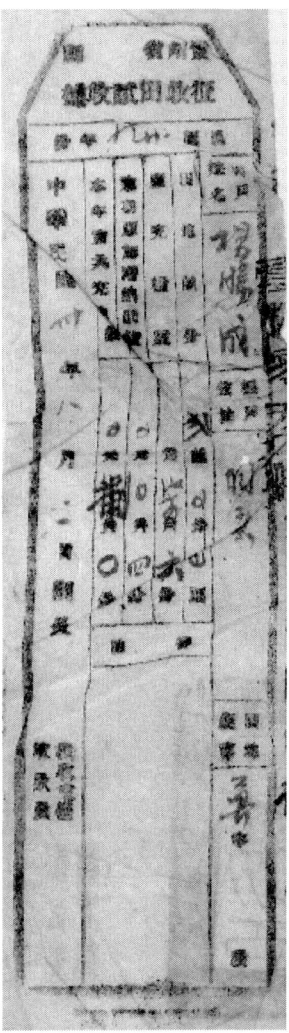

民国三十年

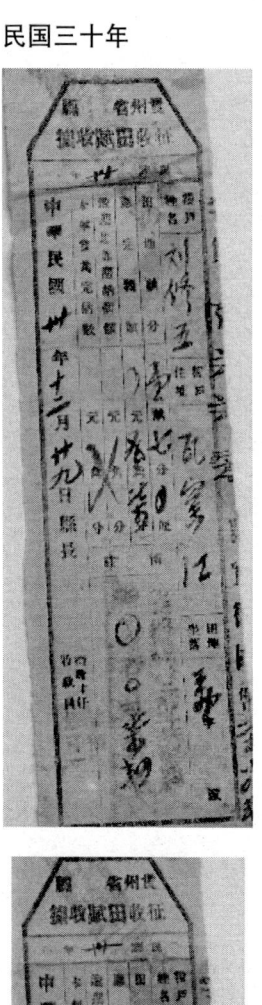
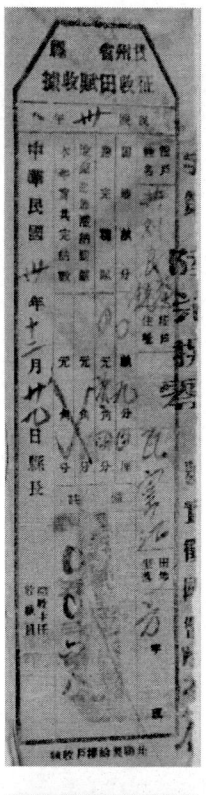
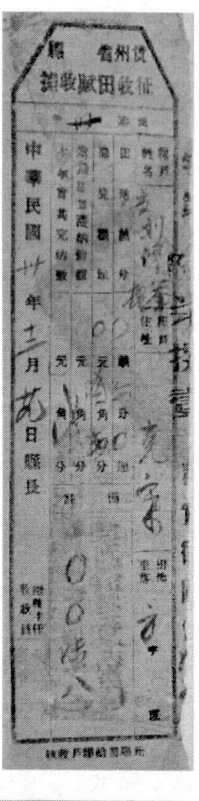
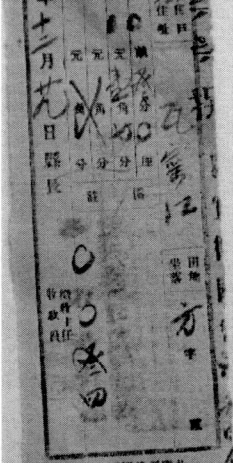

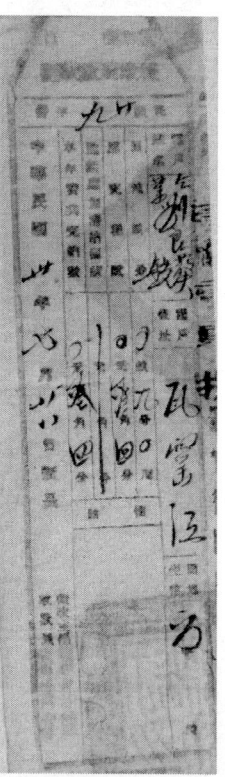

民国三十、三十一年

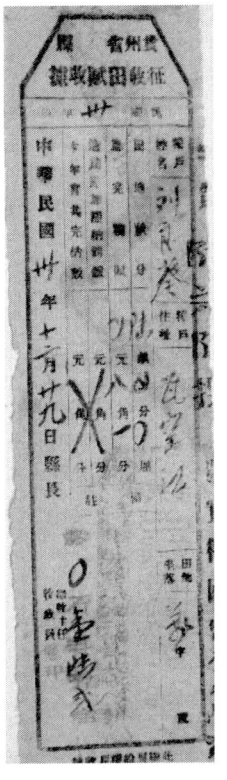
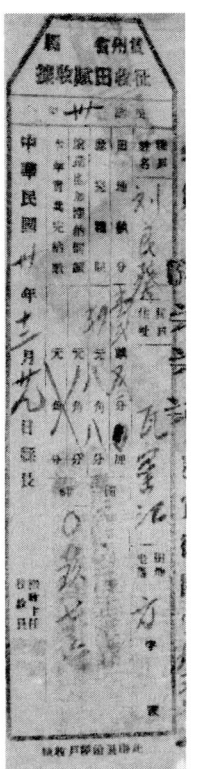

民国三十二年

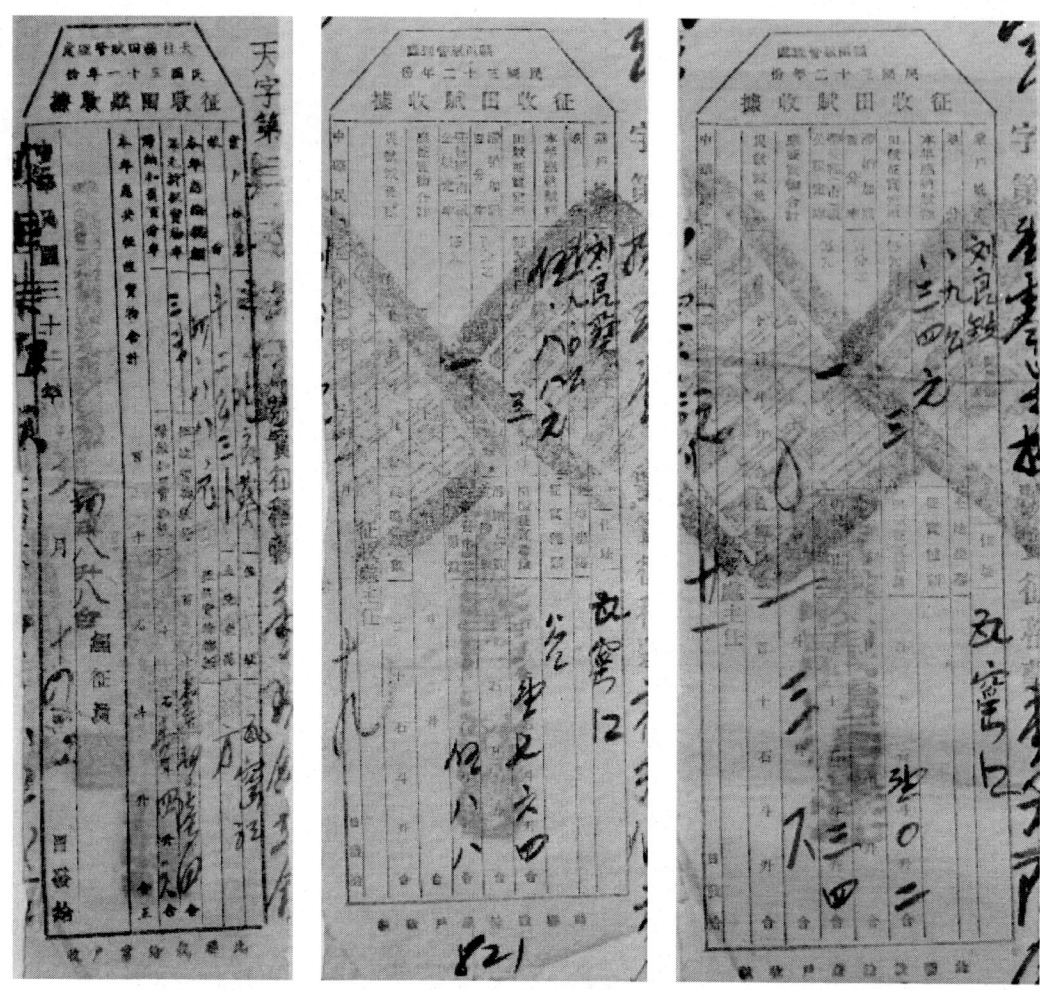

民国三十二、三十三年

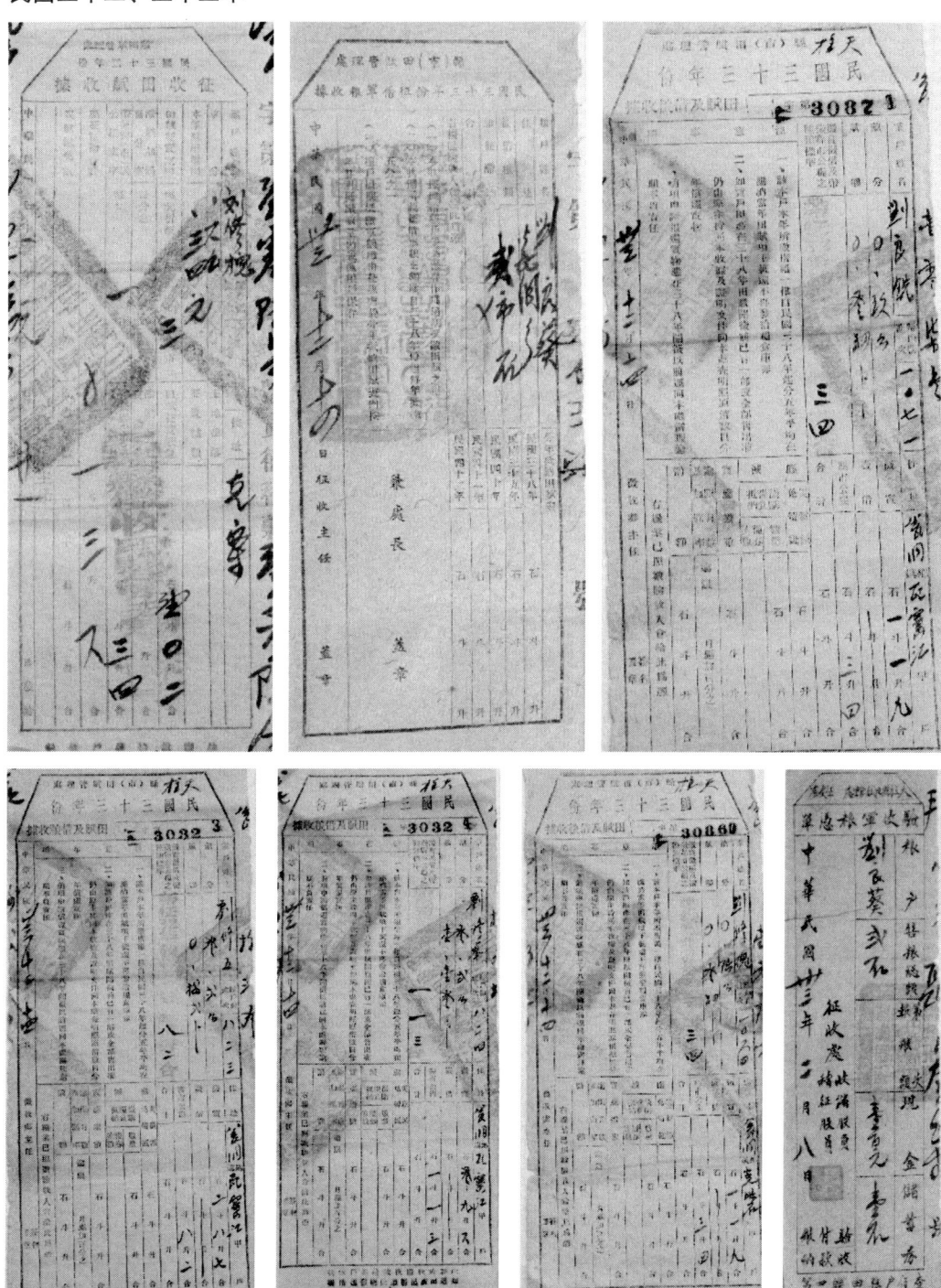

民国三十三、三十四年

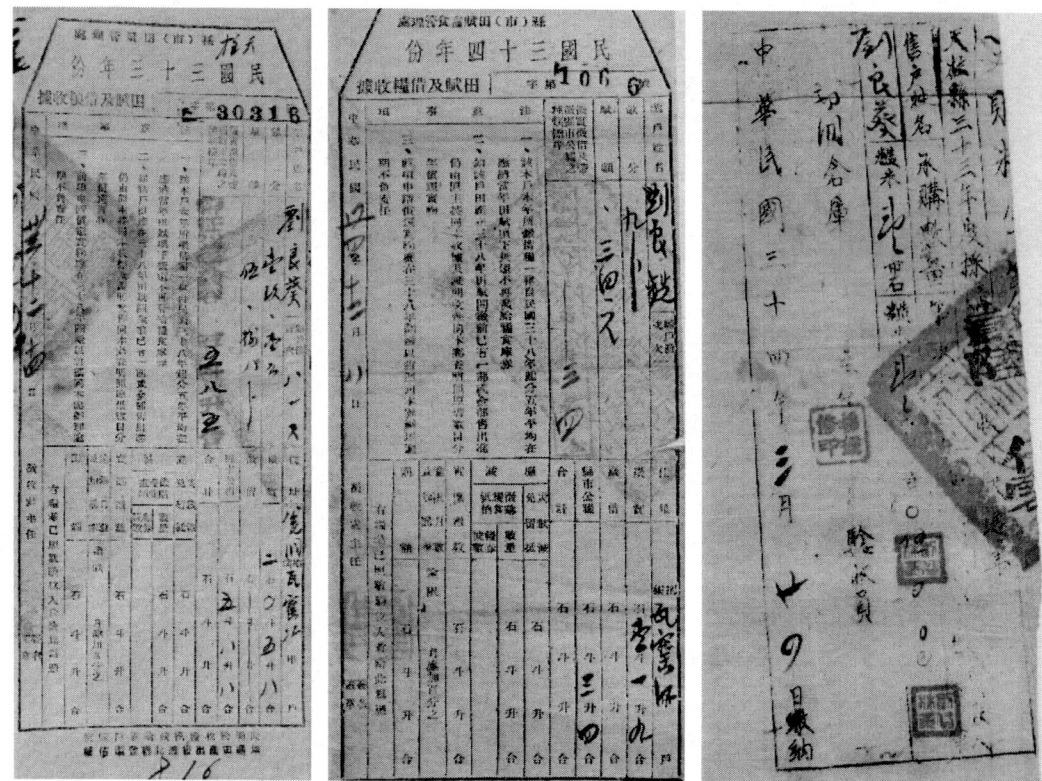

目 录

自 序 ··· 1

第一章 抗战前贵州田赋征收概况 ·· 1
    一 抗战前期贵州政治经济状况 ··· 2
    二 抗战前期贵州耕地概况 ·· 5
    三 抗战前贵州田赋概况 ··· 8
    四 南京国民政府整理田赋的背景 ·· 11
    五 南京国民政府整理田赋情况 ··· 13
    六 国民政府推行田赋实征的原因 ·· 20
        （一）财政危机 ·· 20
        （二）粮食危机 ·· 21
        （三）田赋实征的酝酿 ·· 23

第二章 抗战时期贵州田赋征收管理机构 ··································· 26
    一 设立贵州田赋征收管理机构的背景 ···································· 26
        （一）田赋征实前南京国民政府的田赋政策 ························· 26
        （二）田赋征收过程中的弊端 ··· 27
        （三）战区省份田赋的改革尝试 ·· 29
    二 贵州田赋管理征收机构的设立 ·· 31
        （一）田赋征实的管理机构 ·· 31

(二)田赋征实政策的宣传与推进 …………………………………… 40
　　(三)田赋的征收、保管和分配 …………………………………… 52

第三章　与田赋征收有关的土地清查 ……………………………… 55
　一　抗战初期贵州土地清查的原因 …………………………………… 55
　　(一)南京政府财政收入锐减 ………………………………………… 55
　　(二)确立战时土地政策,促进西南农业经济发展 ………………… 57
　　(三)整理地籍,增加田赋收入 ……………………………………… 59
　二　抗战初期贵州土地清查概况 ……………………………………… 63
　　(一)贵州耕地面积状况 …………………………………………… 63
　　(二)抗战前贵州地籍状况 …………………………………………… 65
　　(三)抗战前贵州田赋状况 …………………………………………… 68
　　(四)贵州土地陈报 …………………………………………………… 69
　三　抗战初期贵州土地清查评价 ……………………………………… 76
　　(一)取得的成效 ……………………………………………………… 76
　　(二)存在的问题 ……………………………………………………… 80

第四章　抗战时期贵州田赋征收情况 ……………………………… 84
　一　抗战时期田赋实征的社会背景 …………………………………… 84
　　(一)全面抗战爆发前的贵州政治 ………………………………… 84
　　(二)抗战前期贵州社会 …………………………………………… 85
　二　抗战前期贵州实施田赋征收情况(1937～1941) ……………… 86
　　(一)抗战前期贵州田赋征收情况 ………………………………… 88
　　(二)抗战期间贵州土地陈报情况 ………………………………… 92
　三　抗战后期贵州的田赋征实情况 …………………………………… 98
　　(一)国民政府田赋改征实物政策出台的背景 …………………… 98
　　(二)"三征"政策 …………………………………………………… 104
　　(三)国民政府为推行田赋征实所颁行的法规 …………………… 105

（四）贵州省田赋改征实物的具体规定 …… 106
（五）征收手续和征收办法 …… 108
（六）贵州省土地陈报概况及陈报后历年的土地清理 …… 111
（七）1941～1945年贵州省各县市田赋征实的具体数据 …… 116

第五章 抗战时期贵州田赋征实的评价 …… 146
一 抗战时期贵州田赋征实的整体认识 …… 146
（一）田赋收入占贵州省财政总收入的重要位置 …… 147
（二）国民政府田赋征实政策的大体演变 …… 149
（三）贵州田赋征实成效 …… 152
二 抗战时期贵州田赋征实评析 …… 160
（一）田赋征实运行机制较成功 …… 160
（二）田赋征实的成绩显著 …… 165
（三）抗战时期贵州田赋征实的不足之处 …… 177

参考文献 …… 186
后　记 …… 193

表目录

表 1-1　贵州省耕地面积统计表(1873—1934 年) ……………………… 6

表 1-2　近代贵州农村人口和耕地面积指数表 ………………………… 6

表 1-3　贵州省和全国农户田地统计比较表 …………………………… 7

表 1-4　贵州省和全国农户耕地经营面积比较表 ……………………… 7

表 4-1　土地陈报完成的贵阳等八县新征赋额表 ……………………… 90

表 4-2　地价收益赋额表 ………………………………………………… 93

表 4-3　贵州省办理土地陈报后改定田赋科则表 ……………………… 96

表 4-4　贵州省各县土地陈报前后之田赋赋额比较表 ………………… 113

表 4-5　贵州省各县征集粮食总额表(配征数) ………………………… 116

表 4-6　贵州省各县市征集粮食总额表(征实数) ……………………… 120

表 4-7　贵州省各县市田赋征实表 ……………………………………… 123

表 4-8　民国三十年至三十四年征实购借县级公粮配征数与实征数表 …… 128

表 4-9　贵州省各县市征借军粮表 ……………………………………… 129

表 4-10　贵州省民国三十四年田赋征实军粮征购表 …………………… 132

表 4-11　贵州省民国三十五年田赋征实军粮购借表 …………………… 135

表 4-12　贵州省各县市自民国十六年至三十一年积谷数量比较表 …… 138

表 4-13　贵州省各县市县级公粮表 ……………………………………… 139

表 4-14　抗战期间四川与国统区田赋征实数统计表 …………………… 145

表 5-1　贵州省民国二十年至三十年田赋收入占财政总收入对比表 …… 148

表 5-2　地主与农民所得指数对照表 …………………………………… 156

表 5-3　地主总所得指数与田赋实征数表 ·· 156

表 5-4　抗战时期贵州田赋征实完成数与全国田赋征实稻谷数额之比较表
　　　　（1941—1945 年）·· 168

表 5-5　1941 年贵州省田赋征实、征购与临省比较表 ································ 174

表 5-6　抗战时期贵州田赋征实税率表 ·· 183

图目录

图 2-1 田赋改革前国民政府田赋征收组织系统图 …………………… 46

图 2-2 1942 年以前的组织系统图 ……………………………………… 46

图 5-1 贵州省抗战时期田赋征实配征数与实征数对比图 …………… 166

图 5-2 贵州省抗战期间军粮配征数与实征数对比图 ………………… 167

图 5-3 贵州抗战期间县级公粮配征数与实征数对照图 ……………… 169

图 5-4 1941 年贵州等省田赋征实征购对比图 ………………………… 175

图 5-5 1941 年贵州等省田赋征实征购占总产量百分比图 …………… 175

图 5-6 抗战时期贵州田赋征实税率图 ………………………………… 184

自 序

抗日战争是20世纪中国历史上最伟大的事件之一。长期以来,对这段历史的研究一直是史学领域的一个重镇。在这场伟大的民族战争中,贵州各族人民与其他各省人民一起浴血奋战,为抗战的最后胜利做出了不可磨灭的贡献。然而,在众多历史研究者眼中,贵州在抗战中的地位和作用却被极大地忽视了,学术界对抗日战争时期贵州历史的研究显然不足。2010年年底,由中共贵州省委党史研究室组织编写的《贵州抗战损失调查》的出版,引起了人们的极大关注,也进一步体现了人们对贵州抗战史进行深入研究的迫切愿望。

其实,搜检有关史实,贵州在抗战中所承受的牺牲和做出的贡献还是十分惊人的。中华人民共和国成立以前的贵州是一个偏僻贫瘠的省,全省只有约1000万人口,160万壮丁,却在八年中为抗战事业出了近70万兵员(兵员占人口比例为全国最高),近2600万个义务工,1.4亿斤大米,18亿斤稻谷,5.78亿元现金。由贵州子弟兵(或贵州籍官兵占绝大多数)组成的"黔军"部队,总计达11个师之多,即陆军第82师、第85师、第102师、第103师、第140师、第121师、新编第8师、陆军预备第2师、新编28师,陆军补充师,以及独立第6旅。这些部队在抗战爆发后,全部开赴前线。他们分别参加过忻口战役、同蒲路侯马战役、武汉会战、徐州会战、台儿庄战役、南昌会战、长沙会战等,屡立战功,用鲜血和生命捍卫了祖国领土。第82师、103师、新编28师等还调入远征军,参加过滇缅战役,为打通国际交通线立下了战功。

那么,为什么贵州在抗战史上的地位和她实际做出的贡献反差如此明显呢?一个直接的原因就是贵州史学界对这段历史的研究不够,宣传不够,外界对贵州的了解太少。据调查,目前与贵州抗战史研究相关的文章不到300篇,内容分散,虽然也涉及军事、经济、文学、农业、工矿业、医疗、县政、慈善、灾荒、役政等多个方面,但较为零散,研究力度和深度明显不够,系统的研究成果有限,且这些文章多发表在本省的刊物或报纸上,影响力自然有限。在这些研究者当中,极少有人把抗战史作为专题进行深入研究,往往一篇文章之后再无下文,尚未形成一支稳定的研究队伍,更没有形成一个比较固定的研究基地或研究中心。

有鉴于此,贵州省社会科学院历史研究所在了解省内外有关抗日战争史研究的学术动态后,觉得有进一步加强贵州抗战时期历史研究的必要,拟举全所之力,整合院内外相关研究力量,着手开展抗日战争时期的各种专题研究,以廓清外界对贵州抗战所作贡献之误读,力图还原历史的真面目,达到宣传贵州、推介贵州的目的。

去年孟夏,我们接到继续研究抗战专题的重任,顿感战战兢兢,如履薄冰,恐才疏学浅,能力平平,难以完成以致贻误院年终绩效目标考核。院领导的信任和专家的不吝指导,促使课题组最终把课题承担下来。我们精心筛选,确定题目,名为《抗战时期贵州田赋研究》。我们有了目标,于是拟定计划,开展研究。我们小心求证,爬梳史料,解读文本,排比整合,终于撰成这篇拙文。草创斯篇,想必不可能尽善尽美,尽达人意;对于田赋之研究,也只能挂一而漏万。不过她是继去年《黔山抗战起烽烟》之后的又一部抗战小作品,凝聚了历史所全体青年科研人员的汗水和苦心求索,相信对贵州抗战研究能有点滴补充。果能如此,即达到了我们的初衷,令年轻人在科研成长的道路上得到了一次脚踏实地的锻炼。

课题组
2014 年 6 月 8 日

第一章　抗战前贵州田赋征收概况

田赋,其实质就是土地税,是政府依据耕地面积和一定的税率对土地所征收的税种。田赋赋额是政府对田赋的征收量,是田赋在政府财政收入中的反映,它既可表现为一定量的实物,也可表现为一定量的货币。在征收形式上,它是通过额征和实征来实现的。正如任树椿所说:"田赋本为收益税之一种,以土地之纯收入为税源,而课于土地之永续收益之特别税也。最初国君观念,以土地为国家所有,故有'普天之下莫非王土'之语。而农民耕种国家之土地,应将所收获之一部分,交纳于国家,即所谓田赋是也。"❶

从上述定义可以得知,田赋以土地为征税对象,且以征取土地收益为主要目标。然而有清朝,田赋所包罗的内容却不仅体现在土地之上,且还与人丁有着紧密的关系。"我国田赋,约分为地丁与漕粮。地系地粮,丁系丁税,古时有田则有赋,有丁则有役。"❷这其中,由于贵州田地多贫瘠,产米之地有限,况且所处位置又为僻壤的西南。因此,"无所谓漕运,而有本色征粮""依据清制,贵州应征额亩之田赋,主要为地丁"。❸辛亥革命后,贵州建立大汉贵州军政府,赋税沿袭清代旧制,只是在名目上有所变化而已。这里的田赋是指以田地和附着在田地之上的人丁为基础,以其产出收益为征收对象,以实物或货币为支付形式,被政府通过强制权力无偿征取的税收。

中国是传统的农业社会,农业是国家的主要经济命脉,由于"国家存在的经济体现就是捐税",❹那么作为土地税的田赋备受历代王朝的重视。我国田赋制度存在时间久远,经历了夏商周时期的"贡、助、彻"、秦汉时期的"田租"、唐宋时期的

---

❶ 任树椿.中国田赋之沿革及其整理之方案[J].东方杂志,1934:31(14).
❷ 萧铮.民国二十年代中国大陆土地问题资料[M].台北:成文出版社,1977:10148.
❸ 向达之.论近代西北地区的田赋与积弊陋规[J].兰州学刊,1991(3):70~77.
❹ 马克思恩格斯全集(第4卷)[M].北京:人民出版社,1958:342.

"两税法"、明朝的"一条鞭法"、到清朝时期的"地丁银"的变迁。在世界田赋史上，我国"田赋之制最古，而兴革亦最多"。❶ 在清朝"田赋收入是清王朝的最重要收入。它包括地丁、漕粮、耗羡、租课等"。❷ 民国后，中国处于从传统中央集权国家向近代国家转型时期，地方势力兴起，中央集权遭到削弱后不断弱小，而国家经济形态仍然是自然经济，征收田赋是维持中央和地方政府运转的关键。随着南京国民政府形式上统一中国和民族危机的加深，从中央到地方，田赋的征收发生了很大变化。

征收田赋的标准主要是按照田额的类别和税率的高低。贵州辛亥革命后，由于长期处于军阀混战状态，贵州所征收田赋的田额，一直随着各派系军阀上台而不断变化，民初以降，粮册散佚，地籍紊乱，赋课失所凭依，军阀混战不息，更是赋敛无度，竭泽而渔。贵州形式上处于南京国民政府的领导之下，实际上处于地方军阀混战的独立王国状态，直到1935年南京国民政府借围剿红军之际，薛岳指挥的中央军进入贵州，贵州军阀王家烈被迫下台，贵州才实际受南京国民政府控制。从1912年贵州大汉军政府成立到1935年，贵州社会动荡不断，繁杂、苛重的田赋已成为困扰贵州农村社会发展的一个重要问题。贵州田赋弊窦丛生，田赋领域是一个真正的乱摊子。先后把持贵州政治经济军事大权的军阀有唐继尧、刘显世、袁祖铭、周西城、毛光翔、王家烈等。军阀混战导致贵州政治腐败，经济凋敝，民众苦不堪言，严重阻碍了贵州社会经济的发展。1937年抗日战争爆发后，南京国民政府被迫迁都，重庆成为战时陪都，贵州成了重庆的南大门，贵州的战略位置从过去边缘化变为中华民族完成民族复兴重要战略地之一，厘清贵州抗战前田赋概况，对于分析贵州抗战时期的田赋，以及贵州田赋征收对抗战的贡献，具有重要学术价值和现实意义。

一 抗战前期贵州政治经济状况

贵州辛亥革命结束了封建专制王朝在贵州的统治，建立了资产阶级民主政权——大汉军政府，然而，昙花一现，革命很快就失败了。1912年2月2日，代表大地主大资产阶级利益的军阀取代了大汉军政府，贵州陷入了长期军阀混战、社会动

---

❶ 贾士毅.民国续财政史(上册)[M].北京:商务印书馆,1932:4.
❷ 张九洲.中国旧民主主义时期的经济变迁[M].郑州:河南大学出版社,1999:356.

荡、经济凋敝的时期。直到1935年蒋介石借追剿中央红军之机,派中央军入黔,才结束了贵州军阀统治的局面。这期间,贵州地方军人实力派,或为维系既得权力,或为扩大地盘,或为争夺统治权,频繁用兵,争战不已。各军人实力派,无不是凭借武力取得统治权的,无不是凭借武力维系统治的。在军阀统治下,人民毫无民主可言,辛亥革命建立的民主政治荡然无存。唐继尧统治贵州期间,屠杀革命志士,制造恐怖政治。许多贵州辛亥革命志士惨遭遇难,在铜仁城郊以开花大炮四面轰击无辜百姓,死伤枕藉。入城后,枪毙群众,积尸露骸,人所共见,造成贵州史上最恐怖的局面。滇军入黔,为筹集军饷,不择手段。大肆搜刮,竭泽而渔。强行推行滇军手票,巧立名目,摊派苛捐杂税,勒令富商派款,大肆搜刮其财产,稍有不从,就以枪杀相威胁。从唐继尧、刘显世、袁祖铭、唐继虞、彭汉章到周西成的桐梓系,短短24年中,贵州各派军阀之间较大规模的战争达15次之多,都督、省长、省主席也先后换人15次。这段时期是贵州历史上灾难深重的苦难时期,是时社会动荡不安,缺乏稳定的政治环境,百姓处于水深火热之中,各种社会矛盾尖锐,一触即发。

贵州地瘠民贫,经济历来落后。连年战乱,更使贵州经济雪上加霜,更加贫困。军阀统治时期,贵州经济不仅未能保持清末略有发展的势头,反而呈停滞、衰退状态。为了争夺统治权,军阀无不拼命扩大武装。刘显世统治初期,贵州兵员约在1万人,护国战争结束以后,扩大了1倍。1923年唐继虞主黔,全省滇、黔军增至2~3万人。桐梓系统治时期,全省军队多达六万余人,其开支几乎全部依靠省内供应,致使贵州军费数量剧增。20世纪30年代,即军阀统治后期,兵员总数达到5~6万人。袁祖铭统治时期,扩军至4军18师,号称"10万大军"。庞大的军队和频繁的战争,消耗了巨额的财政收入。唐继尧率滇军入黔,全省军费开支增至七八十万元,占全省财政收入的一半。1914年,全省军费支出约128万元,占当年财政总收入的56.4%,占当年财政总支出的39.34%。1923年,军费开支激增至约865万元,占当年财政总支出的77.85%,而用于文教卫生、经济建设的经费仅分别占1.64%和2.57%。军阀统治时期,全省财政收入从100多万增加到上千万,可是,增加的收入大多用于军费开支,或落入了大大小小的军阀的腰包,没有多少用于经济建设。为了应付巨额的军费开支,历届军阀政府无不拼命搜刮民财。1935年,省政府自行清理出来的"不合法税捐"就达到230余种。钱粮不敷开支,就采取"预征"办法。1930年毛光翔主政,预征了11个年份;1933年王家烈主政,预征了4个年份。1912—1920年,历届军阀政府通过贵州银行发行了400万元纸币,贬值最低时1元纸币仅相当于二三角银元。1923年袁祖铭发行100万元纸币,仅用了7天即因其下台而成为废纸。军阀使用这些纸币强购军需物品,商民不敢不用。为了筹措军费,富商往往成为勒令捐纳的对象,就是与军阀密切合作的民族资本家华之鸿也难幸免,用于购买机器的巨款被军人以借用之名抢走。民穷财尽,政府无力投资经济建设,民间同样无力投资经济建设。不尽的战乱,不尽的搜刮,摧残了农村社会生产力。1913年,全省耕地面积2140多万亩,到1934年,不仅没有增加,反而减少了20多万亩。可耕荒地则从1914年的700多万亩增至1933年的1700多万亩。

军阀不断增加赋税。贵州军阀通过对田赋的整理,加重农民的负担。如地租方面增加了营产租,1914年又将营产租归入田赋管理。1916年公布《无粮田地升科章程》,规定原来未纳赋田地、新垦田地及变卖的官有田地,均需升科、按田纳赋;还将清末各地自征自用的平余、规费提供正供,使全身赋额增加一倍以上(从白银25万两,增加到72.8万银元)。而1929年又比1914年增加5%。再加上征收过程中的贪污勒索,人民群众的田赋负担在不断加重。传统的捐税负担也在不断加重。

贵州军阀的统治还造成这一时期农村封建生产关系强化,其主要表现为土地兼并加剧,大地主阶层发展。贵州军阀多系地主出身,在其掌权之后,往往利用其搜刮之财、手中之权大肆进行土地兼并。如兴义系军阀刘显世,在兴义即占有良田沃土4000余亩;桐梓系军阀发迹之后也广购田土,如周西城掌权之后,曾在老家拥有良田千石。军阀集团中的大小官员亦多热衷于将自己搜刮所得置田购地,因此,贵州各县都出现了一些新地主,他们对土地的兼并、扩张则引起这一时期土地的进一步集中。其时,参与土地兼并浪潮的还有原来的封建地主(包括老地主、拥有土地的官僚、少数民族的土司土目),以及富商、高利贷者。据时人丁道谦先生记载,贵阳四郊耕地"百分之八十皆为地主所有";在织金,土地几乎全部为地主所有,当地土酋杨柱臣有土地两百里,佃户两万人,仆役百余,猪羊牛马不计其数。就连一些热衷于兴办近代工商企业者,也将其所获部分利润去购置田产,如华氏家族当时在遵义地方购置大量田产。由于土地兼并的加剧,造成这一时期贵州农村无地、少地的农民人数不断增加。土地兼并不断加速,军阀和地主以及近代工商业者凭借权力的保护,不缴田赋或者少缴田赋,为了维持军阀正常的开支,拥有军权的军阀就将地主未缴或者少缴的田赋转嫁到农民的身上,进一步加剧农民的负担。军阀统治时期,贵州封建剥削的程度严重而非常残酷。以活租为例,一般为对半分,但有的地区(如沿河、清溪、镇远、荔波、安顺等地)和肥沃田土则实行主六客四或主七客三分成。即使是实行对半分成的办法,因耕牛、种子、农具均由佃户负担,佃户实际所得远远低于收获量的一半。缴纳地租之外,佃户还要向地主服力役、承担各种义务。佃户在承租土地时候往往还要向地主交付押金,其数额约为土地产量的1~2倍,但是到退佃时,地主常以种种借口拒不退还。此外,不少地方地主还将田赋及其附加,以及官府摊派的杂捐徭役等转嫁给佃户。雇农所受剥削更重,在开阳县,除由雇主供给食住外,只略给工资,实际上是一种农奴。据统计,1932—1934年,雇工年工资,全国908个县统计的平均数为36.50元,贵州10个县统计的平均数为20.55元;长工最高工资,全国平均数为150元,而贵州省平均数仅为55元。

军阀长期混战已经给贵州百姓带来巨大的灾难和不幸,而每遇到战事和军队调防时候,军阀部队往往在当地和沿途拉夫牵马。索饷掠粮,加重了人们负担。如1923年滇军第二次入黔,部分军队驻防贵定"将近一年,估住民房,践踏不堪,筹米索款,不遗余力,荼毒人民,罔所顾惜",离开时,强索军米,先搜刮老百姓存粮,还"任意拉夫,大肆搜刮"。继之而来的黔军,更"形同虎狼",多者"每日食米竟达六七十石之多",少者也要"日需十余石"食米供应军队。前后两年,军阀各部此去彼来,不是横征暴敛,便是自由征发谷仓,大肆搜刮,直将贵定城乡食米罄尽无余,富者贫,而贫者死,公款私款扫地无存。

军阀混战时期,贵州的经济不仅没有保持清末略有发展的势头,反而呈停滞、衰退状态。为了应付战争的需要,军阀大肆对民间搜刮,对贫瘠的贵州而言,无疑雪上加霜。

二　抗战前期贵州耕地概况

贵州地理位置偏远,既不沿海也不沿边,经济社会发展滞后,在国家和国人心目中地位常常被忽视。时人认为,贵州素称"山国",居中国西南部之中心,海拔400~2600尺,全省万山丛错,地势隆崇,西北部高而东南部低,形成一大倾斜面,地理学家称为"切割高原"。❶贵州地处崇山峻岭之中,长期以来土地实际数目没

---

❶ 贵州社会科学编辑部.贵州近代经济史资料选辑[上](第一卷)[M].成都:四川社会科学院出版社,1987:135.

有准确的数字,都是依靠估计,直到南京国民政府实际控制贵州后,才丈量和统计出准确的数字。在20世纪30年代对贵州农业概况调查时候,参与者才对贵州耕地面积历史数字统计的来龙去脉进行清理。贵州省之耕地面积,以前尚无可靠之统计,清朝历代所载贵州田亩数,大都与征收田赋有关,故为数甚少,如顺治十八年仅为一百万亩有余,康熙二十四年尚不满一百万亩,至雍正二年始为一百二十余万亩,由乾隆至光绪一百数十年间,田亩数几无多大增加,大致在二百六十万亩左右,而民国四年反形减少,仅略多于雍正之时,计一百三十余万亩,其实恐相差甚远。民国二十年国民政府主计处估计,则达二千三百万亩,为现今比较可靠数字……全省各县耕地面积总计为三千一百万余市亩,其垦殖指数为11.79%,即耕地约占总面积的12%。❶

笔者现根据省内外相关史料和各类准确的数字,统计出在抗日战争爆发前贵州土地面积的数字,以及贵州农村人口耕地面积指数变化和贵州人均耕地面积与全国对比的相关情况,让贵州近代土地变化情况一目了然。

表1-1 贵州省耕地面积统计表(1873—1934年)❷　　　单位:千市亩

	土地面积	1873年	1893年	1913年	1914年	1932年	1934年
贵州	264166	17692	20346	21407	10600	27125	25009
全国	13075968	984524	996216	1017325	—	1248775	—

资料来源:1933年《申报年鉴》;《农情报告》《第五次农商统计表》《中国农业概况估计》。

表1-2 近代贵州农村人口和耕地面积指数表❸(1893—1933年)

年份 类别	1893		1913		1933	
	人口	耕地	人口	耕地	人口	耕地
全国总计	108	101	117	101	131	101
贵州省	106	115	118	121	128	130

资料来源:《农情报告》2卷5期40页,第2卷12期117页。以1873年为100做指数合算。

---

❶ 贵州社会科学编辑部.贵州近代经济史资料选辑[上](第一卷)[M].成都:四川社会科学院出版社,1987:136-137.

❷ 贵州社会科学编辑部.贵州近代经济史资料选辑[上](第一卷)[M].成都:四川社会科学院出版社,1987:146.

❸ 贵州社会科学编辑部.贵州近代经济史资料选辑[上](第一卷)[M].成都:四川社会科学院出版社,1987:147.

表 1-3　贵州省和全国农户田地统计比较表❶(1933 年)　　土地单位:耕地千亩

	总户数	农户数	农户比例	总亩数	水田	旱地	每农户平均亩数(亩)
全国总计	78568245	58569181	74.5	1248781	302309	946472	21
贵州省	1789023	1193488	67.5	23000	9513	13487	19

资料来源:《中国经济年鉴》1934 年版第六章"农业"

表 1-4　贵州省和全国农户耕地经营面积比较表❷

	统计县数	10 亩以下	10~20 亩	20~30 亩	30~50 亩	50 亩以上
全国平均	891	35.8	25.2	14.2	16.5	8.3
贵州省	21	49.7	30.8	11.0	5.5	3.0

以上数字是根据既有可信资料,将贵州耕地概况与全国对比,可以看出贵州处于全方位的弱势。贵州处于典型的喀斯特地貌,92.5%的面积属于高原和山地,7.5%的面积属于山间盆地,土地贫瘠,上等土地所占比例极少,下等土地所占比例极大,如关岭县,"土多田少,除山岭所占地面外,可施耕种者大约旱田占十分之六,水田占十分之四……咸同乱后,休养多年,农人日事开垦,所遗旷土不过山瘠碛地,难于耕种者,间亦有零星旷地,不成片段,约计百分之一,其余均耕植无遗矣。"❸贵州地理条件相对较好的遵义,其耕地条件也很一般,"遵义县境之耕地,约可分三类,有水源灌溉可种水稻者为水田,约占总面积百分之二十八,无水源灌溉而种杂粮者为旱田,约占百分之三十七,山坡高燥之地为旱地,约占百分之三十五"。❹册亨县"县属多山,熟地甚少,水田约占耕地五分之一,如滨下坌、洛凡、猴场、三河流域水田较多",全县地广人稀,荒地占百分之八十以上,荒地的耕种者"夷民几占百分之九十五,此辈多系岑、侬、王、陆、周五姓。土司官兵后裔,知识锢蔽,对于农事,

---

❶ 贵州社会科学编辑部.贵州近代经济史资料选辑[上](第一卷)[M].成都:四川社会科学院出版社,1987:147.

❷ 贵州社会科学编辑部.贵州近代经济史资料选辑[上](第一卷)[M].成都:四川社会科学院出版社,1987:148.

❸ 贵州社会科学编辑部.贵州近代经济史资料选辑[上](第一卷)[M].成都:四川社会科学院出版社,1987:161.

❹ 贵州社会科学编辑部.贵州近代经济史资料选辑[上](第一卷)[M].成都:四川社会科学院出版社,1987:163~164.

素不讲求"。❶

耕地贫瘠,不仅农民年收入低,而且耕作劳动的工程量也十分大。据《开阳县志稿·土地》记载,"农民为适应环境计,多于山势较平之山腰,拓土成田,或如梯形,或如带形,故有梯田、带田之名,此等田地,多囿于地形,大多狭小,有收谷少至一斗以下者,耕耘既多不便,加以田少圩多,圩又陡高,每年清除草等,以迄收成,无不大费工程,加之田位于山,接收日光自嫌不足,禾既不甚朴茂,收益从而短少,大概除城之附郭,乡之村脚,多属膏腴之外,其余则事倍而功半,一遇旱潦,则收成百分之一二也"。❷

三 抗战前贵州田赋概况

辛亥革命时期,贵州是全国第四个独立的省份,然而,这场革命并没有按照革命者最先设想,革命后中国就走向富强繁荣的道路。相反,中国陷入长期军阀混战的泥潭,贵州进入24年的军阀混战时期,贵州的赋税的征收依旧按照清朝的旧例进行,不同的是清朝时期必须向清政府缴纳赋税,民国时期必须向不断变化的地方军阀缴纳赋税,而且赋税有日益增加的趋势。

贵州独立之初,人心振奋,各族人民对宣扬民主共和的新政权抱有极大的期望,大大激扬了为民间纳税的积极性。当时的贵州军政府曾"通饬各府厅州县,凡各属丁粮照旧征收,勿得勒索增加",必须使缴税与土地拥有情况相符合。在革命呼声风云激荡,省内各地相继反正的有利形势下,随着这两条规定的贯彻执行,贵州田赋一度增收至49万两,几乎为清末收入数的两倍,从而在"民国肇元"的历史新页上,为田赋征课留下了一项"最佳纪录"。但这种可喜局面,只是昙花一现。

1914年,执政的北洋政府以整顿赋政、统一征课标准为借口,决定"化暗为明"将一应附加全部并入正课。这样的做法,实际上是对原有的非法摊派一律给以合法的承认,本来是十分荒谬的。但随后采取的具体办法是:按赋银一两折收银元

---

❶ 贵州社会科学编辑部.贵州近代经济史资料选辑[上](第一卷)[M].成都:四川社会科学院出版社,1987:165~166.

❷ 贵州社会科学编辑部.贵州近代经济史资料选辑[上](第一卷)[M].成都:四川社会科学院出版社,1987:168.

1.5元,总算基本上维持原赋额,取消了先前的拟议,按照这一规定,贵州确定的全省赋额为732000元,折合银两恰为光复之处的实征数。其时由于军阀争权,干戈搅扰,历年收入更无一完成预算者。收入最多的1927年不过是55万元,仅为应收数的75%,其余年份一般只40余万元,同样停留在清末水平上。

田赋征课的主要问题,并不在于官订赋额的高低,也不在于官方征取的多寡,因为这两个数字,远非纳税者的实际负担量。田赋之重,重在赋外苛索。军阀统治时期的情况,同样是如此。民国初年,田赋划为地方收入,当权的方面割据者,为攫取税收、扩充实力,几无不在"田赋"二字上大肆其贪婪,于是正赋之外的各种杂课再度泛滥,一年四季,春夏秋冬各种赋税,种类繁多,轮番盘剥,令老百姓怨声载道,无处诉说。

军阀混战时期,贵州是全国超前征收田赋最严重的省份之一。这就是近代臭名昭著的"丁粮抬垫",即超前的、跨年度的田赋预征。每一任军阀染指贵州都对田赋实行提前预征,比如,1930年,军阀毛光翔主黔政,预征11个年份,1933年王家烈继续主政贵州,又令预征4个年份的丁粮。其中,如《荔波县志》记载,在民国十九年以前,历年都有丁粮抬垫,并已开始抬垫到民国三十五年。在地薄人穷的贵州,居然预征几年乃至十几年的田赋,能不敲骨吸髓而后已?田赋的预征让军阀混战下贵州百姓财政负担更加沉重,农业经济和民间秩序受到极大的冲击和扰乱,严重阻碍贵州农业的发展。

民国时期,贵州几乎无年不灾,除了军阀混战的兵灾和猖獗的匪患之外,贵州还连续多年遭遇特大旱灾,1917年贵州30多个县遭遇旱灾,1925年,贵州全省"饿殍载道,惨不忍见",[1]全省无法征收赋税。1935年,国民党中央接管了贵州政权。当年省内大旱,免田赋一年,1936年全省田赋收入50余万元,1937年又因全省特大旱灾减免赋税,收入仅20余万元。军阀混战和长期的自然灾害,导致贵州百姓赋税异常严重和生活极度困难。

1930年10月,贵州省政府颁布《贵州省清查田亩改良赋制章程》《贵州省清查田亩实施办法》《贵州省田亩宣传大纲》。将清查田亩的事宜分三期进行,规定为:第一期,预备清查,应办事项限制两个月完成;第二期,实行清查,应办事项限制三个月完成;第三期,抽查案报,应办事项限制四个月完成。由于军阀混战,政权不稳

---

[1] 温克刚.中国气象灾害大典·贵州卷[M].北京:气象出版社,2006:30.

定,贵州省政府所发的文最终不了了之。1935年南京国民政府实际控制了贵州后,贵州的土地清查和田赋整理才回归到正常轨道上来。1937年3月,按照国民党政府制定的《土地陈报纲要》的规定,贵州开始办理土地陈报。全省82县分3期进行,总计历时4年又两个月,查丈田土18216313市亩,于1941年5月基本完成。办理土地陈报的目的,在于搞清土地面积、土质等级和土地价格,然后据以厘定田赋赋额,同时查明产权,确定田赋承担者。这对健全赋政、实现合理负担,本来是一个必须解决的根本问题。当时的国民党政府为此批准的专用经费达1688065元,相当于贵州全省3年田赋的总收入,可见其对搞好这一工作也是有决心的。❶ 在南京国民政府实际控制贵州之前,贵州田赋面临以下问题。

地籍紊乱,课失所凭。田赋征收对象是土地,须有地籍册为根据。但近代以来贵州战乱频仍,粮册大半散佚,官府无征收底册,田赋征收反赖书吏私抄之底本,厄误错漏极多,亩额不清,户名不实。于是造成田多赋少或田少赋多,甚至有田无赋或无田有赋等种种不合理现象。地方豪强仰仗军阀,把赋税转嫁到穷苦百姓身上的事常常出现。

官吏专擅贪污,征收制度恶劣。民国时期贵州田赋经征处为县一级田赋征收机关,内设正副主任各一人,房书柜书数人;外有里书(或称册书、社书等,主要职责为保管地籍册、登记土地买卖、编制土地清册并兼管催征)、粮警和催差。因缺乏监督,田赋征收主任侵吞赋款习以为常。负责征收的员役有薪者较少,且薄不养生,主要是无薪"白役",于是他们挖空心思,通过浮收中饱和勒索等种种方式,下掠于民,上欺于官,侵吞肥私。

科则失准,负担不均。以人而言,士绅所有之上等土地大半无税,或所课不多;而小农零星土地粮税反而苛重。而且富户大族恃势逃避,以免赋免捐为当然;而小农却分厘必完,不得滞欠。以地而言,田赋理论上按土地质量分三等九级课税,但实际上往往土地生产能力不同而赋同,或生产能力相同而赋不同。此外亩法歧异,币制混乱,不仅加重了省县之间税负不均,而且造成田赋征收过程中弊端丛生。

正税附加繁重,摊派预征猖獗。近代尤其是民国以来我国田赋渐重,"自民元到民十七,则田赋正税率增加1.393倍"。而某些省区比例还要高于此数。不仅田赋正税繁重,而且田赋附加也日益泛滥。近代田赋附加始于1865年四川的按粮津

---

❶ 顾文栋.从清末到民国时期贵州田赋征课的概略[J].贵州文史丛刊,1990(1).

贴,其后各种名目的附加也渐增多。民国初年北洋政府曾将附加并入正税,不久附加又起,但相比较而言,北洋政府时期的田赋附加名目尚少,税额还较轻。比附加害民更深的是临时摊派,摊派按亩或地丁征收,实际上就是变相的田赋。摊派种类繁多,尤其是临时军事摊派,无预定时间和数目,只要军阀需要就可随时征收,任其苛索。此外农民还要承受预征之害,田赋预征始于1918年,其后几乎全国各省田赋都不同程度地被军阀或地方政府预征。田赋附加不仅名目繁多,而且税率也高得惊人。一般而言,田赋附加均超过正税,有的地区甚至超过几倍乃至几十倍。

　　田赋和苛捐杂税摧残了农民的生产能力,促使小农破产,不堪重负的小农甚至小地主相率弃地而逃。因地主转嫁赋税,地租上涨,佃农负担加重,佃农与地主矛盾遂趋尖锐。20世纪30年代农村破产,社会各界普遍认为田赋的苛繁是重要原因之一,田赋整理成为南京政府面临的急待解决的迫切问题,当权者也表示出极大的忧虑。蒋介石从财政的角度出发,认为"土地整理是我们国计民生的一个生死关键"。❶孔祥熙则说:"若不急图整理田赋,则非特影响省库收入,即于人民负担亦无由减轻,而恢复农村之障碍力,更无由剔除矣。"❷为此南京政府制定了相应的政策和措施,对田赋进行了整理。国民政府实际控制贵州后,贵州的田赋也纳入南京国民政府整理田赋的范畴,军阀时期贵州民众赋税繁重的时代有所改善,新的田赋政策一定程度上稳定了贵州经济社会的发展,为贵州在抗战时期对抗战的胜利作出贡献。

四　南京国民政府整理田赋的背景

　　整理田赋及其附加是南京国民政府土地政策的重要组成部分,也是国民政府复兴农村主要政策之一。南京国民政府建立后,面临弊窦丛生的田赋征收局面,整理田赋势在必行。田赋征收的对象是土地,而征收的凭证则是地籍清册,但是自太平天国以来战乱频繁,土地所有权变换很快,地籍粮册也大半散佚。政府没有土地清册反而依赖旧底册或书吏私抄的底本,厄误错漏极多,结果必然是田亩数额不

---

❶ 郭德宏.南京政府时期国民党的土地政策与实践[J].近代史研究,1991(5).
❷ 任树椿.中国田赋之沿革及整理之方案[J].东方杂志,1934:31(14).

清,户名不实。如云贵川等省"田赋征收银米之亩额,较清初所以尤见减少者,实因岁月遥久,鱼鳞图册散失,各县经征官吏,均无各户实征底册可凭,仅凭粮书征解,粮书承征,亦只有私藏遗传之薄,按户追收,其田土坐落。亦茫然不知,故历经豪强侵占,架黠藏匿,数额日以减少"。由于没有一套完整的监督机制,田赋征收官吏则侵吞粮款,而征收的小吏役员有薪者较少,薪金微薄有的甚至是无薪的"白役",于是通过各种手段侵吞田赋款项,通过浮收中饱勒索等方式,上欺于官,下掠于民,侵吞肥私。关于浮收的情形,在田赋征收上是很普遍的,因为很少有农民识字,而且素怕官府,征收这后甚至粮柜收取超过票面的税额时,或多收不找零,农民通常不会发觉。❶ 据熟悉省县财政的人谈起,老百姓所缴各项捐税,每元官府所得,仅有四角左右,其余六角,悉人征收吏青和当地土劣私囊中。征收制度的落后造成科则失准,大户与小民田赋与附加的负担不均。以人而言,士绅所有上等田地大半无税,或所课不多,而小农零星土地税粮反而苛重。而且富户大族恃势逃避,以免赋免捐为当然,而小农却分厘必完,不得滞欠。以土地而言,田赋理论上按土地质量分三等九级课税,但实际上往往土地生产能力不同而赋同,或者生产能力相同而赋不同。大土地所有者往往采取隐瞒土地数量的方式逃避田赋。

  近代以来不仅田赋正税繁重,而且田赋的附加也日益泛滥。近代田赋的附加始于1865年四川的按粮津贴,其后各种名目的附加日渐增多。民国初年北洋政府曾将附加并入正税,但是新的附加不断出现,种类也日益增多,附加税既名为附加,顾名思义,当不超过正税,而各省情况几乎没有不超过正税的法规,田赋附加的数量则往往超过正税的好几倍,江苏超过二十五倍,而湖北甚至超过八十余倍。比附加更恶劣的临时性摊派,摊派一般是按照田亩数量或者按照地丁的人数征收,实际上就是变相的田赋。摊派的种类繁多,尤其是临时性的军事摊派,无预定时间,更无确定的数量,只要军阀需要就可以决定征收,"临河的兵差,自四十一军到境以来,摊粮两次,第一次按地亩摊派,第二次按户摊派,全县第一次共派麦子五千石,糜米一千石;第二次,麦子二千八百石,糜米一千石,花料二千四百石,炒米二千二百石,临河经水灾后,所丈青苗,仅二千三百顷,每顷地平均五十石,产粮十一万余石,而全县人口五十余万,年须粮十万石,再预备种子,如何能应付这繁重的兵差"。"河北丰润县于民国二十一年民间应摊各差,每亩不过五角,今春(1934)五月间,

---

❶ 孙晓村.苛捐杂税报告[J].农村复兴委员会会报,1934.

为时不及半载,每亩摊派已达二元余。通县自军兴以来,民间所摊大车已逾二千辆,共值洋六十万元,柴草共一百五十万斤,约值万元。"比摊派危害扰民剧烈的是预征,预征的特点是没有任何限制而且时间长甚至成为了常规。预征始于1918年,以后情况遍于全国。

南京国民政府建立以后,田赋征收的种种弊端有些方面不仅没有改善,而且反而更加严重,田赋疲收积欠日益严重,田赋实收"多者不出九成五,普通仅六七成,少者或不足四成。"❶浙江和安徽的田赋征收额应为1000万和617万,但1932年的实际田赋征收则分别为600万和370万。1927—1931年江苏田赋的积欠额为745万,1927—1930年浙江的田赋积欠额为697万元❷。田赋弊端所造成的后果是极其严重的,苛繁的田赋占去了农民极大部分的收入,田赋占特点纯收入的20%以上。"江西鄂县、安乡两县的各项赋税支出,占收入之35%。"❸四川重庆,江苏苏州、无锡、常州等县田赋正附税均占土地总收益50%左右,剔出成本后,农民所得或所剩无几,或入不敷出。田赋及其征收的种种弊端所造成的结果摧残了农民的再生产能力,促使小农破产,农民甚至中小地主都相继逃亡。而地主转嫁赋税,地租上涨,佃农负担加重,使得农民与地主之间的矛盾日趋尖锐。

五 南京国民政府整理田赋情况

1927年南京国民政府建立之后,首先将田赋划归地方政府财政,以调整中央与地方财政的关系,然后再整理田赋与附加,进行土地陈报,编制地方预算,制定合理的田赋征收模式以完成对田赋的全面整理。田赋历来为中央政府之税收的重要来源,但是民国以后的北洋政府时期地方各省田赋截留日益严重,南京国民政府对此采取了承认现实的政策。1927年中央财政会议通过"国地收支标准案",明令田赋划归地方。1928年第一次全国财政会议正式确认田赋划归地方的政策。1930年6月国民政府正式颁布《土地法》,第233条规定"土地税金全部为地方税收"。❹

---

❶ 张森.田赋与地方财政[J].地政月刊,1936:4(2,3).
❷ 陈登元.中国田赋史[M].上海:上海书店,1984:246.
❸ 张森.田赋与地方财政[J].地政月刊,1936:4(2,3).
❹ 《东方杂志》,第27卷14号,附录,1936-12.

而田赋划归地方的理论根据是孙中山的《建国大纲》的规划:"土地之岁收,地价之增益,公地之生产""皆为地方之所有,以经营地方人民之事业"。❶ 实际上孙中山面对当时的中国现实而提出此论,以田赋让与地方以换取地方各省区的支持达到统一的目的,同时给予地方相当的财政自主权以支持地方发展经济建设,使《建国大纲》之地方自治的政治构想有经济财政基础的保证,但是却造成了国家田赋征收的失控。还控制田赋增长的幅度以达到限制田赋征收数额的目的。鉴于田赋及其附加征收日益泛滥,南京国民政府财政部遂于1928年10月颁布《限制田赋附加办法》,其要点为:田赋正税赋捐之总额不得超过现时地价之百分之一;田赋附税之总额不得超过旧有正税之数,已经超过的县份要陆续核减以符合规定。同时财政部严令"各县县长对于此标准,倘故意抗顽或率增加者,即由财政厅会同民政厅,将该县长撤职罚戒"。❷ 国民政府同时表示"值此训政开始,自应力加整顿,务期赋由地生,粮随地转,富者无抗匿之弊,贫者无代纳之虞,以收田赋平均之效"。但是该办法颁布后,由于规定的比较笼统,操作中不免漏洞较多,施行之中并没有起到限制田赋征收的目的。以江苏为例,田赋附加超过正税之一倍以上者计有丹阳、宜兴等县,但是因其田赋与附加的总额未超过地价的百分之一,此等县以此为借口要求增加田赋与附加的数额。镇江、无锡等县田赋附加的总额虽未超过正税,但是田赋与附加的总和已经大大超过地价的百分之一,此等县以附加不及田赋为借口而要求加派田赋与附加。总之,结果都是增加田赋与附加的征收的数额,增加了农民的负担。因此,国民政府颁布《限制田赋附加办法》"是实上窒息难行,各省县始终没有确实遵行,田赋附加不但没有大量核减,反而日趋高翔"。❸ 鉴于此,同年12月财政部又颁布《整理田赋办法》,重申不得随意增加赋额;增设粮柜以便农户投纳;惩罚贪官污吏等。1931年国民政府正式裁撤厘金税收后,地方政府的收入急剧减少,南京国民政府遂制定"办理预算收支分类帮助标准",正式确认除省正税以外,允许县政府附加,于是各县田赋与附加纷纷而起更加无法控制。1929年国民政府再次重申前令,限制田赋附加,但是因为田赋与附加是地方财政的支柱,所以尽管国民政府三令五申,但是"数载以来,人民呈控地方违法附加者仍纷至沓来"。1933年2月财政部会同内政部、实业部和教育部商讨减轻田赋与附加的办法,5月国民

---

❶ 孙中山.孙中山选集[M].北京:人民出版社,1981:602.
❷ 庄强华.近年来限制田赋附加之回顾[J].地政月刊,4,(2,3).
❸ 陈登元.中国田赋史[M].上海:上海书店,1984:246.

政府公布《整理田赋办法十一条》,《整理田赋办法十一条》除与1928年的《限制田赋附加办法》相同外,还强调"旧有正税之外,凡一切税捐,以亩数或赋额及串票等为征收标准者,均以附加论",并"限于二十二年度,全部办理完竣,不得延误遗漏"。但结果却是到"二十二年度行将终了,田赋附加犹未见各县整理完竣"。❶

20世纪30年代开始南京国民政府及其各省开始进行大规模的经济建设,各省对于建设资金的需求极大,资金的来源自然主要是税收,这样加大田赋及附加的征收就自然而然了,比较典型的浙江省政府出台的关于《浙江省政府呈送借征本生田赋一年做铁路、电力、水利等项建设费用办法》,强行以借贷的方式征收田赋附加。1927—1932年南京国民政府的田赋与附加的整理主要局限于限制田赋与附加数额的范围,因此,其田赋与附加的整理效果很不明显,在此期间国民党内部对此表示了极大的关注。第四届国民党中央执行委员会第一次全体会议之上中央执行委员傅汝霖、薛笃弼和赵王廉联名提出《整理田赋减轻农民负担案》,要求采取坚决措施整理田赋。1933年孔祥熙就任国民政府财政部部长,孔祥熙对整理田赋十分重视。在就职仪式之上,孔祥熙表示"本人就职后,决心整理田赋,冀减轻农民负担,恢复其生产能力"。❷ 1934年1月国民党召开国民党中央委员会四届四中全会,孔祥熙提出减轻田赋与附加和进行土地陈报等两项提案,行政院根据孔祥熙的提案制定了《减轻田赋附加办法大纲》,第三条附加总额连同正捐一并计算,不得超过地价百分之一之地价,未经查报,各地方附加总额应不以超过正税为额。第四条超过前项限度之地方应将原有附加分别裁减,其裁减程序以有关行政经费为先,事业经费次之。第六条地价之计算应将全市或全省农田分若干等,按照最近三年地价买卖地分等估计,再乘以田亩数合并计之作为地价总额。第七条各地方田赋附加一律限于二十二年度内全部整理完竣,不得延缓或遗漏。

行政院同时要求全国各县编制1933年度的财政预算,1934年行政院与财政部对全国的田赋与附加的征收情况进行了大规模的调查,在此基础之上,全国性的田赋与附加整理计划以全国第二次财政会议的召开为标志正式施行。

1934年5月21日至27日,南京国民政府在南京召开第二次全国财政会议,重点讨论整理全国地方财政,整理田赋与附加减轻农民负担是这次财政会议的主要

---

❶ 任树椿.中国田赋之沿革与整理之方案[J].东方杂志,1934;31(14).
❷ 任树椿.中国田赋之沿革与整理之方案[J].东方杂志,1934;31(14).

讨论主题。这次财政会议涉及整理田赋与附加的问题有：

1. 减轻田赋与附加，取缔各种摊派；

2. 改革田赋征收制度；

3. 施行土地陈报；

4. 废除苛捐杂税；

5. 整理中央和地方财政关系；

6. 编制省市县的财政预算。

经过第二次全国财政会议的大会代表的讨论与表决，大会通过关于田赋与附加征收的六项原则：

1. 各县办理土地陈报以后，如所报地价可资为按价征税依据者，即按报价划分为若干等级，每等酌定平均价格，以1%为征收标准，附税名目一律取消，税款省县四六分成；

2. 土地未清丈之前，各县田赋不能按价征收者，即参照报价及收益，将原有科则删繁就简，改并为新等则征收，但不得超过正税，正附税并计不得超过地价1%；

3. 现有附加不论已否超过正税，自1934年度起，不得以任何急需、任何名义，再有增加；

4. 各区乡镇之临时亩捐摊派，应严加禁止；

5. 附加带征期满，或原标的已不复存在者，应即已废止；

6. 田赋附加已经超过正税的，应限期核减，并以土地陈报所增赋额尽先拨充减轻附加之用。

但因当时全国土地陈报还未开始进行，因此，此六项原则真正具备可操作性的仅为3、4、5三项。关于田赋与附加的征税制度，第二次全国财政会议亦有八项原则：

1. 经征机关与收款机关应各分别设立；

2. 串票应注明正附税银元数及其总额，并预发通知单；

3. 确定征收费应由正款项下开支，不得另征；

4. 革除一切陋规；

5. 田赋折合国币，应酌情设法划一；

6. 禁止活串；

7. 不得携串游证；

8. 不得预征。

关于整顿田赋与附加的程序,第二次全国财政会议议定由清丈土地开始,但是由于清丈工作及其浩繁,非短时间内可完成。于是第二次全国财政会议议定以土地陈报代替土地清丈,通过《办理土地陈报纲要三十五条》,由国民政府行政院公布,以通令全国施行。《办理土地陈报纲要三十五条》的要点为:

1. 举行土地陈报一律不收手续费,陈报后即行改订科则;
2. 改进征收制度和推行制度;
3. 陈报限期一年。

事实上在《办理土地陈报纲要三十五条》发布之前江浙等地已经试行土地陈报,但是结果为"亩费一角,劳而无功"。间接涉及有关田赋整理的议案有废除苛捐杂税,第二次全国财政会议决"妨碍社会公共利益""复税"等六类税为违法税种,明令各级地方政府取缔。随后国民政府设立了财政部地方税捐整理委员会。1934年6月8日政府颁布明令,以后不再增加田赋附加与不合法的税捐。

整理田赋与附加和废除苛捐杂税以后带来的是地方财政收入减少,严重影响了地方的利益,为此财政部地方税捐整理委员会调整中央与地方的财政关系,对中央与地方的财政利益重新分配,制定了将赋废苛以后的财政补救措施:

1. 中央划拨一部分税款给予地方财政,如印花税一成归省,三成归县,三成归协款;
2. 原归地方而已经由中央收加的仍重要划归地方所有,如烟酒牌照税;
3. 应由中央承担而现由地方承担者,归中央承担,如军事费、司法费等。

由于田赋与附加是县级财政的主要来源,因此确定地方财政预算并督促其严格执行,在一定程度上可以限制县级政府的田赋与附加及其他苛捐杂税的滥收,所以财政部地方税捐整理委员会责令各县市编制年度预算,并就该问题达成两方面的决议:

一是确定地方县市编制地方年度预算的六项原则:"①县市编制地方预算时,务使法团及公民有参加之机会,以示财政之公开,预算之监督须在行政机关之外另设,以防流弊;②凡属地方公有之收支,不管来源与用途,均应编入预算,以显示全部财政状况;③编制程序力求简便;④预算科目务求明显统一;⑤预算须在年度开始前一个月公布;⑥预算公布后须严格执行,并须限制追加,以杜苛征滥用"。

二是规定省县收支标准原则,会议通过的决议要求明确省县各自税捐范围,大宗税捐不能完全归省或归县者,可按成数分配,省县税捐划分后,彼此不得附加,以

期各自整理。❶

二次全国财政会议以后,田赋整理收到了比较明显的效果。到1937年抗日战争爆发之前,全国范围之内共减轻田赋与附加的种类达到300余种,减免的款额达到3800余万元;废除苛捐杂税7200余种,款额达到6700余万元。截止到1936年底,共有10省200余县进行了土地陈报。❷

困扰执政者的田赋问题有两个内容:一是田赋正税收入严重不足,二是农民负担日益加重。民国时期这两种现象呈恶性循环。正税收入不足,各省为弥补岁入的短少,乃另立名目,扩大田赋附加,以至田赋附加种类繁多,税率不断加重;田赋附加日益苛重,结果是农民无力负担;致使田赋正税越发不能征足。

南京国民政府成立后,划分国地财政收支系统,以省为地方财政主体,取消省附加,增高田赋正税作为省款;保留县附加作为县款。中国是农业大国,田赋收入就成了省县地方收入的重要来源。各省田赋在税收中的比重,据1936年统计,江西最高,为80.5%;绥远最低,为24.5%;全国平均为58.68%。❸ 田赋在地方财政收入占着重要的比重,却难以征足。江苏定额为1012万元,从1927年到1931年积欠总数达745万余元;浙江定额为897.7万元,自1927年至1930年积欠总数达697.6万元;江西年定额为412.3万元,截止1933年9月,积欠田赋已达2000万元之巨;安徽年定额不过390.7万元,自1928年至1931年总积欠数竟达100余万元。❹ 时人估算,各省的田赋征集到八成的已经甚少,普通多在六七成,征收十足的,更是绝无仅有。

南京国民政府大量实行新政,需款繁多。1931年1月,废除厘金,各省减少一笔重要的财政收入;田赋附加征收手续简便,且征收权操诸地方;几种原因交织在一起,就使得田赋附加成为省县弥补财政短绌的重要手段。田赋附加税率疯长,农民负担日益沉重。根据全国1020个县份的报告,各地每亩田赋正附税总额,1912年到1932年的20年间,增加了约55%。

一方面农民负担沉重,另一方面田赋收入不足,这两种现象共存有悖常理。正

---

❶ 中华民国史事纪要编辑委员会.中华民国史纪要(1934年1~6月)[M].中华民国史料研究中心,1980:1069.

❷ 中国田赋鸟瞰及改革前途[J].地政月刊,1936,4(2~3).

❸ 朱斯煌.民国经济史(上册)[M].台北:台湾文海出版社,1990:468.

❹ 章有义.中国近代农业史资料(第三辑)[M].北京:三联书店,1957:61.

常情况下,如果农民负担沉重,政府田赋收入必然充裕;反之,如果政府田赋收入不足,农民负担必然较轻。据国民政府主计处统计,全国26个省耕地总和为1225703.12千市亩,按照每亩最低税额0.766元计算,❶全国田赋实征额应是93888万元;而实际上,全国征收到的田赋正附税总和只有21120万元。❷ 以鲁豫二省为例,1927年是征收田赋及附加税最高年份,额征数分别是2773.3万元和1984.7万元。两省的耕地面积分别是101809.04千市亩和49230.12千市亩。根据1925年山东每亩田赋额1.07元、1929年河南每亩田赋额1.196元计算,❸可以得出山东田赋额应为10893.5万元,河南的田赋额应为14769万元,这两个数字与1927年两省的额征数相差悬殊。上面的数字对比可以得出如下结论:农民负担沉重与政府田赋收入不足现象共存的原因有二,一是田赋在征收的过程中被劫走;二是隐匿耕地,有田无粮。也表明为了增裕国库收入,为了减轻农民负担,田赋有充分的整理余地。

整理田赋,是抗战建国的需要。抗日战争是一场人力物力财力的大决战,中国是一个落后的农业国家,农业不发达,战前占据财政收入主导地位的盐、关、统三大税,来源主要在东部沿海富庶地区。抗战爆发后,由于东部沿海地区的沦陷,北平、上海、天津、青岛、南京等重要口岸的陷落,特别是1938年以后,战区范围日渐扩大,贸易日渐困难,关税收入遂不断下降。

抗战时期,由于大都市逐渐被日本侵略者所占领,西南、西北地区生产落后,税源有限,统税收入也跟着降低。这一时期,在战争蔓延之下,国民政府赖以生存的田赋、盐税和统税三大税收入大大减少。相比之下,西部地区经济落后,三大税税区大为缩小。1937年8月至12月每月财政收入平均只有1600万元,比"七·七事变"前减少了一大半。1938年后,随着失陷地区越来越多,国民政府的财政收入更加减少。

国民政府在战时的税收较战前减少了五分之四,然而,为了支持长久抗战,政府各项支出不但未能因收入锐减而减少,反而大幅度增加,其中尤以军费支出上升最剧。1937—1941年,国库支出方面,军费支出一直占据第一位,平均占65%,即政府支出有2/3用于军费。

---

❶ 章有义.中国近代农业史资料(第三辑)[M].北京:三联书店,1957:9.
❷ 从翰香.近代冀鲁豫乡村[M].北京:中国社会科学院出版社,1995:524.
❸ 章有义.中国近代农业史资料(第三辑)[M].北京:三联书店,1957:12.

除巨额军费支出外,还有其他支出,其中特别是债务费。关税虽然已经被掠夺,但它所担保的内外债,却仍照付(欧洲各强国纷纷赖付债款或延付债款,甚至完全否认国债),此更加重了国民政府财政紧张的状况。正如国民政府行政院副院长兼财政部长孔祥熙所说:在战争爆发后的 21 个月中,中国支付之内外各债本息,数达 5.3 亿元之巨,但内外各债,多以关盐二税为担保,而关盐二税早被攫夺。又自 1937 年 7 月至 1938 年年底之期间中,中国以他方面收入支付关税担保之债款者,达 1.75 亿元。但按理此项债券之本息固应由沦陷区中之关税收入支付。

由于民族危机加深,国民政府是弱势独裁,制定的田赋征收制度不可避免存在混乱,在抗日战争爆发以后就更为明显。随着抗战的深入,战局和国内形势的变化,使得这种田赋征收制度的弊端越来越严重。根据国民党五届八中全会决议内容:"自民国十七年(1928)颁行国地收支划分标准,以田赋划归地方,各省遂视为收入之大宗,每有需用,大部增加田赋,以供应支应,遂致赋则纷歧,附加杂出,轻重失其平衡,人民病其烦扰,嗣后财政部为整理计,呈请核定土地陈报办法,督导各省限期办竣,行之数年,略具成效,嗣以抗战事起,多归停顿。"❶可见自从第一次全国财政会议以后,并没有革除田赋征收的弊端,反而更加严重。此后国民政府虽进行了一些调整,但大都收效不大。

六 国民政府推行田赋实征的原因

抗日战争爆发后,为实现抗战建国同时并举的既定国策,保证抗战的顺利进行,国民政府适时进行田赋改革,将田赋收归中央并改征实物,由中央统筹规划,避免田赋征收中的弊端,便势在必行。

(一)财政危机

抗日战争爆发以后,由于敌强我弱,中国丧失了大片领土,日军不仅占领了东北、华北等地区,中国的沿海及江南等经济富庶之地也大都落入了日军之手。这就使得国民政府的主要财源关税、盐税、统税的收入锐减,加以战时的物资消耗增加,

---

❶ 荣孟源.中国国民党历次代表大会及中央全会资料[M].北京:光明日报出版社,1985:688.

支出膨胀,财政出现了严重危机。"1936年同1939年相较,则关税自36900万元减至8600万元,即减少77%,盐税自22860万元减至10100万元,即减少了56%,统税自17560万元减至1900万元,即减少了89%"。❶ 财政赤字从战前的20%,上升到1941年的88.2%。以1940年上半年为例,敌伪控制的关税,进口税占全国收入的87.68%;出口税占全国的69.31%;而大后方各海关所收入的关税,进口只占全国12.32%;出口只占全国30.69%。❷ 税收锐减,赤字扩大,收支相差悬殊。

按照国际惯例,在战时的特殊状态下,为应付战争的巨大消耗,政府会通过发行货币、公债的办法来解决财政问题,国民政府也不例外。但国民政府在纸币发行量上没有科学地加以控制,而是一味的滥发乱发,致使流通中的纸币量大大超过了流通中实际需要的货币量,引发了严重的通货膨胀。如1939—1941年三年间逐年发行增长率平均为87.3%;1941年年底的发行数已达151亿元,即增加了五倍以上。❸

为解决财政危机,抑制通货膨胀,国民政府采取了整顿税收的措施,即整顿间接税,充实直接税。1938年,召开了国民党临时全国代表大会,并通过了5推行战时税制6项决议案,国民政府开始推行"战时税制",如扩大统税的征收区域和征收范围,提高税率;增加直接税的税种,如所得税、战时消费税等。通过这些税制改革,确实增加了政府的财政收入,但由于间接税的税收缺乏弹性,且直接税税源有限,所能征到的税收有限,对解决当时的财政危机也只是杯水车薪。在通过整顿税收来缓解财政危机、抑制通货膨胀收效甚微的情况下,国民政府就将目光转向了田赋,希望通过田赋的改革来挽救财政危机、抑制通货膨胀。

(二)粮食危机

战争是综合国力的较量,尤其是经济实力的较量。经济是引发战争的重要因素,同时经济又维持和推动着战争。古语云:"兵马未动,粮草先行""足兵必先足食"。这都说明了在一场战争中"粮草"这一经济因素的重要性。抗日战争进入相持阶段之后,中国的抗战进入了最困难的时期,粮食奇缺,粮价飞涨。首先,东北、华北产粮区随着战场上的军事溃败而沦陷,粮食种植面积锐减。其次,军队和战区

---

❶ 栗寄沧.中国战时经济问题研究[M].北京:中新印务股份有限公司出版部,1942:136.
❷ 许涤新.论田赋与粮食券[J].新华日报,1941.
❸ 杨荫溥.民国财政史[M].北京:中国财政经济出版社,1985:157.

的难民大量内迁,加剧了西南地区的经济压力。如1940年由战区迁移至后方的人口约5000万,使后方人口由战前1.8亿增加到2.3亿,即增加了25%。尽管根据王洪峻的《试论抗战时期国统区的粮食供需关系》论证没有如此多的人口内迁,但大量的人口内迁是事实。这些内迁的人口使得原本就经济落后、粮食产量也相对较低的西南地区,更难以承受突如其来的巨大压力,粮食严重不足,军粮民食受到严重威胁。再次,口岸被封锁和自然灾害的发生,粮食的进口数量和产量的下降,更加剧了后方的粮荒,使得粮价腾贵,囤积之风盛行。粮食作为特殊商品,被官僚资本、投机商和大地主大批收购,囤积居奇,牟取暴利,"前方吃紧,后方紧吃"成为这一现象的真实写照。例如,"距离成都40华里的乐山小小县城里,只据报载已查出了24个私仓,囤米占500万石。同样距离的温江、新都、新繁等县公私囤积的米谷更多,一般估计总在3000万石以上"。❶

以上几点原因,导致并加速了粮食危机的出现。而粮价的上涨情况,以1941年6月各地中等米零售价格为例,一般比1937年有大幅增长,贵州省增长达23倍,号称天府之国的四川竟增长了30倍以上。❷粮荒和粮价的飞涨,使得政府购买粮食变得十分困难,即使能购买到粮食,也要花费很高的代价。这不仅增加了财政的负担,而且使前线部队和后方居民的粮食供应无法得到保障。粮食危机是国民政府所面临的最棘手问题之一,也是促使其进行田赋改革的最直接原因。

在此形势下,国民政府要集中全国的财力物力以争取抗战的胜利,就必然要首先解决财政与粮食的危机。而在当时,作为国家主要财政来源之一的田赋,却集中在地方政府手中,而且征收的是货币。这种情形对于解决危机非常不利,因此,把田赋征收权收归中央与改征实物就成为战时的必需。战时采取粮食管制,征收实物,在国际上也有先例。1918—1921年的苏俄卫国战争时期,为了打败协约国帝国主义的武装干涉和国内白匪军的叛乱,工农苏维埃政府曾采取了严格的财政集中体制——战时共产主义政策。在农业方面它规定实行余粮征集制,建立粮食储备,同时实行课征实物税。这一体制的实施,最大限度地集中了全国财力物力,使苏俄赢得了战争,捍卫了革命的果实。

而在抗战中的中国,将分散各地的田赋收入收归中央,并改征货币为征收实

---

❶ 粮食问题[J].群众周刊,第7卷第9期,第214页.
❷ 朱玉湘.抗日战争时期国民党政府的田赋征实与粮食征购[J].山东大学学报,1963(1).

物,集中财力物力,从全局出发,统筹安排,充分保证前线和后方的粮食供应,为抗击日军提供有力的保障,成为战时的最大需求。

1941年3月24日至4月2日,在重庆举行的国民党五届八中全会上,通过了《各省田赋暂归中央接管以便统筹而资整理案》决议案。"查战时财政利在统筹,中央地方原为一体,分之则力小而策进为难,合之则力厚而成效易举"。❶ 同年6月,为了重申将田赋收归中央的内容,国民政府召开了第三次全国财政会议。在这次会议上,蒋介石作了《建立国家财政经济的基础及推行粮食与土地政策的决心》的训话,指出:"我们现在要确立建国的财政基础,必须将全国田赋收归中央经管。实是目前整个国计民生上应举办的基本要务,不止财政关系而已,更要认清这不仅仅是关系于国家财政经济的问题,而且是关系于我们工农商学各界民众生死存亡的切肤问题"。❷ 关于田赋问题,蒋介石还提出:我们中国的田赋,从古以来,就是国家税收,亦就是中央税收,如果田赋划归地方,而使人民只向地方政府完粮纳税,这就无异于将整个的土地与人民,完全与国家脱离关系,使人民只知有地方,而没有国家的观念。如果人民只向地方政府纳粮上税,就会只有地方观念而没有国家观念,就不知道爱国,抗战如何胜利?国民政府将田赋收归中央,使得国民能够认识到,当国家面临外敌入侵时,要在中央政府的领导下,集中全国的力量,抗击外来入侵者。由此看来在特殊的战争环境下,田赋征收实物无疑是解决严重粮食问题和财政问题的最有效的方法。

(三)田赋实征的酝酿

抗日战争爆发以来,物价上涨,尤其是作为生活必需品——粮食价格的上涨幅度很大,使得一般公教人员的生活无以为继,军粮民食陷入困境。各省为应付大量的军费支出,大都设法加增当时最大的地方收入——田赋。而田赋征收货币不但不能解决军粮民食的困境,反而对当时的粮价起到了不自觉的哄抬作用。主要是因为田赋不断地加增货币,不但增加了农民的负担,而且农民为了完成征收任务,不得不将本已有限的粮食卖出,这不但对市场上粮食的数量影响不大,反而导致了粮食的囤积之风,把粮食的价格给抬上了高处。于是田赋加增货币相对于田赋征收实物来说,其差别就显而易见了。所以社会各界先后建议田赋改制,以适应抗日

---

❶ 荣孟源.中国国民党所次代表人会发中央全会资料(下册)[M].北京:光明日报出版社,1986:688.
❷ 第三次全国财政会议秘书处.第三次全国财政会议汇编[G].1941(6):11.

战争时期财政的需要。

  1937年,江苏人袁白总结战时人们重视储藏货币而轻储藏实物习惯,调节民食,满足军粮供应和历年田赋征收中的弊端后,认为在战争时期,为满足军粮的供应,调剂民食,田赋应改行货币实物并征的办法。浙江临时参议会议长徐青甫则认为田赋积弊很深,加上粮价日益上涨,后方人民的生活无法维持等,于1939年草拟了田赋改征实物办法,提倡田赋征收实物。湖南的何浩若和孔学会等一些人于1940年提出了田赋改征实物的建议,认为田赋改征实物,利大于弊,并请求孔祥熙促使政府早日实施。1940年3月,成都发生抢米风潮后,四川省党部主任委员黄季陆在四川省党部总理纪念周上提出:为防患未然计应当有一个深长的计划,来解决米价等各项有关的问题。他便想到了田赋征实的办法,并于当年的8月10日提出了《关于田赋征粮与实施粮晌划分办法建议案》,表达了田赋征收实物的意见。这些建议和意见得到了孔祥熙的认同,为国民党五届八中全会中孔祥熙提出关于田赋整顿的议案起到了推动作用。

  国民政府决心实施田赋征实除了有当时的战时财政困难,通货膨胀,粮价上涨,军粮供应困难等原因之外,还与美国总统罗斯福的特使居里的积极建议有着密切的关系。居里是美国的经济学家,1941年2月7日来到重庆,27日离开中国。在此期间,他考察中国的政治与经济状况,与蒋介石会谈多达十次,多次讨论中国的田赋问题。居里认为1940年的粮价上涨,大地主获利高达百倍,而因此导致的物价上涨,也使得大地主获得高额的利润。如果按照现行的土地税政策,国家只征收百分之零点几的税收,这样国家并没有增加收入,而大地主的负担也没有增加。他还认为中国有五分之一至四分之一的土地没有登记,所以也就没有纳税,所以他积极建议中国进行田赋改革。他提出:

  一、征收之权集中于省政府财政厅,选派敢作敢为而具爱国心之青年赴各县任征税责;

  二、严格执行土地登记,不登记者没收威胁之;

  三、适应米价之增涨提高地税,适应地价之增高,将税率提高至1%;

  四、同时规定以同样价值之米粮为完纳地税之代替,例如地税规定1%,即完纳此价之米粮;

五、于此税入之总额中,提出各省各县以前之税收原额,发还各省县。❶

当蒋介石要将此改革建议和各省商量时,居里认为在中国这一非常时期,应实行非常时期的税制整顿,田赋划归中央无可非议。在此期间,居里曾与孔祥熙也长谈了关于田赋的问题,孔祥熙认为改革必将遭到各方诘难,但还是原则同意了居里的建议。当居里再次会晤蒋介石时,蒋则表示:所谓困难,皆可克服之道。并决心实行此项改革。

---

❶ 蒋永敬.孔祥熙与战时财政——法币政策与田赋征实[J].近代中国,1986(51).

第二章 抗战时期贵州田赋征收管理机构

一 设立贵州田赋征收管理机构的背景

1935年,国民政府结束了地方军阀长期掌控贵州的局面,1937年蒋介石派实业部长吴鼎昌担任贵州省政府主席,不久又兼任滇黔绥靖公署副主任和贵州省保安司令,总览贵州军政大权。1940年,谭克敏就任贵州省民政厅长,开始大力推行新县制,县以下建立乡(镇)、村两级基层政权。由此,贵州省的一切行政事务均遵国民中央政府的政策执行,尤其是贵州省的田赋征收管理。

(一)田赋征实前南京国民政府的田赋政策

田赋历来是中央政府主要的财政收入之一,自明代一条鞭法,由实物改征银两,直至近代都征收折色。民国初年,田赋制度沿袭清朝,没有地方与国家之分,为国家正供,在财政收入中占有重要地位。1923年曹锟"当选"总统,随之公布了"中华民国宪法"即"曹氏宪法"。该宪法公布的税制将田赋改为地方收入,只是该法没有实施,徒具成文。再说,当时军阀混战,使得田赋多被地方军阀截留,中央很难得到该项收入。田赋在这一时期受到地方军阀重视的原因是由于:"民国成立以来,中央政府日以借债过日……当局对于国内可以抵押之品,几至网罗殆尽,其税收一项,惟印花税及田赋二者,尚未抵去,前者为数区区,无济大事,……至于后之田赋,以征收非集中一处,颇费周折,而此项税源,属于直接,易起人民反抗,故二者均未出抵。"[1]他们拥兵自重,军铜财用皆就地取用,田赋及其附加自然成了军阀的

---

[1] 马寅初.中国财政之紊乱[N].申报,1925-09-16.

主要财政来源,中央很难得到该项收入。

田赋政策的主要内容。1928年,张学良东北易帜,当时各地新军阀并起,帝国主义在华租界林立,加之中国共产党也在南方建立了农村革命根据地,国民政府在形式上基本实现了全国统一。国民政府一方面在无奈中承认田赋为地方收入,另一方面受西方财政思想的影响,统一财政,实现国家与地方财政的划分。1928年,国民政府第一次全国财政会议召开,正式决定将田赋划归地方,而中央的财政收入则主要来源于关税、盐税和统税。直到1941年第三次全国财政会议,才将田赋重新收归中央。田赋划归地方以后,各省根据土地的贫瘠,划定税率,按亩征收。田赋的征收仍分为夏秋两季,夏征称为上忙,秋征称为下忙,统一征收货币。1935年币制改革以前征收银元,以后改征法币。田赋收入在各省财政收入中占重要地位,俨然成为省财政收入的中坚。除了福建、河北、绥远外,其他省份的田赋收入都占到税收预算数的50%以上。从十二省总计看来,田赋收入占税收预算总收入的60.89%,居首要地位。

除田赋正税以外,田赋附加也是地方政府财政收入的来源之一。在这次财政划分中,地方财政分为省级财政和县级财政,省级财政处于主体地位,而县级财政则处于从属地位,同时这次划分并没有明确规定县级财政,使其处于极不稳定的状态,财政支出在很大程度上需要自己筹集资金,于是田赋附加就成了县级财政收入的主要来源。

(二)田赋征收过程中的弊端

国民政府将田赋划为地方财政收入以后,一方面是由于地方势力控制着田赋的征收,国民政府迫不得已忍痛割爱,同时也受西方财政思想的影响,参照国际惯例,进行国家及地方财政收入的划分,"凡事务有全国一致之性质者划归中央,有因地制宜之性质者划归地方"。[1] 1934年,第二次全国财政会议规定了县田赋的征收施行经征机关和收款机关分立的方法。"由县政府指定当地银行、农业仓库或合作社收款,若无此类机关,则由县政府财政局或科派员在柜征收。"[2] 由于当时国民政府的地方政权掌握在军人手中,为了满足军费的需要,他们不仅截留中央税收,还不断地增加地方税收。国地财政收入的划分,尤其是将田赋划为地方财政,在国民

---

[1] 贾德怀.民国财政简史(下册)[M].北京:商务印书馆,1947:565.
[2] 孙翊刚.中国财政史[M].北京:中国社会科学出版社,2003:398.

政府成立初期,对稳定国内形势有一定的必要性。但由于这种划分没有处理好地方各级财政之间的关系,所以弊端很快就暴露出来。虽然划分了国地收入,但没有明确县财政的来源,所以田赋被划入了省财政,却使得县财政架空。如前所说,县财政为了满足各方面的需要,就会不断增加各种附加、杂税和摊派,增加了人民的负担,使得田赋这一财政收入更加混乱,严重破坏了田赋的征收制度。

各省为了满足其经费的需要,不断地增加田赋负担。他们根据土地的情况制定本省的税率,除田赋正税之外,还有种种附加摊派,各种摊派甚至超过田赋正税的若干倍。因为征收的权力操纵在地方政府手中,附加摊派任由其定,不仅数量大,而且种类也五花八门。如江苏的附加税种类多达147种,少者也有好几种。❶ 而湖南省的田赋附加,超过正税30倍者有之,20倍者有之,10倍则普通皆是。❷ 名目繁多的附加税不断增加,农民苦不堪言。当时的国民党政府官员曾说:"田赋附加……名目繁多,不胜枚举。"❸财政部曾呈请核定土地陈报办法,并督导各省限期完成,但经过了数年,仍成效甚微。除了增加田赋和田赋附加外,各省还采取了田赋预征,其中尤以四川省为最重。田赋的征收每年自三四次至八九次,田颂尧的防区射洪县,一年竟征14年粮,在民国二十年(1931年)7月2日,邓锡侯的防区里已预征1961年的粮。现在四川各县的田赋,一般的已征至30年以上。❹ 田赋的预征,不仅在军阀割据的省份出现,而且在中央政府控制的省份也屡屡发生。这一时期,田赋政策相当混乱,积弊甚深,农民的负担极其沉重。鉴于田赋附加名目繁多,农民不胜负担,"为防患于未然计,对此种事项,不能不加限制"。❺ 1928年10月,国民政府财政部颁布了限制田赋附加办法八条,对田赋附加的总额及其超过额进行了规定,并严申各县照办,规定擅自增加田赋附加者,要撤职查办。

但这也只是一纸空文,没有起到实质性的效果。1933年,国民政府再次颁布了《重订整理田赋附加办法》,此办法比前一办法更加完整,但在实际上也没能很好地实施。1934年,国民政府第二次全国财政会议讨论了减轻田赋附加,取缔摊派的办法,并形成了决议,即减轻田赋附加,废除苛捐杂税。此项决议虽然起到了

---

❶ 章有义.中国近代农业史资料(第三辑)[M].上海:生活·读书·新知三联书店,1995:16.
❷ 章有义.中国近代农业史资料(第三辑)[M].上海:生活·读书·新知三联书店,1995:18.
❸ 吴兆莘.中国税制史(下)[M].上海:上海书店,1984:156.
❹ 章有义.中国近代农业史资料(第三辑)[M].上海:生活·读书·新知三联书店,1995:39.
❺ 吴兆莘.中国税制史(下)[M].上海:上海书店,1984:156.

一定的作用,但由于抗战的爆发,大都停止执行了。田赋征收制度的混乱,在抗日战争爆发以后就更为明显。随着抗战的深入,战局和国内形势的变化,使得这种田赋征收制度的弊端越来越严重。根据国民党五届八中全会决议内容:"自民国十七年(1928年)颁行国地收支划分标准,以田赋划归地方,各省遂视为收入之大宗,每有需用,大部增加田赋,以供应支应,遂致赋则纷歧,附加杂出,轻重失其平衡,人民病其烦扰,嗣后财政部为整理计,呈请核定土地陈报办法,督导各省限期办竣,行之数年,略具成效,嗣以抗战事起,多归停顿。"❶可见自从第一次全国财政会议以后,并没有革除田赋征收的弊端,反而更加严重。此后国民政府虽进行了一些调整,但大都收效不大。抗日战争爆发后,为实现抗战建国同时并举的既定国策,保证抗战的顺利进行,国民政府适时进行田赋改革,将田赋收归中央并改征实物,由中央统筹规划,避免田赋征收中的弊端,便势在必行。

(三)战区省份田赋的改革尝试

1937年抗日战争全面爆发后,山西省便成为了抗战前线,为解决军粮问题,首先实行了田赋征实。太原失守后,阎锡山的部队转移到了晋西北等地,省财政收入锐减,粮食供不应求,粮价飞涨,部队的支出日益增加。于是,阎锡山在1939年下令"停止平价购粮,实行田赋改征粮食,供应军粮"。❷山西的产粮以小麦为主,征收的标准是以田赋每两正银征小麦一官石(合77.5公斤)。不产或产量较少小麦的地区亦得以他种杂粮完纳。❸时人这样评价山西的田赋征实:"其效果所及,不但解决了军队、行政、人民三方面购粮、摊粮、供粮的纠纷与困难,且收到了平抑物价,稳定金融,及节省政府开支之效。"❹山西财政厅长王屏氏谈话,谓该省田赋改征实物,实行已达一年,并简单叙述所采用的办法……虽是行之于一省,而带有地方性,但在中央决定将田赋收回而酌征实物后,山西实施一年的经验,是值得参考改进的。❺随后,浙江、福建也由于省财政收入骤减,支出膨胀,粮价上涨等原因,

---

❶ 荣孟源.中国国民党历次代表大会及中央全会资料[M].北京:光明日报出版社,1985:688.
❷ 虞宝棠.国民政府田赋征实初探[J].华东师范大学学报,1985(5).
❸ 秦孝仪.《革命文献》第一一五辑抗战建国史料——田赋征实(二)[M].台北:中央文物供应社股份有限公司,1988:188.
❹ 宋同福.川赋征实与军精民食[J].侯坤宏.抗战后期四川省田赋征实政策研究,近代中国.1986(51).
❺ 朱汇森.粮政史料——田赋征实[M].国史馆,1990:3.

将田赋改征实物。这些省份田赋征实的实施,对面临财粮危机的国民政府来说,确实有着很好的借鉴作用。

中央政府政策的变化。在中央方面,1939年9月,军事委员会会同行政院颁布了《战区土地租税减免及耕地荒废救济暂行办法》,规定了"沦陷区经过克复,或游击队武力控制,能行使政权之地区""接近战区及将成为战场之地区"的土地赋税,得以农产物按照市价折算交纳实物。❶ 这也就成了田赋改征实物的先声,也是中央关于田赋征实的第一个政府级的法令。1940年7月国防最高委员会经过讨论,公布实施《民国二十九年(1940年)年度秋后军粮民食统筹办法》,规定了田赋折征实物的办法,这是田赋改征实物实施办法官方文件中的首次出现。1940年11月,国民政府行政院第490次会议,孔祥熙提议:"为救济军民粮食,平均民众负担起见,拟请准各省田赋得酌征实物。"经决议通过,报请国民政府国防最高委员核定通过。❷ 同年12月国民政府行政院通令各省遵照执行田赋征实。但并没有作强制性的规定,而只是要求"酌征实物"。为了规范各省的田赋征收,1941年3月29日,行政院颁布了《田赋改征实物办法暂行通则》,规定了:"田赋改征省份,应自即日起,尽量征收实物。"❸比"酌征"有所进步。但随着国内形势的发展,各大城市的粮价飞涨,甚至出现了粮荒,军粮民食受到严重威胁。由于国家财政日益困难,田赋改征实物开始提到议事日程上来。

关于田赋改征实物还进行了讨论,四川省认为如果田赋征收实物,必然出现折征标准不易确定,实物的品质难于鉴定,粮食交纳运输极不方便,经收保管弊端丛生等问题,提出了仍然征收货币的意见。国民党五届八中全会上,当孔祥熙将田赋改征实物的议案提出讨论时,"与会人士哗然,咸认田赋征粮为落伍的制度,于是如翁文灏等人群起反对,只有孔祥熙先生及其财政部长徐堪。同意这一意见"。❹ 对于田赋改征实物,出现这些声音是必然的。但由于战争的特殊性,使这些不同的意见不得不服从战争的需要,服从政府的要求。经过国民党五届八中全会的讨论,蒋介石果断决定实施田赋征收实物。最后大会通过了《各省田赋暂归中央接管以便

---

❶ 秦孝仪.《革命文献》第一一七辑抗战建国史料——田赋征实(四)[M].台北:中央文物供应社股份有限公司,1989:178~179.
❷ 朱汇森.粮政史料——田赋征实[M].国史馆,1990:1.
❸ 秦孝仪.《革命文献》第一一五辑抗战建国史料田赋征实(二)[M].台北:中央文物供应社股份有限公司,1988:182.
❹ 黄季陆.孔祥熙先生与抗战时期的财政金融[J].近代中国,1979(13).

统筹而资整理案》决议案和《为改进财政系统,统筹整理分配,以应抗建需要,而奠自治基础,借使全国事业克臻平均发展案》。

二 贵州田赋管理征收机构的设立

(一)田赋征实的管理机构

1941年5月9日,国民政府公布了《财政部整理田赋筹备委员会组织规程》,该章程明确了田赋征收的相关组织细则,其内容如下:❶

第一条　财政部为筹备整理全国田赋,特于部内设立整理田赋筹备委员会。
第二条　本会以下列委员会组织之。
甲、　主任委员一人,副主任委员二人。主任委员由部长兼任,副主任委员得由次长兼任。
乙、　兼任委员无定额,除赋税司司长为当然委员外,由部长就本部或其他机关人员派充或聘任之。兼任委员为无给职。
丙、　设专门委员20~30人,由部长就具有专门学识及熟悉各省田赋情形者,聘任或派充之。
第三条　本会每星期举行会议一次,遇有必要时,得由主任委员召开临时会议。
第四条　各专门委员均应按时到会办公,并得派兼本会秘书或组长职务。
第五条　本会对于各省市田赋办理情形,得随时向省市主管机关,调阅档卷,咨询事件。
第六条　本会开会时,得邀请会外有关系人员列席,陈述意见或参加讨论。
第七条　本会设秘书处,分五组办事。
第一组掌下列事项:
一、关于改革田赋征收制度事项;

---

❶ 秦孝仪.《革命文献》第一一五辑抗战建国史料田赋征实(二)[M].台北:中央文物供应社股份有限公司,1988:17~21.

二、关于改革田赋经征机构事项；

三、关于拟定田赋一切章则事项；

四、关于清理欠赋事项；

五、关于拟定田赋册籍串票由单等事项；

六、关于拟定田赋报告表册事项；

第二组掌下列事项：

一、关于土地陈报有关事项；

二、关于地价税事项；

三、关于改定科则事项；

四、关于整理田赋附加事项；

五、关于整理公学产赋地事项；

六、关于整理田赋其他事项。

第三组掌下列事项：

一、关于各省市县土地面积及称量土地之调查统计事项；

二、关于各省市县田赋科则赋额及正附税等之调查统计事项；

三、关于各省市县办理土地陈报之调查统计事项；

四、关于各省市县田赋经征办理情形之调查统计事项；

五、关于各省市县田赋征收经费之调查统计事项；

六、关于各省市县经办田赋人员之调查统计事项；

七、关于各省市县土地推收之调查统计事项。

第四组掌下列事项：

一、关于经办田赋人员调训及招考员生训练事项；

二、关于拟定经办田赋人员任用办法事项；

三、关于拟定经办田赋人员调遣办法事项；

四、关于拟定经办田赋人员考核办法事项；

五、关于拟定经办田赋人员待遇及保障办法事项；

六、关于本会人事事项。

第五组掌下列事项：

一、关于编拟整理田赋经费及征收经费事项；

二、关于会计庶务及出纳事项；

三、关于文件收发分配及缮校与保管事项；

四、关于典守印信事项；

五、关于整理议案事项；

六、关于会议记录事项；

七、关于不属其他各组事项。

第八条　本会设主任秘书一人,由赋税司司长兼任,承正副主任委员会之命,综理本会事务。

第九条　本会设秘书四人至八人,承长官之命,办理机要文牍暨交办等事项。

第十条　本会设视察二十人之三十人,承长官之命,执行视察及调查事宜。

第十一条　本会设编译六人至十人,承长官之命办理编译事宜。

第十二条　本会设组长五人,组员五十人至七十人,办事员四十至六十人,承长官之命,办理各组事务,并得酌用雇员若干人,办理缮校及其他事务。

第十三条　本会对外公文,均以财政部名义行之。

第十四条　本规程如有未尽事宜,得随时修改之。

第十五条　本规程之公布之日起施行。

7月,国民政府行政院根据第三次全国财政会议决议,公布了《战时各省田赋征收实物暂行通则》,该《通则》规定:"各省征收实物,采取经征经收划分制度。凡经征事项,由经征机关负责;经收事项,由粮食机关办理。"❶

9月8日,国民政府公布了制定的各省田赋管理处组织规程和各县市田赋管理处组织规程,两个章程内容分别为:

一是《财政部各省田赋管理处组织规程》(1940年9月8日国民政府明令公布)❷

第一条　本规程依据八中全会关于田赋暂归中央接管之决议案订定之。

第二条　本处设处长一人,简任,综理全处事务,必要时得设副处长一人,简任

---

❶ 秦孝仪.《革命文献》第一一五辑抗战建国史料田赋征实(二)[M].台北:中央文物供应社股份有限公司,1988:2.

❷ 秦孝仪.《革命文献》第一一五辑抗战建国史料田赋征实(二)[M].台北:中央文物供应社股份有限公司,1988:21~24.

或荐任,协理全处事务。

第三条　本处设秘书一人,荐任,办理机要文电及交办事项。

第四条　本处得设技正一人,荐任,承长官之命,办理土地陈报技术事项。

第五条　本处分设三科:

(甲)　第一科掌下列事项:

一、关于经办田赋人员之训练任免考核奖惩事项;

二、关于文件收发及档案保管事项;

三、关于撰编工作报告事项;

四、关于典守印信事项;

五、关于庶务及出纳事项;

六、不属其他各科事项。

(乙)　第二科掌下列事项:

一、关于田赋征收、章则之拟定暨征收机构之改进事项;

二、关于征册量串等格式之拟制事项;

三、关于田赋之督征缴解事项;

四、关于理清旧赋事项;

五、关于覆勘灾歉及赋税减免之核报事项;

六、关于田赋附加之整理事项;

七、关于赋税调查统计事项;

八、关于地价税及土地增值税之征收事项;

九、其他有关赋税之征收事项。

(丙)　第三科掌下列事项:

一、关于丘户图册之整理保管事项;

二、关于改订科则事项;

三、关于土地之升科事项;

四、关于田赋推收机构之改进事项;

五、关于田赋推收之指导监督事项

六、关于土地管业执照之印发事项;

七、关于土地陈报计划章则表单之编拟事项;

八、关于土地陈报宣传资料之编印事项;

九、关于土地陈报之督导推进事项；

十、关于土地陈报纠纷之调解事项。

第六条　各省土地陈报如原由民政厅或省地政机关主办者,得仍由原机关办理。

第七条　本处设科长三人,荐任;科员十五人至二十四人,办事员十二人至二十人,均委任。承长官之命办理各科主管事务。

第八条　本处设会计主任一人,助理会计人员若干人,依照国民政府主计处组织法及国民政府主计处办理各机关岁计会计统计暂行规程之规定,办理会计事务。

第九条　本处设督导员四人至十人,内二人至六人荐任,余委任,承长官之命,办理调查及视察事务。

第十条　第七第八两条所列人员,得斟酌各地情形,呈请增减之。

第十一条　本处得用雇员若干人,办理缮写校对事务。

第十二条　本处荐任及委任职人员,均由处长遴员,呈请中央主管田赋机关分别呈荐核委,雇员由处雇用,呈报备案。

此项人员,应尽先由财政厅及土地陈报处原有人员调用之。

第十三条　本处不是细则另订之。

第十四条　本处整理各县市田赋,设置县市田赋管理处,其组织另订之。

第十五条　行政院直辖之市,其田赋管理机构之组织,参照本规程另订之。

第十六条　本规程如有未尽事宜,得随时呈请修正之。

第十七条　本规程自公布日施行。

二是《财政部各县市田赋管理处组织规程》(民国三十年(1941)九月八日国民政府明令公布)❶

第一条　本规程依据财政部各省田赋管理处组织规程第十四条之规定订定之。

第二条　本处定名为财政部某某省县市田赋管理处。

---

❶ 秦孝仪.《革命文献》第一一五辑抗战建国史料田赋征实(二)[M].台北:中央文物供应社股份有限公司,1988:24~27.

第三条 本处设处长、副处长各一人,均荐任,处长由县长兼任,副处长由省处遴选合格人员,报请中央主管田赋机关呈荐。

第四条 本处设二科或三科分掌下列事项:

一、关于经办田赋人员之训练任免考核奖惩事项;

二、关于文件之收发及档卷保管事项;

三、关于编撰工作报告事项;

四、关于荐务及出纳事项;

五、关于典守印信事项;

六、关于田赋之征收整理事项;

七、关于征册量串等之编发保管事项;

八、关于乡镇征收分处之设置管理事项;

九、关于田赋之催征报解事项;

十、关于堪报灾歉及赋税减免事项;

十一、关于赋税调查统计事项;

十二、关于地价税及土地增值税之征收事项;

十三、其他有关赋税之征收事项;

十四、关于田赋推收事项;

十五、关于丘户图册之整理保管事项;

十六、关于土地之升科除粮复粮等事项;

十七、关于土地陈报实施办法章则表单之拟制事项;

十八、关于土地陈报之宣传事项;

十九、关于勘界划段编绘丈量查报审核公告等之督导事项;

二十、关于土地管业执照之填发事项;

二十一、关于土地陈报纠纷之调解事项;

二十二、关于改订科则事项;

二十三、关于土地陈报及填发推收其他事项。

第五条 本处掌土地陈报时,应设编查队,其组织及员额另订之。

第六条 各县市办理土地陈报,得视实际需要,另设县市土地陈报办事处。

第七条 本处设科长二人至三人,科员八人至十二人,助理员若干人,均委任。由省处遴选合格人员,报请中央主管田赋机关核委,承长官之命,办理各科长官事务。

第八条　本处设会计员一人,依国民政府主计处组织法及国民政府主计处办理各机关会计统计暂行规程之规定,办理会计事务。

第九条　本处得酌用雇员若干人,报请省处备案。

第十条　第七第八第九条所列人员,得按各县市实际情形,酌为增减之。

第十一条　本处于各乡镇得酌设分处,办理田赋征收及土地陈报与推收事宜。

第十二条　本处办事细则另订之。

第十三条　本规程如有未尽事宜,得呈请修订之。

第十四条　本规程自公布日施行。

所以田赋的征收采取的是经征和经收分开的办法,分别由财政部和粮食部掌管。其经征机构在中央为财政部整理田赋筹备委员会,在省为省田赋管理处,在县为县田赋管理处,县以下设经征分处。经收机构在中央为粮食部,在省为省粮政局,在县为县粮政科或粮食管理委员会,县以下为经收分处及仓库,办理实物验收、保管、仓储及运输等事务。

经征经收划分的制度虽然可以尽可能地减少征收过程中贪污现象的出现,但导致了权利的分割,工作效率低下,不便于合作等情况,也不利于农民的完粮纳税。因为各种机构隶属的系统不同,法令规章也就自成一格,好像彼此都漠不相关,甚至彼此推诿,相互责难,往往征购时一部分工作人员太忙,有些人又袖手旁观。[1]为了集中力量,统一事权,提高工作效率,1942年国民政府决定将所有田赋征实的经征机关及经收机关和粮食的征购事项,统一由田赋管理机关办理,经征经收合并,其乡镇的经征分处和经收分处合并后称为征收分处。同时田赋管理机关的内部组织及职责也进行了调整,以便更好地完成田赋征实的任务。

原来的财政部整理田赋筹备委员会,因筹备阶段的完成也结束了它的使命。与此同时,财政部田赋管理委员会代替整理田赋筹备委员会,成了全国最高的田赋管理机构。田赋管理委员会的内部组织较以前有所扩大,主要分为总务、稽征、收储和整理四处。总务处掌管人事、庶务及不属其他处事项。稽征处掌管田赋、地价税征收制度,改征实物及经征考绩等事项。收储处掌管收储制度,仓廒配备,实物

---

[1] 文华.对于四川田赋征实购粮之建议[N].新华日报,1942-2-20.

储拨等事项。整理处掌管土地陈报,编造赋册,改订科则,土地推收等事项。❶ 省和县的田赋管理机构不变,只是在原来机构的基础上增设了办理经征事项的科室,并加派了技术人员,办理实物的验收保管、折征标准、衡量的鉴定和仓库配建等项事情。这样在同一系统之下划分经征经收业务,主要是为了更好的各司其职。至于乡镇的征收机构,也有较大的调整。为了更方便农民交粮纳赋,减少农民往返奔波之苦,也为了减少农民的花费,征收机构的设置也进行了调整。虽然征收机构的设置还是按照各县粮区的分布情形,粮额的多少和交通状况,但规定了在征收繁忙期间可增设临时征收处,同时征收处的辖境范围也进行了调整,以一天能挑运往返的路程为半径,这样可以节省农民的体力和财力。乡镇征收机构的内部组织分为稽征和收储两股,两股分立,这样既可以保证事权的集中,便于指挥,同时又能分工合作,相互监督。

1943—1945 年,征收机关在中央经征机关仍是财政部田赋管理委员会,经收机关是粮食部。但各省的田赋管理委员会与省粮政局合并为省田赋粮食管理处,各县田赋管理处与粮政科合并成立县田赋粮食管理处,县以下设乡镇办事处和收纳仓。

1. 经征机关

中央机构:根据国民党五届八中全会决议,1941 年 5 月 10 日成立了财政部整理田赋筹备委员会,由财政部部长兼主任委员,次长兼副主任委员,派赋税司长为主任秘书,同时还聘请了若干人兼任委员及专门委员。在整理田赋筹备委员会成立之初,其主要任务就是筹备田赋的接管和税制的整理。1941 年 9 月底全国田赋的接管任务完成,田赋开始一律征收实物。整理田赋筹备委员会就成为了全国最高的田赋经征机关。秘书处之下分五个组办事,各司其职,另外设视察 20~30 人,执行视察及调查事宜。

地方机构:各省田赋征实事务,除察哈尔、新疆两省由于各方面的原因,由该省的财政厅代为征收外,其余湘、鄂、皖、川、浙、陕、豫、滇、闽、黔、粤、甘、康、晋、赣、绥、宁、青、苏、鲁、桂21省,遵照财政部的命令于 1941 年 8 月间先后成立田赋管理处。各省田赋管理处设处长、副处长各一人,处长由财政厅长兼任,下设三科及会

---

❶ 秦孝仪.《革命文献》第一一五辑抗战建国史料田赋征实(二)[M].台北:中央文物供应社股份有限公司,1988:257.

计室。并设置技正1人和督导员4~10人,分别办理土地陈报技术工作和执行视察及调查等事项。

在各省田赋管理处之下,成立了县田赋管理处。因为当时已迫近新赋开征的时间,有些省份没有来得及设置县市田赋管理处,如湖南、湖北、安徽三省,由原来征收田赋的税务局办理。河南的筹备还没有就绪,暂且由县税务经征处代为征收;西康省康属各县由于征收数量较少,还有江西和云南两省地处偏远,由县政府代为征收。除江苏和山东两省没有设置外,其他省的县田赋管理处相继成立。为了田赋征收实物更好的执行,完善征收系统,并遵照国民党中央"各省1942年起一律普设县田赋管理处"的电令,后方21省的县田赋管理处相继建立。根据是年4月份之统计,全国已成立县市田赋管理处者,共达1230单位。❶

根据田赋征收的多少,辖区的宽窄,交通状况等将全国各县的田赋管理处分为九等。县级田赋管理处设正副处长各一人,下置三科或二科及会计室。处长由县长兼任,副处长由省田赋管理处选派合格的人员担任,其他人员以任用原来征收单位的人员为原则。只有湖南省由于没有县政府征收田赋的先例,所以湖南省的县田赋管理处处长是专职。❷

至于县级以下的征收机构是在县田赋管理处之下的各乡镇设置经征分处。一般情况下,一个乡(镇)设置5~10个分处,主要负责田赋征收实物的经征事项。根据粮食数量的多少和交通状况,按照粮区的分布情况,以各乡镇辖境半径30华里为原则设置经征分处;同时经征分处应设立在乡镇公所所在地,并且与粮食机关的收粮机关在同一地点办公。在经征分处设稽征员2~5人,县田管处从训练合格或有经验的人员中选定担任该职,并指派一人担任主任一职;县各级自治人员,应切实协助经征分处办理各项经征与征收事务。

经征分处的数目,全国共计6910处。由于江苏、山东两省因地处敌后,经征经收人员随时流动工作,没有固定的征收机构。

2. 经收机构

为了适应田赋征实业务的需要,全国粮食管理局扩大改组为粮食部,作为田赋征实在中央的经收机构,成为抗战时期综理全国粮政和粮食业务的最高机关。各

---

❶ 秦孝仪.《革命文献》第一一七辑抗战建国史料——田赋征实(四)[M].台北:中央文物供应社股份有限公司,1989:252.

❷《革命文献》第1辑,第253页。

级粮政机关也分别改组,在省为粮政局,县为粮政科,但有些省份还是利用原来的粮食管理委员会办理经征,有些则另外设置了经收处。县以下按照规定,应该设置各地的经征分处和仓库等,办理实物的验收、保管等事务。但是并不是完全照规定设置机构,如四川就将经征、经收业务合并成为乡镇办事处,后来改称为征收处,征收处正副主任,均由乡镇长兼任,下设经征、经收两股,由县田赋和粮食机关分别派人负责办理。广东省县级以下的经收机构,是县粮食管理委员会;江西省则是设置了验收所,由经收机关派人驻守该所办理经征业务。虽然经征机构的名称各有不同,但经征经收划分的原则是相同的,经征和经收还是分立的。

(二)田赋征实政策的宣传与推进

1. 宣传

在中国田赋征收实物从夏后氏的"五十而贡"开始,一直到唐禾,随着商品经济的发展,田赋的征收逐渐有实物向货币过渡。从明朝的"一条鞭法"开始,田赋一律征收货币,一直持续到近代。由此看来,田赋征收实物虽是古制,并延续时间很长,但田赋征收货币毕竟是商品经济发展的结果和要求,并且这种制度在中国也存在了300多年。将田赋改征实物虽有恢复古制之嫌,但实际上则是要开始新的制度,是中国田赋制度上的再次创新,所以要将这项制度顺利地执行下来,进行宣传和创造舆论就显得更加重要了。

在田赋改征实物以前,国民政府中大多数人支持田赋改征实物的提议。其中孔祥熙、何应钦、俞鸿钧、张嘉傲、俞飞鹏、徐堪等人主张尤力。国民政府还动用一些"学者""专家"在报纸杂志上大做文章,制造舆论,把田赋征实说成是战时经济必要的合理的措施。❶1940年9月到11月,先后由卫挺生、关吉玉在国民党所办各报刊发表主张田赋改征实物及改进财政收支系统等文章。朱楔也在1940年9月24日《中央周刊》(第3卷第23期)发表《田赋改征本色以筹集军粮刍议》,赞成田赋改征实物。1941年6月,严家淦写了《闽省建立田赋改征实物制度之经过及其意义》一篇文章来宣传田赋征实。❷

在确定了田赋征收实物以后,为了更好地宣传国民政府的田赋政策,纠正一些

---

❶ 中国人民政治协商会议全国委员会文史资料委员会.文史资料存稿选编(经济)[M].北京:中国文史出版社,2002:238.

❷ 朱汇森.粮政史料——田赋征实[M].国史馆,1990:17.

错误的观点,使社会各界能够更深入地了解中央的国策,经办田赋的人员能更好地坚守本职工作,在各省田赋开始征收之前进行了全国范围的广泛宣传。1941年8月财政部颁发了《田赋征收实物宣传大纲》。由于国民政府将田赋的征收及征购事务合并办理,1942年修改了该宣传大纲为《田赋征收实物暨随赋带购粮食宣传大纲》。领导宣传的机构,中央主要是财政部和粮食部,而在地方主要是各级田赋管理机关。各级政府、财政厅及粮食局、乡镇公所、保甲长,各级党部、省县(市)参议会或新县辅成会、三民主义青年团各级团部,各级动员委员会、民众教育馆、社教工作团,各级中小学及其他有关宣传的机关则作为协办机关参与田赋征实的宣传工作。其宣传方式主要是通过节假日发动各级党政机关,中小学学生教师以及有资望绅士的公开演讲等展开文字宣传和口头宣传。文字宣传主要为发布文告、发行标语,刊发出版物等。口头宣传则是各种演讲、编撰各种歌谣和剧本等方式,宣传田赋征实推行的原因、办法和效果等有关内容,使人民了解田赋征实,更好地支持抗战。这一宣传大纲,详细规定了宣传的机关、宣传的方式、推进的方法及其宣传的内容,要求动员全国各界的力量来宣传,上至中央机关,下至小学教员学生,采用了各种方式,多是人民喜闻乐见的形式宣传田赋征收实物的内容和意义。该大纲颁布以后,各省即开始了宣传的准备,根据宣传大纲制定适合本省的宣传实施办法,并邀请各党政机关和学校团体的代表,传达宣传的方针,刊印各种宣传品,利用报纸发表评论等展开了宣传攻势。各县政府和县田赋管理处也积极展开了宣传。这种从上至下的宣传确实取得了积极的效果,每到征粮时节,各省人民用车或肩挑背负粮食前往征收处交纳粮食。如四川省剑阁县一农民说:"我们吃的差一点,前方的军队吃得好点,把兵养得壮壮的,才好打日本。"❶

为了使得上令下达,下情上达,沟通内外消息,财政部刊行了《田赋通讯》,定期发行,使各地之间能够相互借鉴、相互学习。《田赋通讯》的主要内容是关于各地田赋征实业务的开展情况、改进方法等。财政部还制定了《田赋通讯各地通讯员通讯办法》,规定了通讯员的职责和工作范围,使得通讯工作更加完善。

由于进行了认真的动员和广泛深入的宣传,人民对此政策有了深入的了解,特别是对粮食与抗战关系的认识更加深刻,因此他们积极拥护田赋征实制度的推行,

---

❶ 中国人民政治协商会议全国委员会文史资料委员会.文史资料存稿选编:经济(下)[M].北京:中国文史出版社,2002:273.

使得征收取得了很好的效果。

2. 督导

田赋征收实物涉及的范围广泛,所以要想很好地执行该项政策,就必须有完善的督导制度。督导工作不仅涉及田赋征收实物和随赋征购,还与粮食的仓储、运输、加工等工作关系密切,所以财政部和粮食部要共同派人到各省进行督导工作。早在整理田赋筹备委员会成立之初,就设置了许多视察人员,并拟定了视察纲要。1942 年田赋管理委员会成立后,视察方面的人员由原来的 20~30 人增加到了 60 人,并将视察改为了督导,改视察纲要为督导工作提要。这样使原来的消极视察变为了积极的督导。

1941 年开始征收时期,按时间先后分区派出人员到各省进行视察和宣导督促。1942 年 2 月还专门派出了专门委员秘书和各省的业务组长到各地进行考察研究。但采用的是省级视导人员直接报告的方式向中央报告视察情形。这种方式虽然可以弥补中央视察人员的不足,但不能更全面地了解情况。于是田赋管理委员会成立以后,就要求中央派出的督导员要与各省级的督导员密切联系,这样可以使地方更好地了解中央的方针,同时也能使中央更好地了解地方的实际,使得政令更好地上传下达。同时督导人员可以不再受工作提要的限制随时向中央报告意见。国民政府非常重视督导工作,蒋介石曾就督导工作说:"田赋征收实物,列为各省政府、行政督察专员及县政府中心工作,并列入行政计划,务使贯彻。"❶督导工作进行一段时间后,各省的督导人员要分别举行小组会议,交换督导心得,并研究共同问题以便更好地解决工作中出现的难题,使督导工作不断地进步。

3. 竞赛

除了中央的宣传和督导之外,为了迅速完成征实征购的任务,激发各级办理田赋人员的积极进取的精神,提高工作效率,财政部特制定了《田赋征实及征购粮食工作竞赛通则》,颁发各省通行,在各省市之间展开了田赋征收实物的竞赛。

参与竞赛的主要是各级征收处和各级田赋管理处,采用三级竞赛的方法,第一级主要是以县为单位,由该县田赋管理处主持考核其下属的各征收处之间展开工作竞赛;第二级竞赛是以省为单位,由该省田赋管理处主持考核其所属的县田赋管

---

❶ 秦孝仪.《革命文献》第一一五辑抗战建国史料田赋征实(二)[M].台北:中央文物供应社股份有限公司,1988:274.

理处之间,以及征收处之间展开工作竞赛;第三级则是以全国为单位,由财政部和粮食部共同主持考核省田赋管理处之间、县田赋管理处之间和征收处之间的工作竞赛。三级竞赛均选出前三名分别给予奖励。至于奖励主要是根据各级田管机关和征收处完成征收的成数给予奖状、佩章、奖旗和奖品。田赋征收的成绩还被作为评定各级政府机关政务成绩的参考。

从1941年举办了第一次田赋征实竞赛开始,省级竞赛中四川省都能名列前茅。这不仅与四川的特殊地位和丰富的粮食产量有关,同时还与四川人民的爱国热情密不可分。田赋征实通过这些方式达到了推动征收的作用,不仅对地方官员,对于农民也起到了很大的作用。地方官员为了自己的政绩积极推行征收实物,通过这种宣传和推动,农民也了解了国家的处境和执行该项政策的重大意义,更好地配合政府完成征收任务。

通过有力的宣传、督导和开展激烈的竞赛,田赋征实轰轰烈烈地在全国展开了。这些办法对农民来说能更好地了解政府的方针和政策,同时也使得各级政府和官员能积极地投入到征收实物的工作中去,对田赋的征收起到了很好的推动作用。

4. 征实过程中的保障机制

(1) 监察

田赋是一种直接税,是直接向农民征收粮食,所以与农民发生关系最密切的是基层的征收处。田赋征收的是实物,这就关系到实物的征收、仓储、运输和加工等方面的工作,而这些过程中的任何环节都会出现各种流弊,特别是实物的征收和验收过程中,对粮食成色的鉴定、衡量器具的标准以及刮斗、用称的技术等而引起的冒斗浮收现象,使得农民交粮的出入就会有很大的差距。所以只有严加监督和管理,无疑可以防止中饱私囊和欺压百姓的现象出现。

为了防止流弊的出现,国民政府建立了乡镇监察制度。主要以征收处为单位,利用当地的士绅和乡镇长组织征粮监察委员会就地监督征实和征购工作,充分发扬自治精神,从而调动各方的积极性。监察委员会的成员在粮食征收期间,每天轮流到征收处进行察看,如果遇到关于成色或衡量器之争等纠纷时,该监察人应会同征收主任就地解决;如果事情重大,就得召集征粮监察委员会集体解决。对于已经成立参议会的县市,征粮委员会的监察之责,应该由参议会承担。由于四川、贵州等省,在田赋征实之外,还要征购粮食,所以为了协助征粮购粮工作,并加强监察力量,在征购粮食的县市组织征购粮食监察委员会负责监察之责。江西省监察使杨亮功就对永丰县长王斌不按江西省征购粮食实施办法,折价垫款代购,扰乱乡民的事实,提出照章征购粮食,并要求对王斌和扰乱乡民的催款员兵,依法严究。❶

1944年粮食征购改为征借,征购实物检察委员会改为征借实物检察委员会,该会主要办理以下事宜:①宣传征借实物的意义;②劝导粮户踊跃输纳;③协助征借机关推进征借工作,④调查评议征借实物纠纷;⑤检校验收工具,监修收纳仓库;⑥检举征借弊端;⑦建议征借改进事项;⑧其他有关实物征借检察事项。❷ 该检察委员会的工作根据粮食征收工作也分淡旺两期。旺征时期每半个月开一次会议,而淡征时期则每一个月召开一次会议,必要时还要召开临时会议。会议可以向县乡征借机关提出有关实物征借事项的质询,征借机关应负责答复。检察委员会应向田赋粮食管理机关提出改进建议并坚决革除弊端。如检察委员会的检举不实,经查明,应该改组该委员会,严重时要追究相应人员的刑事责任。

(2)考核与奖惩

根据国民政府的行政三联制(为提高行政效率,国防最高委员会从1940年开始推行行政三联制,即按照行政运行的顺序,把一切工作过程分为计划(中央设计局)、执行(党政军原有机关)、考核(党政工作考核委员会)三个阶段。国防最高委员会是将二者统一起来的最高指挥机关)的精神,田赋征实制度在完成计划、执行两个过程后,考核是不应缺少的。1941年9月,行政院颁行了《田赋征收实物考成办法》,由财政部公布各省执行。该办法规定,在每年征收完成之前对各级田赋管理处的经征官员根据其征收成绩进行考核。考核标准是将该处应该征收的粮食数量平均分十份计算,按照完成的成数给予奖惩。各县(市)经征官员于年度截限以前,照全数征齐者,应予特奖,至素称征收疲玩之县市,本年如能加意整顿,能照额征齐者,从优给予特奖。若照上年度实收成分多收一分以上者,记功一次。二分以上者,记功二次,三分以上者,记大功一次,四分以上者,记大功两次,五分以上者,酌情给予优奖。各县(市)经征官于年度截限造报之日止,照该县(市)额征数或秋勘应征数,其为征起数额,不到一分者,免议。一分以上者,记过一次。一分五以上者,记过二次。二分以上者,记大过一次。二分五以上者,记大过二次。三分以上

---

❶ 朱汇森.粮政史料(第五册)[M].国史馆,1990:368.
❷ 江苏省粮食管理处编印.田赋法令汇编(官制)[M].江苏省档案馆,1947:47.

者,降一级任用。三分五以上者,免职。❶ 对于省田赋管理处处长的奖惩,也有类似的规定。1942 年国民政府行政院公布了《战时田赋征实暨征购粮食考成办法》,对田赋征收和征购过程进行考成。有了相应的奖惩办法,各级的经征官员都能努力工作,兢兢业业。每年因征粮有功而升官加奉和因征粮不力而撤职的经征官员很多。截至 1942 年 2 月 15 日年度截限日,其能征收足额且有超收者,有四川、广东、宁夏三省;征达九成以上者,有贵州、浙江、江西三省;征达八成以上者,有绥远、云南、福建、湖南、河南、湖北、江苏七省;征达七成以上者,有广西、安徽两省;西康征起五成七,陕西、山西征达四成五,甘肃征达四成四。❷ 根据考成办法只有甘肃一省受到了惩罚,其他省份或给予奖励或不予奖惩。1942 年 1 月国民政府行政院又公布了《战时田赋征收实物催征欠赋考成办法》。该办法主要是针对田赋征收实物的未征起部分进行征收情况的考成。这里所指的欠赋是至征收完成日还没有完成的田赋和前几年没有完成的旧赋。对这些欠赋的征收情况也作为对经征官员考成的一个标准。该项标准比前项略为宽松,奖惩的起征点也有了降低,这也符合催征的特点。

至于 1944 年由于田赋管理委员会由财政部改隶属粮食部,1945 年许多省份免除田赋,田赋考成没能举办,所以缺少了两年内关于考成方面的报表,无从考证。

1942 年各省田赋征实征购,从 9 月开始,在 1941 年田赋征实成就的基础上,准备充足,实行起来成绩更加明显。在年度截限以前,四川、湖南、福建、宁夏、绥远、广东六省已征收足额,有些省份还有超收现象。行政院和财政粮食两部分别给以传令嘉奖,并以资鼓励。

(3)运行机制示意图

在田赋改征实物之前,田赋的征收掌握在地方政府手里,其田赋征收的组织系统大致是:

根据此图我们可以看出,当时的田赋征收掌握在地方政权手中,为满足自己各方面的需要,任意地增加田赋,对中央的约束,视而不见。

田赋改征实物后,国民政府将田赋收归中央,建立各级机构来完成田赋的征收任务,如图(2-2)所示。

---

❶《革命文献》第 18 辑[M]:75.
❷ 秦孝仪.《革命文献》第一一五辑抗战建国史料田赋征实(二)[M].台北:中央文物供应社股份有限公司,1988:278.

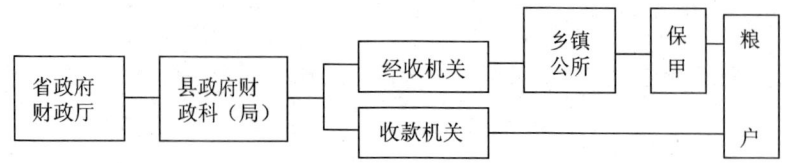

图 2-1 田赋改革前国民政府田赋征收组织系统图

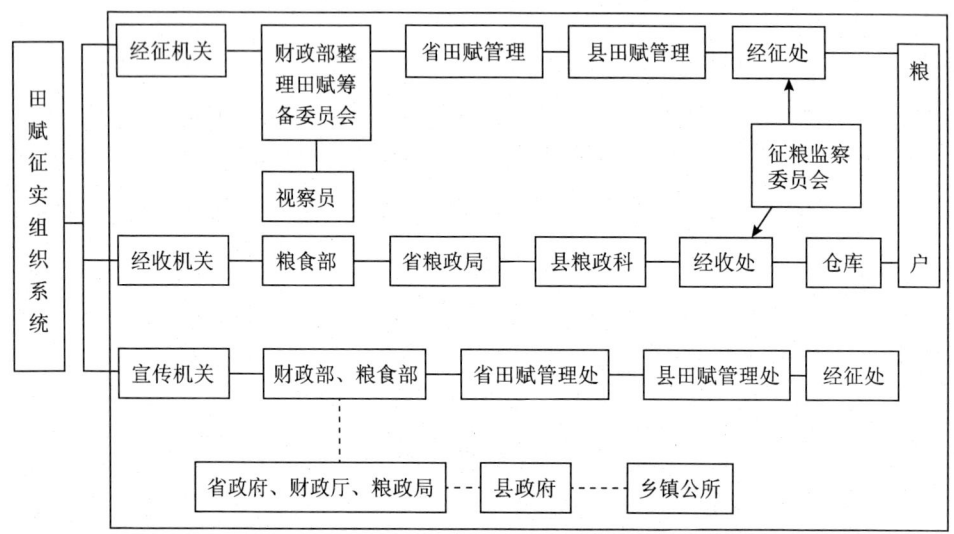

图 2-2 1942 年以前的组织系统图

说明:(1)关于田赋征实的宣传机关,实线表示宣传的主办机关;虚线表示宣传的协办机关。

(2)1944 年粮食征购改为征借,各级征购粮食监察委员会就改为各级征借粮食监察委员会。

田赋征收的各种规程:

贵州省各县田赋征收处组织规程❶

第一条　各县县政府于办竣土地陈报时,应即设置田赋征收处,专司征收田赋、契税,及土地推收过户事宜。

第二条　田赋征收处,为县政府直辖附属机关,受县长及主管科长之监督

---

❶ 贵州文史研究馆.民国贵州文献大系第二辑(下册)[M].贵阳:贵州人民出版社,2011:200.

指挥。

第三条 田赋征收处,设置人员,及其执掌如下:

一、征收主任,综理征收田赋契税及推收过户一切事宜。

二、核算员,专司核算民间应完推收及其契税银数,与核收保管各种票据。

三、推收员,专司登记土地之推出事宜,保管各种册籍。

四、收款员,专司核收田赋契税及罚缴推收费。

五、书记,承缮各项文件簿册,并补助各员办理处内一切事务。

第四条 田赋征收处为传催业户完纳田赋,及送达文件,得设置税警。

第五条 各县田赋征收处各级职员税警人数应按各县赋额等级组织表之规定设置。

前项等级组织表另定之。

第六条 各县田赋征收处职员,除征收主任由财政厅直接遴委外,其余职员,均由县长就办理土地陈报之编查员中遴委,呈报财政厅备案。书记即由政府雇用。

第七条 田赋征收处职员,不与县长同进退,如须更动时,应呈经财政厅核准。

第八条 本规程自省政府委员会决议公布之日施行并咨财政部备案。

贵州省征收田赋章程和施行细则❶

(中华民国二十六年(1937)六月公布,同年十月一日开征丁暨新粮起实行)

第一章 总则

第一条 本省为整饬田赋征收制度制定本章程,所有各县征收田赋悉依本章程之规定办理。

第二条 本章程所称之田赋,凡历由各县征之地丁、秋粮、官租、杂课均属之。

第三条 各县田赋在土地陈报未经办竣赋制未经改订以前,所有各项征率,悉照民国七年以前原科则计算征收。

第四条 各县田赋向以银两计征者,每银壹两一律照旧案折征银元壹元五角。其以银元计征者即照数征收,不再申合。

---

❶ 贵州文史研究馆.民国贵州文献大系第二辑(下册)[M].贵阳:贵州人民出版社,2011:201~206.

前项应征银元,一律收受法币,不得藉词征收硬币及实物。其有少数官租向系以谷米完纳变价缴解者,暂行照旧办理。

第五条　征收田赋由贵州省政府财政厅按年印制丁粮纳税凭单,分发各县填给纳赋人为凭。其式样另订之。

各县原征税单费自征收二十六年份田赋起一律免除,不得藉词征收。

第二章　征收日期

第六条　各年田赋自国历十月一日开征。各粮户限于该年十二月三十一日以前清完。以次年一月为犹豫期间。在犹豫期间内各县政府应向未完各户为完纳之催告。

第三章　完纳程序

第七条　各县田赋科则种类、数目应由县政府于各年开征前一月详晰列表公布,发各区及联保公所张贴于公所门首。并以一份粘于水牌悬挂征收柜前,供粮户之查对。粮户于公布科则有未明了者,得向柜中询问。

第八条　各县征收田赋应印制纳赋核算通知单,分别应纳款目,(如地丁正额几两几钱几分,秋粮几石几斗几升,照科则计征几元几角几分,滞纳金几角几分是。)及统共应完银数。凡粮户完纳税款,均须先行赴柜向经收人员掣取此项通知单,照所开项目缴纳。即由收款员于原通知单上加盖"收讫"戳记,并换给正式纳税凭单。填发通知单时如有借口需索分文手续费,准由人民立时喊控。

前项通知单式样由财政厅另订颁发,各县照式刊印备用。

第九条　粮户在犹豫期间以内,其粮柱多者得分柱先后完纳,唯完纳之柱须一次完清,不准破柱分纳。

第四章　欠赋滞纳

第十条　凡粮户经过犹豫期间尚未清完,至二月一日开始以后始行完纳者,应照左列规定滞纳期分别加收滞纳金。

第一期　(自二月一日起至三月末日止),在本期内完纳者,照应纳正税数加百分之五。

第二期　(自四月一日起至五月末日止),在本期内完纳者照应征纳正税数加收百分之十。

第十一条 凡粮户在二四等月终了,未完之赋由县政府于各该月终时为完纳之催告,申明本期及下期加收滞纳金或封产备抵之规定。

第十二条 粮户在五月末日犹未清完者,县政府应为封产备抵之预告,勒限完纳。其限期自发预告之日起,至少以十日为限。

前项预告之发出日期不得逾七月十五日。清完日期不得逾七月三十日。

第十三条 照前条规定发出封产备抵之预告后,限满犹未完纳者,得由县政府实行发出备抵,俟完清之日交还之。

第十四条 凡县政府照第六条二项及十一条为完纳催告者,暨照第十二条为封产备抵预告时,得交区团转发,或派警送达。但送达人不得需索丝毫费用,及代收款项。违者从重惩办。

第五章 附则

第十五条 被灾歉收之田地应办蠲免事宜,依部定勘报灾歉条例办理。

第十六条 本章程施行后,本省原定各县征收田赋滞纳处分简章即废止之。

第十七条 本章程实施细则另订之。

第十八条 本章程如有未尽事宜,得随时修改之。

第十九条 本章程由省政府公布施行,并咨财政部备案。

贵州省征收田赋章程施行细则

第一章 总则

第一条 本细则系依据贵州省征收田赋暂行章程第十七条之规定订定之。

第二条 各县田赋由县政府经征。县政府为经征官署,县长为经征官。

第二章 经征机关之组织

第三条 各县田赋之征收,由经征官署于署内大堂侧,设立征收总柜办理之。禁止派人携票游征。唯必要时,得斟酌辖地情形,参照成案,呈准省政府临时设立征收分柜,以期便利。

前项分柜设置期间及地点,视事实需要定之。其期间至多不得逾四个月,其地点必须适中,并应派县政府重要职员会同地方区保切实监督之。所有成立及撤销日期暨派去负责监督职员姓名均须呈报省政府备案。

第四条　征收总柜由下列人员组织之:

一、征收主任。

二、收款员。

三、掌册员。

四、管票员。

临时征收分柜得设主任兼收款一员,掌册兼管票一员,办理分柜各项事务。至赋额较少,事务简单县分,其总柜人员并得照分柜办法酌并兼任。唯无论总柜、分柜,其收款员均不得兼任管票事务。

第三章　粮柜人员之职掌

第五条　总柜征收主任受经征官之监督指挥,负全县征收田赋全责。其执掌如下:

一、督饬收款、掌册、管票人员分掌主管事宜。

二、督饬编造田赋分数表及征赋总清簿。

三、督饬编造廒册及清理拨册事宜。

四、督饬催征。

五、综核廒册、粮票及各项簿记。

六、汇核本柜征获现金,逐日列表缴呈经征官。

七、稽核全县田赋完欠数目,及有无飞洒匿赋情形。

八、督察分柜征解款项。

九、考核所属人员功过,随时呈请奖惩。如有舞弊情事不立刻举发者,即予同科。

第六条　收款员承经征官之命,并受征收主任之监督指挥,掌理征收税款,登记账簿等事宜。

第七条　掌册员承经征官之命,并受征收主任之监督指挥,掌理编造征收田赋分区总清簿、田赋分数表及推收拨册,登记业户完欠等事宜。

第八条　管票员承经征官之命,并受征收主任之监督指挥,掌理保管、制发粮票及填发通知单等事项。

第九条 分柜征收主任兼收款员承经征官之命,并受总柜征收主任之监督指挥,依照第五条九款之规定,负分柜区域内征收上完全责任。其掌册、管票各员并兼受分柜征收责任之监督指挥,掌理本柜域内登记册簿、填发通知单、制给粮票等事项。

第十条 各项征收人员,应由经征官署遴选品行端正,家资殷实,熟悉征收事务者;任用之。并应饬取殷实妥保备案。

第十一条 经征官署得酌设催征警,或调征政警执行催征事务。

第十二条 征收人员之薪给,得由经征官察酌情形订定额数,就各税提成统筹开支。并编拟预算,呈送省政府查核。

第四章 征收程序

第十三条 经征官署应于每年开征前,将开征日期及征收科则先行布告并于前一个月将征收田赋分区总清簿(即俗称废册)编造完竣。

第十四条 征收官署应于开征一个月前,备具印领,制定负责人员,向省政府财政厅领取丁粮税单,以备应用。

第十五条 各经征官署征收田赋分区总清簿及征收田赋日记簿,均应于征收时随即登记。

前项总清簿及日记簿,由财政厅订定式样发县照制备用。

第十六条 凡带征积欠田赋,均应分别年份,各以总清簿及日记簿登记,不得各年牵混。

第十七条 凡征收邻县拨入插花地田赋。或同为本县田赋而科则不同者,均应各以总清簿、日记簿分别登记。每种一本,不得牵混。

第十八条 各县粮户应行拨册事项,照另订推收拨册暂行规则办理。

第十九条 经征官署每日征收田赋,自午前八时起,至午后五时止。但遇完纳踊跃时,务须延长时间,逐日收齐。不得藉口延搁,抑勒滋弊。

第二十条 经征官署填给税单,应即日随收随给,最迟不得逾次日上午十时。违者以舞弊论。

第二十一条 纳税凭单分为三联式:一联存查,留存经征官署。一联缴验,呈送省政府财政厅查核,一联收据,裁给纳税人,其式样另订之。

第二十二条 经征人员不准以墨飞小票收款。违者重惩。

第二十三条　各项经征簿籍、表册,均须妥慎保存,递任移交。如因灾变损失,应立即呈报省政府查核。

第二十四条　经征官署经征各年田赋,以次年元月底为上忙截数造报期,五月底止为下忙截数造报期,于二月及六月十五日以前,分别填造上下忙征收田赋分数表呈核。并于八月底将全年丁粮已完、未完实数造具征解表册,呈送省政府汇办考核。

第五章　附则

第二十五条　各征收官暨各征收人员如有违法浮收,需索规费,侵匿税款及其他情弊经查觉者;交法院依法治罪。并追缴其赃款。

第二十六条　本细则如有未尽事宜,得随时修改之。

第二十七条　本细则自省政府公布后与贵州省征收田赋暂行章程同时施行。并转咨财政部备案。

(三)田赋的征收、保管和分配

1. 征收

(1)征收的额率

在中央接管以前,有些省份已开始施行田赋征实,但在办法上各有不同,所以各地的田赋负担轻重不一,这与田赋征实的公平原则相违。国民党五届八中全会以后国民政府决定实施田赋收归中央并改征实物,在第三次全国财政会议上,大家讨论了征收标准的问题,财政部向大会提出议案:"按民国三十年(1941年)正附税额,每元折征稻谷2市斗,不产稻谷的地区,得征等价小麦或杂粮。"但大家都认为这个标准有点偏高,所以另外补充了一个有伸缩性的规定:"其赋额较重省份,得请财政部酌量减轻。"[1]所以会议最后通过的原则中规定:"田赋征收实物,以三十年度(1941)正附税总额每元折征稻谷2市斗(产麦区得征等价小麦,产杂粮区得征等价杂粮)为标准,其赋额较重之省份,得请财政部酌量减轻。"[2]1942年,为了满足

---

[1] 中国人民政治协商会议全国委员会文史资料委员会.文史资料存稿选集·经济[M].北京:中国文史出版社,2002:241.

[2] 财政部财政年鉴纂编处.财政年鉴续编[M].第四章,1945:83.

军队对粮食不断增加的需求,财政部会同粮食部修订了《战时田赋征收实物暂行通则》,修改了田赋征收标准为:"各省田赋征收实物,依30年度省县正附税总额每元折征稻谷4市斗,或小麦2市斗8升为标准。其赋额较轻或较重之区域,由中央酌量增减"❶。提高了税率。1943年的田赋征实除按照上年的标准征收,还利用了土地陈报的成果,根据军粮和公粮的需要进行征收。同时除了田赋征收和征购之外,一些省份将征购改为了征借。从1944年起,政府为了节省国库的支出,除田赋征实和部分公粮以外,所有的征购一律改为了征借。同年的9月19日国民政府还明令公布了《战时田赋征收实物条例》,其中第六条规定:田赋征收实物,依照各省市县册载赋额基数,并依下列标准折征之:一、征收稻谷区域,按赋额每元折征稻谷四市斗;二、征收小麦区域,按赋额每元折征小麦二市斗八升;三、征收棉花区域,按赋额每元折征皮棉五市斤。前项赋额较轻或较重之区域,粮棉价格相差过甚之地方,得经行政院核定酌量增减其征率。❷

(2)征收的期限

因为中国地域广阔,各省粮食作物的种类和收获时间存在很大的差异。所以在田赋征收实物后,实物的开征时间和征收限期,应该根据农作物的收获早晚而定,既不能过早,也不能过晚。我国的北方以生产小麦杂粮为主,而南方以生产稻谷为主,这样开征时间就存在着差异。即使是同一种作物,其收获时间也存在差异,所以田赋的开征日期,就不能统一规定。而征收的限期也不能统一规定,但也不能错过了征收的有利时机。原因是由于粮食收获后,粮户的消费、变卖等都会影响田赋的征收。为了更有效地完成田赋的征收任务,满足军公粮的需要,必须在农作物收获后,把握时机,一次性地完成征收任务。在《战时各省田赋征收实物暂行通则》中第九条规定:"征收实物应于稻麦收获后两个月内收齐。其开始日期,由省主管田赋机关拟定报请中央管理机关备案。逾期不缴纳者,应予以滞纳处分。"❸所以1941年田赋的征收日期就是各省根据本省的实际情形确定的,一般是征收小麦的省份开征较早,从7月份开始征收,而征收稻谷的省份开征相对较晚,

---

❶ 《革命文献》第18辑,第8页。
❷ 秦孝仪.《革命文献》第一一五辑抗战建国史料田赋征实(二)[M].台北:中央文物供应社股份有限公司,1988:14.
❸ 秦孝仪.《革命文献》第一一五辑抗战建国史料田赋征实(二)[M].台北:中央文物供应社股份有限公司,1988:2.

从 12 月份开始征收。但有些省份因为一些手续没有及时办妥,没能在两个月内完成征收任务。为了方便粮户交纳田赋,在 1942 年修订的《战时田赋征收实物暂行通则》中规定:"征收实物应于农作物收获后一个月内开征,自开征之日起,满三个月仍不交纳者,应分别予以滞纳处分,其处分办法另订之。"将原来的两个月期限延长到了三个月,逾期不完的,再行处罚。1944 年修订的《战时田赋征收实物条例》并未对前项通则中关于征收期限进行修改,但在实际征收过程中,由于粮食需要的迫切,于是不论开征时间早晚,一律于 12 月 31 日结束征收。

第三章　与田赋征收有关的土地清查

一　抗战初期贵州土地清查的原因

(一) 南京政府财政收入锐减

1937年,日本帝国主义制造了"七·七"卢沟桥事变,中国开始了长达八年之久的全民族抗战。抗战伊始,国民党战场便丧师失地。随着东部及中部大部分地区相继沦陷,南京国民政府为接受长期抗战的事实,于同年11月始被迫向西部迁都重庆并发表迁都宣言:"国民政府兹为适应战况,统筹全局,长期抗战起见,本日移驻重庆。此后将以最大之规模,从事更持久之战斗"。当时抗战大后方也即国统区,"包括地处西南的四川、云南、贵州三省,地处西北的陕西、甘肃、宁夏、青海、新疆五省的大部分地区,以及处于战区的湖南、广西、广东、福建、浙江、江西、湖北、河南等省的部分地区",其中"以四川为中心,以西南其他省区为重点包括西南与西北的抗战大后方成为支持八年抗日战争的战略基地"。

我国历来是一个农业国家,农民占总人口80%以上。农业国家的主要财源为土地税,简称为地税。是以土地为课税对象,按照土地面积、等级、价格、收益或增值等计算征收的货币或实物,田赋是我国最为悠久而普遍的土地税。历史上,相对其他税收而言,田赋长期成为中央政府比较稳定的最大财政来源。自明代嘉靖年间确立、万历年间在全国范围推行的"一条鞭法",将所征课的田赋折成银两交纳,开始了由实物税向货币税的过渡。到了清代,实行地丁银制,改变了我国田赋以征收实物为主的惯例,田赋计亩征收银两,出现了实物与货币并重的局面。中华民国建后,甚至以征收货币为主。至民国四年征收货币时,则废银两改收银元。民国时期这一田赋征收法,一直延续到民国三十年国民政府实施田赋征实为止。1927年4月,南京国民政府成立。为体现孙中山"平均地权政策""使耕者有其田,劳者得食"的主张,同年7月国民政府将田赋由中央税转为地方税,田赋收入成为各省地方收入的重要来源。"1936年的统计表明,各省田赋在税收中的比重,江西最高,为80.5%,绥远最低,为42.5%,全国平均为58.68%"❶。

自1840年鸦片战争爆发后,我国进入半殖民地半封建社会,直到民国时期全国经济发展仍极不平衡。其主要表现为:较富裕的农业区域主要分布在中部和东部,且全国新式工业主要集中于东南沿海、沿江及东部重要铁路沿线城市,东部整体经济较为发达。而西部地区经济虽以农业为主,但甚为落后闭塞。西南、西北各省绝大部分地区农业长期处于刀耕火种的农业生产方式,且以自给自足的小农经济为主体,土地贫瘠,耕地面积少。以当时西南五省云南、贵州、四川、西康、广西为例,❷据中央农业实验所的统计,该五省区"人口占全国总人口的1/5强,但其18种主要农作物的种植面积还不到2亿亩,仅占全国耕地面积15%弱"。在西南各省中如贵州,"就生产工具而言,'耕植完全是建筑于手工劳动之上,百分之百的耕植工具是锄耰……无论种植、耕耘与收获,用手用刀便是两件不可少的工具'"。农家劳力的种类,大都为人力,而辅以畜力。然而贵州农户有能力饲养牲畜的也不多。据抽样调查统计:"农户平均每家'计水牛0.43头,黄牛0.58头,合水牛黄牛两者计之,每家始有牛一头,马则平均每家为0.19匹,即六家始有马一匹'。就生产方式或者技术而言,直到20世纪30年代,全省绝大多数地区仍然处于'刀耕火种'、'轮歇丢荒''广种薄收'的原始型农业生产阶段。农民基本上是在原始、粗放、'靠天吃饭'的传统农业中生存"。加之,包括西南、西北地区的西部"新式工业仅占全国总数的6%"。据实业部统计显示,"1937年川、滇、黔、陕、甘、湘、桂7省共有工厂237家,仅占全国工厂总数的6.03%;资本1520.4万元,占全国资本总额的4.04%;工人3.3万人,仅占全国工人总数的7.34%"。其中"较具规模、算得上真正意义上的近代工厂,在四川仅有电力厂1、水泥厂1、面粉厂1、机器厂2;陕西

---

❶ 周开庆.民国川事纪要(下册)[M].成都:四川文献研究社,1974:31.见《重庆抗战史》(1931~1945),第124页。见杨希.抗战时期大后方社会救济问题研究[D].2012:12.

❷ 西南的地域范围划分历史上迄无定论,抗日战争时期存在"大西南""小西南"两种划法,且有"西南七省"(川、康、滇、黔、桂、湘、粤)、"西南六省"(川、康、滇、黔、桂、湘)、"西南五省"(川、康、滇、黔、桂)、"西南四省"(川、康、滇、黔)等诸种说法。见黄立人.抗日战争时期国民党政府开发西南的历史评考[J].云南师范大学学报(对外汉语教学与研究版),1985(4).

有纱厂1、面粉厂2;贵州有纸厂1"。❶西南、西北地区工业生产能力十分薄弱,农业经济原始,西部整体经济十分滞后。

基于上述原因,抗战前夕南京政府的财政收入并非田赋,主要来自于东部地区的关税、盐税、统税三项税收。"仅以1937年预算数来看,三项税收收入合计为7.72亿元,占财政收入的77.29%。沿海地区的三税收入又占总额的80%以上"。然而,至南京政府迁都重庆时,日军已占有了"中国土地的1/3,农业生产基地的40%,工业生产能力的92%"。据统计,"1937—1938年间,中国沦陷的土地面积达250万平方公里以上,战火殃及之农田多达40多亿公亩,约占全国耕地总面积的一半以上;沦陷区农业劳动力的损失,在1.3亿人左右,至于畜力仅耕牛一项的损失,就有800多万头,约占全国耕牛总数的2/5;在农产品方面,稻谷损失19%,小米损失80%,大麦损失42%,小麦损失55%,大豆损失66%,高粱损失77%,甘薯损失24%,棉花损失71%,花生损失58%,烟叶损失31%。到"1939年则关税减少77%,盐税减少56%,统税减少89%"。❷东部及中部地区的沦陷,使中国工业集中区和农业富庶区被日军侵占,导致政府税源枯竭,收入骤减,国家陷入经济困境,对坚持长期抗战带来严重影响。

(二)确立战时土地政策,促进西南农业经济发展

由于战区不断扩大,日本对中国海陆交通封锁,而南京国民政府仅控制着以农业经济为主体的西部地区,且南京国民政府长期以来对农业的重要性认识不够,致使1912—1937年间,全国农业的增长十分缓慢,如"1931—1937年的人均产值与1914—1918年大致相同,年产量的增长略小于1%,而且这个增长还是来自于耕地面积的扩大。这是因为,相对于金融、交通、关税自主、工业发展和教育等领域取得的种种成就,政府明显忽视了农业问题的紧迫性——土地问题和农民生活困境"。❸为保证战时军民物资供应,增加抗战力量,以适应抗战需要,南京国民政府于1938年3月在武汉召开临时全国代表大会,确定了战时经济方针政策。此次会议决定不仅把经济建设重心向西部后方转移,以建立巩固的抗战后方基地,而且针

---

❶ 韦华培.抗战时期贵州经济跨越式发展[D].2008:6.
❷ 李平生.烽火映方舟抗战时期大后方经济[M].桂林:广西师范大学出版社,1995:197.
❸ 王今诚,王超.中国农业近代化(1912~1937)的制度需求与供给研究[J].延安大学学报(社会科学版),2009(4).

对当时南京政府所控制的西南、西北地区社会经济状况,会议着重强调了抗战时期农业的重要性,把发展和建设西部后方农业经济纳入战时轨道。大会宣言指出:"中国为农业国家,大多数人民皆为农民。故中国之经济基础,在于农村。抗战期间,首宜谋农村经济之维持,更进而加以奖进,以谋其生产力之发展"。该会通过了《抗战建国纲领》23条,其中决定"制定战时农业政策,注重开发西南、西北地区"。因西南农业特别是四川较西北发达,战略地位也较西北突出。如,就战略地位来看,国民政府的陪都设在重庆,贵州省会城市"贵阳地处西南腹心,西通昆明、南通桂、柳,北通渝、蓉,东通芷江、沅陵,是西南公路交通网的编织中心,国民党政府的西南运输管理局、中国运输公司均设在此"。❶ 于是国民政府关于开发与建设西部大后方的战略布局,则采取以西南为中心,先西南后西北的经济发展战略,明确地把经济建设的重点放在西南地区。并把发展大后方的农业生产置诸于工业、交通等各业之前,作为国民党政府的当务之急。

土地是农业最基本的生产资料,土地问题仍是农业问题的核心问题和紧迫问题,要发展建设农业,必须首先关注土地问题。因此,此次会议国民政府对土地政策进行了较大的调整。大会认为:"战事发生后,环境突变,生死存亡之间不容再循常规,循序渐进,故非另定战时土地政策,不能应时代之适切要求"。通过了代表了抗战初期国民党对于土地问题的基本主张和政策的《战时土地政策案》,并列出了"战时土地政策大纲"九条,即:

(1)中央及地方政府应特设土地利用指导管理机关,改善农业生产技术,并严格统制其生产种类,以提高土地利用之精度。

(2)应设立垦务机关,办理公私荒地调查,制定开垦计划,以增加生产面积。

(3)土地利用指导机关及垦务机关,同时负责各种农业合作社之宣传、辅导、组织,与全国合作联合社合作。

(4)农产品中的工业原料和出口品归国家特设之国际贸易机关统制,以换取外汇及军用品。

(5)举行地籍整理,实行地价税、增价税、遗产税,并一律采用累进制。

(6)中央应设土地银行,并发行土地债券,以为活泼农业金融,增加农业生产

---

❶ 黄立人.抗日战争时期国民党政府开发西南的历史评考[J].云南师范大学学报(对外汉语教学与研究版),1985(4).

之用。

(7) 应奖励人民以土地呈献政府,并应没收汉奸土地及征收利用不良之土地,依法分配于伤兵难民等。

(8) 公私有荒地之承垦,首为受伤阵亡将士家属,次为战区难民,再次为各地无土地之贫民。

(9) 地租额不得超过地价百分之七,并严禁任意撤佃抗租。随后1939年1月和4月分别召开了国民党五届五中全会及第一次全国生产会议,再次强调后方农业的重要性。提出:为弥补战区的损失,需积极发展后方生产;要增强战区抗战力量,必需力谋战区农业的复兴。

(三) 整理地籍,增加田赋收入

1938年确立的战时土地政策的中心目的,在于以解决土地问题为前提,发展以西南为主的抗战大后方农业生产,"提高土地利用之精度,增加生产面积",以"足食";"增加人民之纳税能力,平均人民对义务之负担",以"足财"。即,增加田赋收入,使之成为抗战主要经济支撑力量,以保证军粮民用,维护社会稳定。要实现这一目的,必须以地籍整理为基础,进行土地清查。

所谓"地籍,是记载土地的位置、界址、数量、质量、权属和用途等土地状况的簿册。最初的地籍是为征税而建立的一种田赋清册。因此,1979年版的《辞海》将地籍解释为'中国历代政府登记土地作为征收田赋根据的册簿'"。❶ 我国历来为农业国,农田赋税制历史在税制历史中最为悠久。至明代开始,"在全国范围内普遍丈量土地,制成反映田地亩数、质量、方圆四至及田主姓名的'鱼鳞图册'",❷明代鱼鳞图册是世界上最早的田亩统计簿册。然而,明末全国"各地鱼鳞图册大量遭战火焚毁或遗失,余则被册书、里正收归己有,数百年来,各县田赋之征收,仅凭吏胥私藏之书册,即使各县乡基层征收人员,也多由原来册书、里正等转化而来,致使各地田赋税收弊端百出,田粮不符,人民之所出,不能涓滴归公,政府之收入日趋疲困,欠不在民,收不在官"。❸ 而"中国近代从未进行过土地丈量,每一粮户占有多少土地,还是按照明代的鱼鳞图册。其后无论是废两改元,还是各省不断在田赋上

---

❶ 翁礼华. 中国历代地籍管理[J]. 经济研究参考,2009(68).
❷ 曹余濂. 中国田赋档案概说[J]. 档案学研究,1998(1).
❸ 徐在斌. 抗战时期国民政府土地陈报述评[D]. 2010:6.

的附加,均是以此为基础。民国时期,无论是北洋政府还是南京国民政府,都曾要求地方进行土地清丈或陈报,唯因时局影响或其他种种原因,各省皆未认真举办,征收田赋的依据大多仍是鱼麟图册"。❶

1927年南京国民政府成立,为实践孙中山先生"平均地权"、使"耕者有其田"的政治主张,确定将田赋划为地方税,田赋征收权力由中央下放到地方各省,成为各省主要财政收入。根据1935年的预算估计,"全国各省各县中(预算除外)每年收入,至少有5万万元。在各省府收入(除掉中央辅助款和借款)中间,田赋大约40%上下;在各县政府收入中,田赋更占60%上"。❷ "田赋划归地方后,各省基本按土地肥瘠划等定率,按亩征收,征收期限仍分上忙下忙两期,统一折银元征收"。❸ 由于无确切的土地册籍可查,全国普遍存在着土地实数不清,上田、下田不分,土地等则与纳赋等级不符,土地集中、隐匿现象严重,各地亩法十分混乱的现象。地籍不清使"赋税更无从稽核"❹。加之,"军阀混战不息,更是赋敛无度,竭泽而渔。20年代后期30年代前期,繁杂、沉重的田赋已成为困扰中国农村的一个重要问题"。❺ 当时田赋附加税不仅种类繁杂,而且在农村税捐中最为繁苛。附加税超过正税额至少一倍,甚而高达几十倍,田赋混乱的局面十分严峻。据1934年对全国30个省田赋附加的调查,"共计有附加税673种,最多的江苏省可达147种"。❻

为了整顿田赋,南京国民政府首先不同程度地进行了地籍整理。就田赋整理与地籍整理的关系来看,田赋整理其首要任务是厘定田地等则,以平均农民负担田赋,曾加田赋收入。而厘定田地等的过程则必须首先明了农户占地情况,"从清理地籍着手,继而确定地权,在此基础上查定地价"❼ 因而,地籍整理是田赋整理的基础与前提。如时人所言:"整理田赋,非先将土地整理不为功"。❽ 由此,"南京国

---

❶ 郝银侠.抗战时期国民政府田赋实征制度之研究[D].华中师范大学,2008:84.
❷ 薛暮桥.旧中国的农村经济[M].北京:农业出版社,1984:76. 张忠才.考析抗战前十年南京国民政府的田赋整理[J].杭州大学学报,1992(3).
❸ 王志端.中国赋税史[M].北京:中国财政经济出版社,1998:226.
❹ 徐在斌.抗战时期国民政府土地陈报述评[D].2010:6.
❺ 张忠才.考析抗战前十年南京国民政府的田赋整理[J].杭州大学学报,1992(3).
❻ 邹枋.中国田赋附加的种类[J].东方杂志,1934,31(14):312. 见付燕鸿,王先明.20世纪30年代的"农业恐慌"探析——立足于历史成因与时代特征的考察[J].人文杂志,2010(2).
❼ 成汉昌.中国土地制度与土地改革20世纪前半期[M].北京:中国档案出版社,1994:266.
❽ 成汉昌.中国土地制度与土地改革20世纪前半期[M].北京:中国档案出版社,1994:266.

民政府成立后,采取了一系列措施进行地籍整理,并以此作为国民政府解决中国土地问题的重要步骤"。❶ 1928年南京国民政府召开第一次全国财政会议。会议指出:"田赋虽已尽归地方收入,唯为划一办法,免致纷歧起自当积极实行清丈,以期厘定全国地价,制定划一地税,成全国土地整理计划"。并认为"整理土地,为今日切要之图,而按诸平均地权之办法,尤须从测量土地入手"。❷ 即整理地籍,厘清土地占有状况最为关键。在1941年以前,整理地籍事宜是由各省自办,各省或侧重清丈,或采用航空测量,或采用土地陈报,实无定数。

虽然,"土地清丈与测量为厘清地籍之治本方法,其要义为实勘田地之面积、位置、房屋、树木及一切地形地物,皆有准确表明。各户田地测量,并须衔接,速成整图,俾便稽考。其实施方法,可分为陆地测量与航空测量两称,而以陆地测量为通常习见者。清丈完竣,便可举办土地登记,经公告无讹,印可发给土地所有权状及土地他项权利证明舍,然后便可以征收地价税"。❸ 然而,"土地测量,非长时巨费莫办"。❹ 例如:"法国土地面积比我国少17倍,清丈之期达30年;日本土地面积比我国少25倍,清丈之期也达9年"。我国"自20世纪30年代初起,江西、江苏、浙江及上海、南京、青岛、北平等省市开始进行局部的土地测量。其中,大多数地方采用人工户地测"。❺ "光南京一市的清丈就用去80~90万元,费时7年多;南昌也用去45万元,耗时4年多,就连清丈江苏之宝山、昆山这样的小县,就分别用了7年、13年之久。又据国联专员拉西曼1936年报告书估计,当时中国以最经济的航空测量统计,即需1亿5千万元之巨"。❻

所谓土地陈报,"即由土地所有者自行陈报土地亩数产量之意。具体办法是:由土地编查队按地形划片,测量该片的大致面积,然后由片内的土地所有人自报占有土地的亩数和产量,经陈报人员查对陈报亩数和全片面积相符后,按片绘制详图;按丘发给土地管业执照于土地占有人,一面登记土地面积、等级和应纳田赋科则,造具征册,按户征粮,田赋科则分为三等九级,每亩纳粮多少按土地肥瘠情况酌

---

❶ 曹余濂.中国田赋档案概说[J].档案学研究,1998(1).
❷ 李铁强.南京国民政府时期湖北地籍整理述评[J].聊城大学学报(社会科学版),2005(2).
❸ 周勇.西南抗战史[M].重庆:重庆出版社,2013:234.
❹ 秀峰.整理土地与田赋之基础[J].财政研究,1937(7~8).
❺ 金德群主编,左用章等撰.中国国民党土地政策研究1905~1949[M].北京:海洋出版社,1991:266.
❻ 金德群主编,左用章等撰.中国国民党土地政策研究1905~1949[M].北京:海洋出版社,1991:260.

定"。❶ 土地陈报"往往带有财政目的,即通过土地陈报增加承粮面积,进而增加政府财政收入。民国时期这种方法大规模地推行,在土地测丈无条件全面及时开展的时候,它对于弄清'户籍''地籍'和'赋籍'三者关系起到一定作用"。❷ 其"意义在于求实地、实户、实粮。凡负担不平的使之平均,亩额不实在的使之实在。人民负担,既可达到平均减轻之益,正常赋税也有可靠收入"。❸ 土地陈报的精确程度与土地清丈相比虽相差甚大,只能达到治标目的,然若时人所评:"频年以来,各省所定整理办法,不失之粗疏,即过於精密。失之粗疏,难达整理的目的;过於精密,又非财力所能胜任。折衷之道,自以土地陈报为迅速有效之方法。"❹"土地陈报为治标之策,以其需费较省,故实行较易"❺因土地陈报节省时间、经费,国民政府认为土地陈报是整理土地的捷径和初步工作,及整理赋税、减轻农民负担的重要措施。❻ 蒋介石曾经指出:"办理土地陈报,为中央既定政策,不特藉以整理田赋平均人民负担,即凡土地与粮食政策之实施,亦赖于奠其初基,意义至为重大"。❼

由于土地陈报无先例可循,南京国民政府于 1929 年以浙江为试点进行实验,但因经验不足,以失败而告终。时隔 4 年,到了 1933 年,随着江苏土地陈报实验获得成功,国民政府在全国积极推行土地陈报,进行地籍整理。1934 年,孔祥熙于四届四中全会提呈《整理田赋先举行土地陈报以除积弊而裕税源案》。❽ 整理田赋必先举办土地陈报才能消除田赋积弊,使税源充裕税的主张。1934 年国民政府第二次全国财政会议据此通过了《办理土地陈报纲要》草案。该草案"规定各省土地陈报由财政厅会同省地政机办理常理。解决的根本必须从厘清地籍,改订科则着手。国民政府第二次全国财政会议以后,决定实行土地陈报,一方面力求手续简便,一方面规定土地陈报不收任何费用,并以陈报之溢额供减轻田赋附加及地方事业经

---

❶ 郝银霞.抗战时期国民政府田赋实征制度之研究[D].2008:224.
❷ 刘一民.国民政府地籍整理以抗战时期四川为中心的研究·绪言[M].上海:三联店书,2011.
❸ 陈诚.告各县民众书[M]//陈部长最近言论集.1941:12.
❹ 周勇.西南抗战史[M].重庆:重庆出版社,2013:234.
❺ 周勇.西南抗战史[M].重庆:重庆出版社,2013:234.
❻ 秦孝仪.《革命文献》第一一七辑抗战建国史料田赋征实(四)[M].台北:中央文物供应社股份有限公司,1989:292.
❼ 蒋介石:《请各省参议会协助田管机关推进土地陈报电 1931 年 7 月 24 日》,载《田赋会要》第 3 篇,《国民政府田赋实况》(下册),正中书局印行,1944:357.见郑东起《国民政府土地陈报研究》,《古今农业》2008 年第 1 期.
❽ 陈丹丹.抗战时期国民政府的土地陈报[J].郑州航空工业管理学院学报(社会科学版),2008(10).

费之需要,让人民与地方政府均受其益,以便顺利推行"。❶ 此后,直到抗战时期,土地陈报已成为国民政府普遍认可的整理地籍的重要途径。除少数地区继续办理土地测量外,绝大多数地区主要是在采取土地陈报的基础上进行地价申报的办法来为开征地价税作准备。在此背景下,抗日战争爆发后,作为西南大后方之一的贵州,其土地清查途径则为土地陈报。1938年10月,武汉、广州沦陷,抗日战争进入相持阶段。"国统区的战时土地政策即被搁置而中辍了。地主豪绅则蜂起加租加押,土地兼并之风大盛,地主粮商乘机囤粮抬价,导致粮价暴涨,物价随之飞涨"。"1940年四川等地粮食歉收,市场粮食奇缺,群众叫苦不迭,农民更是不堪忍受"。❷ 为了有效解决军粮民食问题,1941年4月,国民党五届八中全会通过《为适应战时需要,将各省田赋归中央接管的决议》。伴随着各省田赋归自国民党中央政府接管后,土地陈报自然已由国民党中央接管办理。贵州随之继续根据国民党中央精神举行土地清查,进行土地陈报。

二 抗战初期贵州土地清查概况

(一)贵州耕地面积状况

贵州地处云贵高原东部,东、南、西、北分别与湖南、广西、云南、四川等四省毗连。"抗战以来,国民党政府迁都重庆,政治重心西移,西南便成了抗击日寇的大后方。贵州地处西南三省中枢,又是陪都重庆联络华南及东南亚各国的国际交通线的必经之地,战略地位十分重要"。❸ "一跃而高升了若干倍,好像从地上飞到天上""上自中央,下至地方",❹ 是战时大后方开发中心的重要省份之一,同时也是战时土地清查的重要省区。

抗战期间,国民政府大后方是中国社会经济最不发达的地区。就贵州而言,"矿业尚待开发,工业亦未兴盛,农业生产实为最主要之经济基础。而今全省岁入

---

❶ 陈丹丹.抗战时期国民政府的土地陈报[J].郑州航空工业管理学院学报(社会科学版),2008(10).
❷ 金桂兰,韩旭东.中国抗日战争60件大事[M].北京:国防大学出版社,2005:221~222.
❸ 熊大宽.贵州抗战时期经济史[M].贵阳:贵州人民出版社,1996:1.
❹ 贵州省行政人员训练所.吴主席讲话[M].贵州印刷所,1940:57.见韦华培.抗战时期贵州经济跨越式发展[D].2008:28.

系以田赋为主，其他税收亦多间接或直接取之于农，即人民日常生活，无一不仰给于农，食用之米粮果蔬，衣着之棉麻皮毛，建筑及交通工具之木材，皆取之于农林"。❶ 土地是农民最基本的生产资料，是农业生产的主要基础。1946 年《贵州省统计年鉴》记载："贵州省面积，根据前贵州陆地测量局测绘十万分之一地形匿测算结果，为 170196.22 方公里，折合 680784.88 市里，或 255294300 市亩，占全国面积的 1.53%，居我国各省土地面积第二十位"。贵州素有"山国"之称，高原山地居多，向有"八山一水一分田"之说，即 80% 为山地，1% 为水，1% 为田地，耕地面积在地理面积中所占比例甚少。"据同治十二年（1873 年）纪录为 268.5 万亩，光绪十三年（1887 年）纪录为 276.5 万亩，每人平均不到 1 亩"。❷ "其中民田 268.53 万亩，占 97.12%，余为屯田及其他官田。但这不包括未成熟田土及未经丈量之地，加之边远地区隐漏不报，有的以谷种数或收获数计亩，这些数字自然很不精确，不能反映贵州田土的实际情况"。❸ 军阀统治时期，贵州农业的衰退首先表现为荒地大量增加及人口锐减。全省可耕荒地在 1914 年为 736.8 万亩，到 1933 年增加到 1700 万亩。❹

贵州耕地面积占全省总面积的百分率极低，各县不及 8%。❺ 而在耕地面积中，贵州荒地面在全国所占比例较大。根据国民党政府主计处统计，1934 年贵州省和全国荒地面积比较，全国调查县数总数为 572 个县，荒地为 1179201357 公亩；贵州 25 个县荒地为 135123349 公亩。❻ 全国 572 个县平均每县 2061540.83 公亩，而贵州 25 个县每县平均 5404933.96 公亩，荒地面数远远超过全国平均数。"现在，省内占总户数的 67.5% 忙忙碌碌地努力农耕。然而，其耕地面积尚未达到全面积的 20%。其中已耕地占 12%，未开垦约为 8%，大部分属于荒地或森林。❼

如与全国各地相比较，"据民国三十三年（1944 年）九月统计结果，全国土地面

---

❶ 何辑五.十年来贵州经济建设·农业[M]//贵州社会科学编辑部.贵州近代经济史资料选辑(上)，成都：四川省社会科学院出版社，1987：125.
❷ 贵州省地方志编纂委员会.贵州省志·财政志[M].贵阳：贵州人民出版社，1993：17.
❸ 贵州省地方志编纂委员会.贵州省志·财政志[M].贵阳：贵州人民出版社，1993：2.
❹ 张肖梅.贵州经济[M].中华民国经济研究所，1939：K20. 见韦华培.抗战时期贵州经济跨越式发展[D].2008：5.
❺ 杨德芳译.新修支那省别全志·贵州卷(待刊)[M].
❻ 贵州社会科学编辑部等.贵州近代经济史资料选辑(上)[M].成都：四川省社会科学院出版社，1987：136～137、149.
❼ 杨德芳译.新修支那省别全志·贵州卷(待刊)[M].

积共有 17387012 千市亩,耕地面积 1397646 市亩。农户平均摊得耕地 22.95 市亩,每农民平均摊得耕地面积 4.37 市亩。本省(贵州)土地面积占全国 1.52%,每农户平均摊得之耕地面积为 19.42 市亩,每农民平均摊得之耕地面积为 3.7 市亩。本省(贵州)土地及耕地面积均以遵义为最多,贵阳市最少,耕地面积占总面积百分比以贵阳市最大,罗甸最少"。❶ 贵州省每户、每个农民平均摊得耕地面积比全国较低,且相差甚大。如民国三十四年(1945 年),中国地政学会所编《中央日报》的《中国土地问题特辑》所载:贵州与广东相比,贵州每人耕地亩数 9.17 亩,广东每人耕地亩数为 1018 亩,相差 900 余亩。

有关文献记载虽然难以反映出全省耕地面积的实际情况,至新中国成立前,贵州耕地面积统计多不统一、不准确,尚无可靠数据。但贵州耕地面积少,土地贫瘠,荒地面积比例较大,确为不争的事实。整理地籍,进行土地清查,增加田赋收入,成为抗战时期增加贵州财政收入的重要途径。

(二)抗战前贵州地籍状况

因贵州土地长期缺乏清查,即便有之,也因种种原因,导致地籍十分混乱,其主要表现为:亩法不一,耕地亩数不明,瞒报耕地面积、土地集中等。

1. 亩法不一,耕地亩数不明

贵州岩溶地形十分发达,全境几乎都是山地丘陵,是全国唯一没有平原支撑的山区农业省。加之,贵州"跬步皆山,丈量不易"就农业耕地面积而言,元代以前贵州的田地从没有丈量过。"每岁该纳粮差,俱于土官名下总行认纳。明初犹仅有夏税秋粮之数。万历六年,始见亩额,殆即其时通国丈量之结果。清康熙元年、五年、八年,皆曾以亩数报部。九年,黔抚佟凤复请尽清丈,定额升科,十一年竣事,载入赋役全书。乾隆《贵州通志》亦载有各州县之田额"。到雍正七年,贵州提学使者邹一桂认为"谓黔省田地,但计谷种而无亩数",❷条奏清丈,但有人反对,未能进行。贵州民国初期至抗战前夕的地籍基本上沿袭明清旧制,"故无亩分,不足言亩法也。惟于少数县份,为课赋计值,亦有相沿之法:如以种,以稨,以出谷之挑数石数计;贵定之大亩小亩,仅为民田之代名;修文以百挑为二亩二分;镇远亩或二十

---

❶ 贵州社会科学编辑部等.贵州近代经济史资料选辑(上)[M].成都:四川省社会科学院出版社,1987:136~137.

❷ 万国鼎.贵州省民十九至二十一年之田亩清查[J].地政月刊,1936(7~11).

石、三十石、四十石不等。又如务川以幅计;广顺以份、丘、幅计;岑巩以丘、块、幅、股计;铜仁以丘、型计等是。惟究以若干为一亩,除修文、镇远,有据可查外,余均书卷无载,探询无知"。到民国十六年(1927年)修订升科章程第五条载:"升科计亩,系以营造尺丈量,六十方丈为一分,六十方尺为一厘。"出现了又一种计亩法。❶ 田亩法不一,使田亩核算数不准确,甚至一些地区无法核算。

贵州耕地面积至新中国成立前,向来没有明确而统一的数据,如,民国二十年(1931年),国民政府主计处估计,贵州耕地面积"则达二千三百万亩……全省各县耕地总面积总计为三千一百万余市亩,其垦殖指数为11.79%,即耕地约占总面积的12%"。根据何辑五所撰《十年来贵州经济建设》(1947年)记载,民国三十五年(1936年)上半年,除去荒地外,已耕地之面积为一万一千五百九十八平方公里。以已耕地面积与总面积比较,则已耕地不过约占总面积百分之6.82%。据贵州省农改所统计,民国二十六年(1937年),耕地面积为29386385市亩,占总面积11.45%。同年贵州省田赋粮食管理处所统计,耕地面积为17389381市亩,耕地面积占总面积6.82%。民国三十年(1941年)全省耕地为二千二百四十六万八千三百三十五亩。其中田占三八成,地占六二成,占总面积的8.896%。❷ 在众多统计数字中,"最高者为1939年出版之《贵州省农业概况调查》所载,达31223187市亩,竟占总面积11.79%,似较过高"。被认为较为适中的统计数,则是根据各地土地陈报而获得的1945年《贵州省政府统计年鉴》所载及建设厅统计室资料。其均为17398381市亩,占面积之8.8%。

2. 瞒报耕地面积,土地集中

由于贵州耕地面积的田亩数历来与征收田赋密切相关,耕地面积瞒报、土地集中的现象十分严重。

为了逃避赋税,瞒报耕地面积时常发生,人为地使耕地面积数减少。根据1939年《贵州省农业概况调查》记载:顺治十八年仅为一百万亩有余,康熙二十四年尚不满一百万亩,至雍正二年始为一百二十余万亩。由乾隆至光绪一百数十年间,田亩数几无多大增加,大致在二百六十万亩左右,而民国四年反而减少,仅略多于雍

---

❶ 李荫乔著,商毅整理.贵州田赋研究[M]//民国贵州文献大系.第二辑(下).贵阳:贵州人民出版社,2011:3.

❷ 周春元.贵州近代史[M].贵阳:贵州人民出版社,1987:333.

正之时,计一百三十余万亩,其实恐相差甚远。❶ 又清末迄民初,"全省例年赋额为"七十二万八千四百三十五元六角八分三厘,与原额七十三万二千四百零八元九角四分较,不足三千九百七十三元二角五分八厘,而与史略载额,更不成比"。❷

至于土地集中问题,1932年5月创刊至1937年7月停刊的20世纪30年代最有影响的政论性刊物之一《独立评论》的撰稿人、清华大学教授吴景超指出:"现在的农民,仍以自耕农为最多,占64%;佃农次之,占29%;半自耕农又次之,占25%。"农民的这种阶层分布说明,"中国没有田的农民,以及虽有田而不够的农民,仍占全民的1/2以上,这个问题诚是人民生活中一个最严重的问题"。同时也说明了土地集中现象十分严重。1911年,贵州全省无地少地的农民占农村人口的57%,到1935年上升到69%。❸ 1912年,贵州佃农占33%,半自耕农占24%,自耕农占43%。民国二十四年(1935),佃农占43%,半自耕农占26%,自耕农占31%。佃农在逐渐增加,而自耕农则相应减少。❹ 至抗战时期,"尽管贵州社会经济发生了较大变化,但农村的生产关系基本未受触动。据各地调查资料,占农村人口4%~5%的地主,通常占有全部耕地的50%~80%,占农村人口一半以上的贫雇农,只占有全部耕地的7%~8%"。❺ 1937年,据统计:贵定、麻江、兴义、正安、安顺、都匀等二十一县的已耕地中,合计官田占3.29%,祠田占4.40%,庙田占5.54%,学田占9.66%,其他公有或共有田占4.05%,私田占72.06%。同时,在贵定、瓮安、清镇、镇远、铜仁、兴义、毕节、遵义等四十三县中,合计佃农占39%,半自耕农占26%,包括地主、富农和中农在内的自耕农占35%。实际上,据统计,1937年大量的好田好土被少数的地主、富农所占有,而广大的贫农仅占有少量的下田劣地。如清镇县集风乡,地主占人口的4.02%,却占有土地达50.7%,富农占人口1.6%,占土地4.4%,中农占人口的38.32%,占有土地27.96%,贫雇农占人口49%,仅有土地7.7%。❻ 广大农民很少甚至根本没有土地,地主采取物租、力租、钱租等

---

❶ 贵州社会科学编辑部等.贵州近代经济史资料选辑(上)[M].成都:四川省社会科学院,1987:136~137.
❷ 李荫乔著,商毅整理.贵州田赋研究[M]//民国贵州文献大系.第二辑(下).贵阳:贵州人民出版社,2011:161.
❸ 贵州省地方志编纂委员会.贵州省志·农业志[M].贵阳:贵州人民出版社,2001:40.
❹ 贵州省地方志编纂委员会.贵州省志·粮食志[M].贵阳:贵州人民出版社,1992:35.
❺ 顾朴光.抗日战争时期贵州农林牧业概述[J].贵州民族学院学报(哲学社会科学版),2001(4).
❻ 周春元.贵州近代史[M].贵阳:贵州人民出版社,1987:333~334.

地租形态对佃农进行剥削,佃农50%以上的劳动果实落入地主手中。这不仅增加了农民的负担并导致其生活进一步贫困化,减少政府田赋收入,还阻碍了"增加人民之纳税能力,平均人民对义务之负担"。

(三)抗战前贵州田赋状况

"清末贵州田赋收入在全省财政收入中的比重,仅次于协款而占第二位。民国初期,也仅列于盐税收入之后居第二。至民国7年鸦片开禁后,田赋收入才退至鸦片、盐税、厘金等税收之后,但仍不失为省财政一大收入。尤其是征收粮米实物,供应军需民食所起的作用,更非任何其他税收所能替代"。❶ 作为中国田赋史上的一次大变化,1927年南京政府将中央税转为地方税。为保证田赋收入的正常进行,1928年修正公布的《划分国家收支地方收支标准案》中规定:"国家税地方税划分后,各自整理,不得添设附加税。"1928年10月,财政部制定了《限制田赋附加八项办法》。1933年5月,财政部又制定了《整理田赋附加办法十一条》。1934年5月,在第二次全国财政会议上制定田赋税则及附加章程6项。❷ 但由于长期以来,由于贵州地籍混乱,田赋积弊深重,军阀统治长达23年之久,中央政令多有不达等原因,从清末到1935年国民党中央政府接管贵州,乃至抗战前夕,田赋征收制度紊乱纷繁。田赋出现短征,每年逐减现象。且各省各县拖欠田赋的情形极为严重。

1937年以前,贵州田赋包括地丁、秋粮、官租、杂课四种,其中田赋正额只有地丁、秋粮两种。自清朝雍正七年(1729年)定额后,由于"报垦、减则、升科"及"迭遭兵燹,荒芜无征"等原因,赋额屡有变动。据民国初期的考察报告认为,总的情况是越变越少(编者按:指的是官报数额,并非人民实际负担数),清中叶的赋额少于清初,清末的赋额又少于清中叶。但总的差额不大。清末每年征收上报数约折合白银25万两,与赋额大致相同。虽历年均有因逃亡、荒芜、隐匿而无着的田地,但各地征收官吏往往将无着赋额分摊在其他农户,或者将少部分中饱的平余、规费弥补缴解,捏报达到赋额。❸ 如,根据《关岭县志访册》卷三,有关田赋记载:民国八年(1919年)本县土多田少,除山岭所占地面外,可施耕种者大约旱田占十分之六,水田占十分之四……咸同乱后,休养多年,农人日事开垦,所遗旷土不过山瘠硗地,难

---

❶ 贵州省地方志编纂委员会.贵州省志•财政志[M].贵阳:贵州人民出版社,1993:23.
❷ 郑学檬.中国赋役制度史[M].上海:上海人民出版社,2000:702.
❸ 贵州省地方志编纂委员会.贵州省志•财政志[M].贵阳:贵州人民出版社,1993:39.

于耕种者,间亦有零星旷地,不成片段,约计百分之一,其余均耕植无遗矣。原额田亩三万六千七百九十七亩八分,内除拨归郎岱厅田九百八十六亩七分,实额田三万五千八百一十一亩。又节年新垦田四百一十九亩四分,共田三万六千二百三十亩。内实除荒芜田七千八百三十七亩九分,实有成熟并减则田二万八千三百九十二亩五分。❶

长期以来,贵州田赋"均是摊派认纳,久未整理,飞洒隐匿,处处皆是,有粮无田,有田无粮,粮少田多,粮多田少,科则复杂,册籍失散",导致田赋收入较少。清末贵州田赋收入虽在全省财政收入中的比重,仅次于协款而居第二位,但因有邻省协款及厘金收入,田赋仅占全省财政年岁收入的20.63%。据1915年财政厅调查结果显示,由于"政治变革,邻省协款,于以告绝",贵州田赋从清末占年岁收入的20.63%增至52.33%。❷ 即便如此,由于历史上贵州社会长期处于封闭半封闭状态,经济社会发展十分滞后。到辛亥革命前夕,贵州是全国18个省区中是为贫穷落后的省份❸。其间贵州全省田赋粮额收入虽曾高达过70多万元,但此现象实为罕见。直至抗日战争爆发前,"全省每年最低尚缺粮食三个月"。❹ 如何进行田赋整理,增加贵州田赋收入,以保证军粮民食,社会稳定成为贵州农业中心工作的最重要问题。

(四)贵州土地陈报

1911年辛亥革命爆发,贵州成立大汉军政府,然仅存三个多月便被颠覆,1928年贵州进入长达23年的军阀统治时期。1935年,国民党中央军进入贵州后,改组省政府,直接管理贵州,结束了贵州军阀统治局面。贵州"由于地籍不明,税目繁多,征制不良,胥吏作祟,而征粮根据之造册,亦多年未经整理发册,所有户名,半成鬼籍,册籍失实,户地半不可考",❺田赋短征现象严重。鉴于贵州地籍长期未经整理,田赋十分混乱,贵州地方政府对于地籍的整理较为关注。第二次国内革命战争

---

❶ 贵州社会科学编辑部等.贵州近代经济史资料选辑(上)[M].成都:四川省社会科学院,1987:161.
❷ 李荫乔著,商毅整理.民国贵州文献大系·第二辑(下)[M]//贵州田赋研究.贵阳:贵州人民出版社,2011:176.
❸ 翁泽红.试述贵州少数民族对辛亥革命的贡献[J]//吴世祥.文史天地纪念辛亥革命100周年特刊.文史天地杂志社,2011.
❹ 《贵州民意月刊》第七卷,第1~2期合刊。见谢本书,温贤美主编,中国抗日战争学会,中国人民抗日战争纪念馆编.抗战时期的西南大后方[M].北京:北京出版社,1997:201.
❺ 财政经济委员会.贵州财经资料汇编[M].贵阳:贵州省人民出版社,1950:387.

时期,贵州便以土地陈报为途径进行过地籍整理。南京国民政府成立之初表示:"值此训政开始,自应力加整顿,务期赋由地生,粮随地转,富者无抗匿之弊,贫者无代纳之虞,以收田赋平均之效"。❶ 为此,1927 年 7 月,中央政府将田赋划归各省为地方税后,田赋逐为地方财政命脉。并于 1928 年南京国民政府召开的第一次全国财政会议,制定《整理全国土地计划》,要求对土地进行陈报,整理田赋以增加收入。❷ 借此东风,自 1930 年到 1932 年,贵州以土地陈报的方式举行了对全省 81 个县的土地清查,可谓是抗战以前南京国民政府时期贵州一次较大规模的土地清查。

1930 年,作为贵州地方税的厘金被中央明令撤销,贵州财政收入明显减少。为增加地方收入,在全国整理地籍,推行土地陈报的背景下,时任贵州省财政厅厅长马空凡向省政府提议清查田亩数,以整顿田赋。于是出现了 1930 年到 1932 年清查田亩之举。1930 年 10 月底,贵州于省财政厅附设清查田亩总局,各县政府附设清查田亩分局,并颁布《清查田亩大纲》《清查田亩改良赋制章程》,开始对全省各县进行田亩清查。这次田亩清查的方法主要是"依据各该地方计亩方法,计明亩数,于原报告表丘块数栏内,附注以谷或包谷种计,合几亩几分"(《清查田亩改良赋制章程》第一条)。❸ 根据行政院提出的意见,关于田地面积的清查"似可暂由人民自报,或由调查人员于丘块之下,注明估计亩数,以便核发算"。❹ 在清查新垦地时,"则依照财厅订颁之无粮田地升科章程,由业户自行申报,县府查明,填给升科注册凭单,按亩起税。然所谓亩,定章虽准官尺以五尺为弓,二百四十号为亩,实则大都由业户自行约计填报,或由区保及履勘员书约略勘报,鲜有确实丈量"。❺ 此次土地清查"由于重在自报,实际升科者寥寥无几。当年实收 556839 元,仅占原额的 76%,为历年收入之最高额",❻然"犹不及江浙一县之收入"。❼ 由于民众多阳奉阴违,或一些县份地面广阔、或局势混乱、尚无秩序,或一些县份少数民族较多填报困难,如"据总局工作报告,除三合、锦屏等十数县,因民智幼稚,饬由清查人员行

---

❶ 李铁强.南京国民政府时期湖北地籍整理述评[J].聊城大学学报(社会科学版),2005(2).
❷ 曹金祥.20 世纪 30 年代"独立评论派"的乡村建设观[J].中国矿业大学学报(社会科学版),2009(4).
❸ 万国鼎.贵州省民十九至二十一年之田亩清查[J].地政月刊,1936(7~11).
❹ 万国鼎.贵州省民十九至二十一年之田亩清查[J].地政月刊,1936(7~11).
❺ 万国鼎.贵州省民十九至二十一年之田亩清查[J].地政月刊,1936(7~11).
❻ 贵州省地方志编纂委员会.贵州省志·粮食志[M].贵阳:贵州人民出版社,1992:38.
❼ 李荫乔著,商毅整理.民国贵州文献大系·第二辑(下)[M]//贵州田赋研究.贵阳:贵州人民出版社,2011:51.

行临田审勘,告具草册,据以填表外,馀解均照章办理。即间有颠倒遗漏者,亦由总局随时指明补正……工作多因稽延"❶等原因,没有达到实际效果。到 1931 年,实收田赋 560727.69 元,亦未收足。此次清查田亩行动历经 14 个月,虽耗资巨款四亿九千七百一十九万六千三百零五元,而实附推行的县份为数不过十之五、六。❷因收效甚微,1932 年 4 月被令裁撤,贵州田赋仍就混乱,田赋实际收入逐年总计减少。如,全省田赋实际收入,除 1934 年因册籍散失无可稽考,1935 年奉令全免外,1931 年为 560727.69 元,1932 年为 616259.79 元,1936 年为 484465.15 元。❸

1933 年,江苏省进行土地陈报获得成功,国民政府在经过半年多抽样调查的基础上,于 1934 年 5 月国民政府第二次全国财政会议通过了《办理土地陈报纲要草案》,决定在全国推行土地陈报,以清查全国土地,增加田赋收入。此次会议后,土地陈报进入了省自为政的阶段。首先是各省的主管部门不一致,"各省或设土地陈报办事处办理,或由财政厅办理,或由民政厅办理,或由省地政局办理,殊嫌纷歧",❹贵州土地陈报则由贵州省财政厅负责办理。《办理土地陈报纲要草案》拟定土地陈报程序为:"(一)册书编查;(二)业户陈报;(三)乡镇长陈报;(四)审核复查或抽查;(五)县府公告;(六)编查征册发给土地营业执照;(七)改订科则"。❺同时要求进行土地陈报时,"一方面力求手续简便,一方面规定土地陈报不收任何费用,并以陈报之溢额供减轻田赋附加及地方事业经费之需要,让人民与地方政府均受其益,以便顺利推行"。❻行政院颁布《土地陈报大纲》7 条,其中特别强调此次土地陈报必须因地制宜,"各省政府就地方情形详订土地陈报章则"。❼并将此项要求列于 7 条大纲之首。

根据《土地陈报大纲》要求,贵州省财政厅结合本省的实际情况,1934 年 5 月,呈送整理田赋举行土地陈报办法的意见。认为"中央此次整理田赋,举行土地陈

---

❶ 李萌乔著,商毅整理.民国贵州文献大系·第二辑(下)[M]//贵州田赋研究.贵阳:贵州人民出版社,2011:49.

❷ 万国鼎.贵州省民十九至二十一之清查田亩[J].地政月刊,1936(7~11).

❸ 李萌乔著,商毅整理.民国贵州文献大系·第二辑(下)[M]//贵州田赋研究.贵阳:贵州人民出版社,2011:164.

❹ 关吉玉,刘国明.国民政府田赋实况(下册)[M]//田赋会要(第三篇),正中书局印行,1944-2-29:48.见郑东起.国民政府土地陈报研究[J].古今农业,2008(1).

❺ 徐在斌.抗战时期国民政府土地陈报述评[D].2010:16.

❻ 陈丹丹.抗战时期国民政府的土地陈报[J].郑州航空工业管理学院学报(社会科学版),2008(10).

❼ 行政院颁布土地陈报大纲[J].中华法学杂志,1934(3).

报,原提案对于吾国田赋之积弊言之綦详,所拟办法大纲扼要简易,便于遵行。惟是原提案办法,系就整理全国田赋之大体而言",但贵州属边远省份具有其特殊性,应该灵活变通办理。其具体内容如下:

"查黔省田赋在初,本系随地派纳,并非按亩制赋征收,科则极为复杂,积弊之深,甲于各省。虽在丰年亦从未征收足额,历年蒂欠,清无可清。改革以来,虽迭次设法整理,要皆局部改进。至若根本解决之法,自非实行清丈不可。第清丈一事,断非一时所能办到,则目前整理之法,唯有从清查田赋着手,而清查田赋,又莫若使人民自行陈报。原提议案所订土地陈报办法,施之予黔,洵属相宜。但此项办法,在原有粮额之田,固易照行,若未经升科,向无粮额之田,其土地既未经测丈,人民不知亩制之标准,一旦责令陈报,田土面积势必发生窒碍。此种窒碍,如在通都大邑,大材荟萃之区,自可由业户请托精习测量之人代为清丈,尚不难立时解决。若穷乡僻壤之区,才财两难,欲照原提案第七条办法,由政府改选有测量学识之人分派各县,听人民委托测丈,一时亦难得此多数人员,倘任人民自由陈报,则惝恍难凭,政府亦难科以适当之赋额。且黔省跬步皆山,一寻之中,地势高下欹斜,丘块纵横复杂,非若平原旷野之易于勘测,矧地质有肥硗之不同,则其收益即不能无丰欠之差异,如一律照田土面积为制赋之标准,仍不免有畸重畸轻之虑。兹拟举行土地陈报,倘有未经升科及向无粮额之田,即令业主陈报其田土之纯收益。如系招佃耕种之田,即令业主、佃户两方各报其收益,只就业主一方之收益计算,科以百分之一之赋额。此项变通办法,凡未经测丈省份,似均可照此推行。又清赋机关专任官吏固易起民众忧疑,而专选士绅及法团代表组织,亦恐感情用事,难期核实。兹拟由省委专员主持,参以士绅及法团代表协助,并由县长监督指导,庶官绅合作,可免隔阂之虞"。❶

1935年国民政府接管贵州后,面临着民国建立后,随着北洋政府时期废除调剂给贵州的邻省协银,及国民政府时期取消贵州财政税收中的厘金,田赋便成为贵州最为可靠、最为重要的税源局面。而"查黔省田赋在初,本系随地派纳,并非按亩制赋征收,科则极为复杂,积弊之深,甲于各省。虽在丰年亦从未征收足额,历年蒂欠,清无可清"。❷ 鉴于田赋锐减的状况,为稳定财政收入,平均农民负担,增加税

---

❶ 《中华民国史档案资料汇编(第5辑)》(第1编),《财政经济》(2),515-516。
❷ 《中华民国史档案资料汇编(第5辑)》(第1编),《财政经济》(2),515。

收。国民政府加强了对贵州田赋整理工作。整理田赋必须以整理地籍为基础,整理地籍最有效的方法莫过于测丈。但由于这样的方法费时较长,所需经费较多,因而贵州整理地籍是采取土地陈报的方式。

1935年,"中央土地委员会"成立,在江苏、浙江等16省举行土地陈报。进行"土地普查"。1936年秋,中央财政部派员到贵州,催促以土地陈报的方式首先整理地籍,以达到田赋整理的目的。贵州根据中央土地陈报纲要,制定贵州省土地陈报各项章则,举办土地陈报。并拟定贵州省各县厘清田赋暂行办法19条,以示整理。同时,为了便于土地陈报工作的开展,成立了相关工作机构。同年11月,贵州省设立各级土地陈报处。省财政厅内设省土地陈报处,县政府设县土地陈报处,各联保设有联保土地陈报处,并于1936年12月18日,贵州省政府委员会第二九〇次常会议决通过《贵州省财政厅土地陈报处组织规程》17条。贵州省土地陈报处成立后,立即拟定了贵州省办理土地陈报的原则。如,以编查为主,而以业户陈报申请更正为辅;并确定计算田地面积之单位,一律以市亩为标准;业户陈报时,不验契据,但有请求更正者,则须提出有力证件;同政府训练编查员,以为办理陈报之干部人员,而以区保甲长襄助;县以下各级土地陈报处,只设县及联保二级,无区一级土地陈报处。各县土地陈报处主任由省政府委派各该县县长兼任,同省处另委派一名副主任办理具体事务。根据中央土地陈报纲要及贵州省试办章程相关规定,贵州设立土地陈报人员训练所,招收百名初中毕业以上的学生,训练内外业各科。这些学员于1937年2月3日开学,3月10日毕业。毕业后被委任充当编查人员。

为慎重起见,全省81个县分期陆续进行陈报,决定以贵阳县为第一期,作为试点进行。并按照实施准备(包括人事配备、宣传及训练、通知业户插牌)、划界分段、土地编查等程序和办法进行操作。其中土地编查手续包括:查勘丘牌、编列地号、量地计亩、绘制丘形图、填注丘牌、填写查报单等。量地计亩是由业户或佃户协同丈丁,用绳尺逐丘丈量,用简单几何公式,计算亩分。照规定60平方市尺为一市亩,计至厘位为止。1937年3月5日,贵阳县土地陈报处成立,开始进行土地陈报。贵阳全县9个区,所用陈报经费共计18929.06(元),共用86名编查员。从1937年3月到同年9月底,历时半年完成。贵阳县进行土地陈报前粮额数为24914,陈报

后为72961,陈报后比陈报前几乎增加3倍。❶

当贵阳土地陈报工作进行到4个月左右,1937年7月抗日战争全面爆发,使贵州土地陈报进入到抗战时期的土地陈报。随着抗战爆发,战时中国人口大量涌入大后方,使大后方的人口由战前的1.8亿陡增至2.3亿,是战前全国人口的45%。❷ "全国难民总数在6300万人以上,除就近流动之外,流入大后方的在900万左右"。❸ 其中"大都分布于西南、西北各省。而其中尤以四川、云南、贵州、广西为最多"❹据冯祖贻估计,战时战区各地迁入西南地区的人口300万~400万,迁入四川约200万(何一民估计迁入四川的人口为300万),迁入云、贵约100万,迁入西北地区约300万。1937年抗战爆发至1938年抗战进入相持阶段之前,是中国战时流动人口最多的阶段(按孙本文之说)。就有关贵州人口数字变化来看,"1936年991.88万人,1937年1030.25万人,1938年1032.63人,1939年1025.59万人,1940年1021.27人,1941年1055.20万人,1942年1072.86万人,1943年1079.25万人,1944年为1082.72万人"。❺从中看出,从1936至1937年贵州人口增加了38.37万人,至1938年增加了40.75万人。抗战爆发后因贵州人口突然剧增,造成粮食供应紧张。根据国民党中央政府相关精神,贵州采取以扩大耕地面积,增加单位面积产量为主要措施,以解决这些难民及前线军用食粮问题。在大后方人口陡增的情况下,大后方15省的耕地面积却呈减少的趋势。根据国民政府农林部中央农业实验所在1942年公布的农情报告,大后方15省的耕地面积,由抗战以前的389975000亩,依次减少为389593000亩(1938年)、386986000(1939年)、384904000亩(1940年)、381546000亩(1941年)。❻因此,相对于增加单位面积产量而言,扩大耕地面积,以解决粮食问题,更显得至关重要。由于贵州未开发荒地大量存在,根据内政部1934年统计,贵州荒地有"16996275亩"之多。❼ 如,册亨县

---

❶ 李荫乔著,商毅整理.民国贵州文献大系·第二辑(下)[M]//贵州田赋研究.贵阳:贵州人民出版社,2011:74.
❷ 秦松.抗战时期国民政府的农业行政[D].2006:5.
❸ 孙艳魁.苦难的人流——抗战时期的难民[M].桂林:广西师范大学出版社,1994:62.;程朝云.抗战初期的难民内迁[J].抗日战争研究,2000(2).;王蓉.民国农民贫困问题初探[D].2010:8.
❹ 孙本文.现代中国社会问题6(第二册)[M].北京:商务印书馆,1946:260;张根福.抗战时期人口流迁状况研究[J].中国人口科学,2006(6).
❺ 潘治富.中国人口·贵州分册[M].北京:中国财政经济出版社,1988:92~93.;黄文.抗战时期贵州人口变迁对社会的影响[J].贵州文史丛刊,2009(3).
❻ 抗战后期国民党统治区农村经济破坏的惨象[N].解平放日报,1943-8-30.
❼ 常云平,陈英.抗战大后方难民移垦对生态环境的影响[J].西南大学学报(社会科学版),2009(5).

属多山,熟地甚少,水田约占耕地1/5。如洛凡、猴场、三河流域水田较多。县属旱地约占全县面积20%,约计为18846亩。县属荒地颇多,约计山荒为491050亩,占全县面积52%。平荒为226640亩,占24%。湿荒为37770亩,占4%,荒地总计为755460亩,占全县面积的80%(见1936年《册亨县乡土志略·土地》)。贵州土地"除表土较薄,坡土较大,不宜于垦殖者外,可资开垦者处处皆是。如能开垦1/10,栽培各种杂粮作物,决能补救本省粮食不足之差额",鼓励难民开垦荒地成为贵州当局解决难民生计问题的重要措施,但在"惟开垦荒地,工作异常繁重,决非本省现有人力及财力所能办到,故目前谈本省荒地之开垦,尚非其时"❶这一观念的影响下,贵州直到1943年10月,才颁布了《贵州省督垦荒地办法》,而云南于年1938年3月就拟订了"难民移垦实施方案",颁布了《云南省承垦公私荒地暂行办法》;四川省于1938年9月颁布了《四川省督垦荒地大纲》及《承垦荒地实施规则》,1939年12月成立垦务委员会并订定难民移垦实施方案。❷抗战初期,从政府层面来讲,贵州扩大耕地面积仍以陈报已开垦的土地为主要手段进行土地清查,同时加快了土地陈报工作的步伐。

在以贵阳县为试点举行土地陈报取得成功的基础上,贵州省政府根据中央土地陈报纲要,制定贵州省土地陈报各项章则。如,1937年9月14日,贵州省政府委员会第三六五次常会议决修正通过《贵州省土地陈报实施办法》29条;1937年9月28日,经贵州省政府委员会第三六九次常会议决修正通过《贵州省政府财政办理土地陈报章程》九章,其内容包括总则、训练及宣传、划界、保甲长编查、业户陈报、审核比对复查抽丈、造册公告及改定科则、颁发土地管业执照、附则(本章程实施办法另定之、本章程如有未尽事宜得随时呈请修正之、本章程经省政府委员会议决公布施行并咨部备案)等内容。随着贵阳县土地陈报取得成功,贵州其余各县按照贵阳县的实施程序与办法,从1938年开始拟订计划,分期陆续举办土地陈报,到1940年先后有39个县开展了该项工作,历经4年零5个月,到1941年贵州全省82个(1941年增加金沙县)土地陈报工作全部完毕。

---

❶《贵州农业建设展望》,《贵州民意月刊》第七卷第一、二期合刊,第7页。见贵州社会科学编辑部等.贵州近代经济史资料选辑(上)[M].成都:四川省社会科学院,1987:130.

❷ 施珍.成长中之中国垦殖[J].中农月刊,1945,6(9)//常云平,陈英.抗战大后方难民移垦对生态环境的影响[J].西南大学学报(社会科学版),2009(5).

三　抗战初期贵州土地清查评价

"贵州是抗战时期,国民政府统治控制得最为严密的极少数省区,对役政高度重视的贵州省政府既严格奉行了中央政府的政策旨意,又采取了一些适合于省情的其他措施",❶使土地陈报工作进行得较为顺利,取得较大的成效,但同时也存在着不少的问题。但总的来说,贵州在抗战时期国民政府展开大规模的土地陈报工作中占有重要的地位,为 1941 年开始实施的田赋征实奠定了较好的基础,为抗战做出了应有的贡献。

(一)取得的成效

1. 在全国土地陈报中占有重要地位

从 1934 年根据第二次全国财政会议行政院颁布《办理土地陈报纲要》,在全国举行土地陈报开始到 1941 年止,各省遵照举办者先后有江苏、安徽、湖北、湖南、四川、山东、河南、陕西、广东、福建、贵州、甘肃、浙江、西康等 14 省 297 县,还有正在办理 30 县,共 327 县。其中四川 45 县,正在办理 15 县;河南 20 县,正在办理 8 县;陕西 27 县,正在办理 3 县;广西 37 县;甘肃 2 县,正在办理 2 县;湖南 1 县;湖北 7 县;浙江 6 县;福建 43 县;安徽 8 县,西康 6 县,正在办理 1 县;贵州 82 县,山东 3 县,江苏 10 县。❷ 从举行土地陈报的各省来看,贵州全省不仅各县都完成了这一任务,而且数量巨大,在全国办理土地陈报的县数中比例最高,占 36.2%。据《贵州财经资料汇编》记载:贵州陈报后耕地面积共有 1821.6 万亩,比陈报前增加了 0.8 倍。贵州的赋额为全国增加最多的省份。贵州土地陈报在抗战时期国民政府展开大规模的土地陈报工作中无疑占有重要的地位。

2. 节省时间,节约经费

土地陈报在整理地籍方法中的程序虽为简易,但在战争情况下,贵州在整理地籍中对其极为重视。抗战时期贵州土地陈报从 1937 年以贵阳为试点开始,到 1941 年 82 个县全部陈报完毕,仅用了 4 年有余的时间。其中如"贵阳因试办关系,人才

---

❶ 莫子刚.抗战时期贵州役政之初探[J].抗日战争研究,2008(4).
❷ 徐在斌.抗战时期国民政府土地陈报述评[D].2010:8.

经验,均有不足,故费时六月。而二三两期,则均历时四月,即抵于成"。所用全部经费"共支一百六十八万八千零六十五元四角八分,共计土地一千八百二十一万六千三百一十三亩,平均每亩费用不及一角"。❶贵州积极使用土地陈报的手段进行地籍整理,不仅节省时间,而且节约经费。

3.亩分有数,大概弄清了全省各县地籍的基本情况

贵州田地原无亩分,各县完成土地陈报后,大概弄清了地籍的基本情况,各县田地有了亩分,使田赋征收有据可依。如,桐梓县宜于耕种之地很少,可耕之地约仅占全面积的30%。计有水田约143000亩,旱田约230000亩(见1938年《桐梓县概况》第五章);开阳县1939年7月奉令办理土地陈报,不分公私田土,一律编查,至1941年2月结束。编查成果,全县共有二万九千七百九十五个丘号、一万八千五百零三户,九万零八百七十六亩七分。除荒田免租地一千八百三十三亩四分外,尚有九万六千零四十三亩三分(见1940年《开阳县志稿·土地》第166页)。三合县1940年办理土地陈报,编全县田亩计得一等一则田7559亩,二则田9039亩,三则田9884亩;二等一则田20124亩,二则田13993亩,三则田9504;三等一则田9703亩,二则田4687亩,三则田6245亩,内有免征田236亩,总计为89173亩(见1940年刊印《三合县志略·土务》)。按1941年《贵州省概况统计》《荔波耕地面积分类统计表》载:荔波县耕地总面积为216230市亩,水田面积为54200市亩,旱田面积为138360市亩,旱地面积为23670市亩,水田占25.1%,旱田占64%,旱地占10.9%。耕地面积占总面积4.2%。❷1941年遵义县举行土地陈报,估计全县土地面积为10273500亩,编查耕地面积为851476亩(又另一统计为854336亩),耕地面积占总面积不过8.51%,其余可垦荒地不足6000亩(5992)。遵义县境之耕地,约可分为三类,有水源灌溉可种水稻者为水田,约占总面积28%,无水源灌溉而种杂粮者为旱田,约占37%,山坡高燥之地为旱地,约占35%(见1948年《遵义新志》)。❸

4.田数增加,赋额显著增加

抗战初期,贵州土地陈报从1937年起到1941年止,在耕地面积比陈报前增加

---

❶ 贵州财经资料汇编[M].贵阳:贵州人民出版社,1950:387.
❷ 贵州社会科学编辑部等.贵州近代经济史资料选辑(上)[M].成都:四川省社会科学院出版社,1987:162.
❸ 贵州社会科学编辑部等.贵州近代经济史资料选辑(上)[M].成都:四川省社会科学院出版社,1987:163~164.

0.8倍的基础上,田赋收入得到显著增加。因贵州"已办土地陈报的各县,原来改订的赋率系于比较收益之外,兼以地价为标准,其征率与地价之比在2‰左右。抗日战争以后,币价贬值,地价上涨,上项比率更形减低,与伪土地法所定乡改良地照地价征税千分之十之规定相差甚远。同时前伪贵州省政府因财政收支不敷,乃于二十九年(1940年)将办理陈报完竣,业经订定赋率之贵阳等40县田赋,自开征二十九年份新赋起,一律暂照原订赋率加倍征收"。❶ 而"正在办理陈报各县,则于议定税率时,照成例加倍核定"。❷ 田赋数额由"陈报前的73.2万元,增加到516.5万元,增加了7倍"。❸ 根据1943贵州省政府编《黔政五年》《贵州省各县陈报前后新旧赋额比较表》统计,各县具体数额如下:贵阳:陈报前25287.37元,陈报后,142758.32元,增加5倍;安顺:陈报前14447.81元,陈报后87943.72元,增6倍;定番:陈报前8180.10元,陈报后95406.90元,增加11倍;龙里:陈报前8836.00元,陈报后50351.60元,增加5倍;平坝:陈报前14806.19元,陈报后54689.62元,增加3倍;贵定:陈报前17990.98元,陈报后70825.04元,增加3倍;清镇:陈报前25134.20元,陈报后62696.12元,增加2倍;修文:陈报前10476.45元,陈报后42926.62元,增加4倍;遵义:陈报前49397.60元,陈报后262931.62元,增加5倍;桐梓,陈报前11008.07元,陈报后101929.16元,增加9倍;绥阳:陈报前19293.95元,陈报后82015.94元,增加4倍;息烽:陈报前7161.43元,陈报后32301.70元,增加4倍;广顺:陈报前4970.76元,陈报后39498.54元,增加7倍;大塘:陈报前3109.16元,陈报后24836.76元,增加8倍;罗甸:陈报前9095.25元,陈报后47794.50元,增加5倍;长寨:陈报前2110.90元,陈报后11878.06元,增加5倍;镇宁:陈报前7334.42元,陈报后57011.58元,增加7倍。普定:陈报前9857.03,陈报后61150.38元,增加6倍;开阳:陈报前3739.46元,陈报后65385.02元,增加17倍;黔西:陈报前22149.32元,陈报后183290.95元,增加8倍;盘县:陈报前11210.44元,陈报后60994.06元,增加5倍;普安:陈报前5239.06元,陈报后27299.98元,增加5倍;安南:陈报前5575.21元,陈报后28349.76元,增加5倍;安龙:陈报前10505.30元,陈报后68043.98元,增加6倍;郎岱:陈报前6606.04元,陈报后56358.00元,增加8倍;关岭:陈报前5485.20元,陈报后

---

❶ 贵阳市志办《金筑丛书》编辑室.民国贵阳经济[M].贵阳:贵州教育出版社,1993:256.
❷ 财政经济委员会.贵州财经资料汇编[M].贵阳:贵州省人民出版社,1950:388.
❸ 熊大宽.贵州抗战时期经济史[M].贵阳:贵州人民出版社,1996:128.

44230.60元,增加8倍;兴仁:陈报前9351.68元,陈报后43799.78元,增加4倍;普安:陈报前15184.21元,陈报后55227.38元,增加3倍;平越:陈报前13078.03元,陈报后43388.72元,增加3倍;平舟:陈报前2394.40元,陈报后28875.02元,增加12倍;庐山:陈报前6107.57元,陈报后33490.76元,增加5倍;麻江:陈报前7269.78元,陈报后54543.30元,增加7倍;都匀:陈报前15882.18元,陈报后68271.50元,增加4倍;兴义:陈报前7593.48元,陈报后79849.82元,增加10倍;册亨:陈报前6343.47元,陈报后31823.36元,增加5倍;贞丰:陈报前15000.35元,陈报后51134.10元,增加3倍;紫云:陈报前13447.43元,陈报后25130.50元,增加1倍;望谟:陈报前无,陈报后为32474.63元;独山:陈报前5723.98元,陈报后84464.98元,增加14倍;施秉:陈报前6238.33元,陈报后26247.08元,增加4倍;毕节:陈报前8671.12元,陈报后94815.79元,增加10倍;黄平:陈报前17164.71元,陈报后89151.44元,增加5倍;荔波:陈报前8814.23元,陈报后66412.92元,增加7倍;三合:陈报前3683.39元,陈报后35096.16元,增加9倍;八寨:陈报前750.90元,陈报后34353.18元,增加45倍;余庆:陈报前7810.08元,陈报后65557.42元,增加8倍;织金:陈报前15087.99元,陈报后23111.62元,增加8倍;大定:陈报前13249.94元,陈报后185049.08元,增加13倍;赤水:陈报前1690.52,陈报后77854.64元,增加45倍;湄潭:陈报前15646.74,陈报后118930.34元,增加7倍;务川:陈报前4960.67元,陈报后75745.71元,增加16倍;德江:陈报前8578.50元,陈报后62194.08元,增加7倍;沿河:陈报前5432.80元,陈报后92262.81元,增加16倍;松桃:陈报前7434.88元,陈报后122354.19元,增加16倍;铜仁:陈报前7147.21元,陈报后43168.61元,增加6倍;岑巩:陈报前7071.98元,陈报后67563.87元,增加9倍;青溪:陈报前1612.94元,陈报后16828.75元,增加10倍。镇远;陈报前5244.36元,陈报后30691.20元,增加5倍;台拱:陈报前818.61元,陈报后21366.03元,增加26倍;丹江:陈报前3159.80元,陈报后16268.70元,增加5倍;榕江:陈报前6027.83元,陈报后63597.46元,增加10倍;下江:陈报前1920.34元,陈报后26783.83元,增加13倍;威宁:陈报前10920.39元,陈报后108387.73元,增加9倍;天柱:陈报前10564.92元,陈报后62617.24元,增加5倍;水城:陈报前8266.55元,陈报后59993.99元,增加7倍;仁怀:陈报前7928.28元,陈报后65330.71元,增加8倍;习水:陈报前4560.34元,陈报后93442.20元,增加20倍;正安:陈报前2910.53元,陈报后121549.53元,增加10

倍;凤冈:陈报前 8400.92 元,陈报后 75955.10 元,增加 9 倍;思南:陈报前 6963.06 元,陈报后 80797.00 元,增加 11 倍;印江:陈报前 3928.50 元,陈报后 61989.53 元,增加 15 倍;后坪:陈报前 1637.41 元,陈报后 28291.79 元,增加 17 倍;江口:陈报前 9056.69 元,陈报后 51513.29 元,增加 5 倍;省溪:陈报前 3898.83 元,陈报后 21902.75 元,增加 5 倍;玉屏:陈报前 3553.82 元,陈报后 29267.59 元,增加 8 倍;石阡:陈报前 7235.25 元,陈报后 56203.06 元,增加 7 倍;三穗:陈报前 4756.94 元,陈报后 39071.85 元,增加 7 倍;锦屏:陈报前 8079.27 元,陈报后 36761.34 元,增加 4 倍;剑河:陈报前 3094.77 元,陈报后 27996.16 元,增加 9 倍;黎平:陈报前 18513.78 元,陈报后 102099.53 元,增加 5 倍;永从:陈报前 4347.52 元,陈报后 45847.10 元,增加 10 倍;都江:陈报前 80.49 元,陈报后 13584.37 元,增加 168 倍;全计增加 7 培。其中"全省增加数最多的是都江县,陈报后较陈报前增加了 168 倍;增加最少的紫云县,仅增加 1 倍;超过全省平均增长数的有 36 县,占全省总县数的 43,4%;达不到乎均数的有 33 县,占全省总县数的 39.6%;越过平均数的县多于达不到平均数的县"❶。随着耕地面积大幅度的增加,贵州的赋额为全国增加最多之省份。❷

(二)存在的问题

根据民国时期相关专家分析,抗战时期全国土地陈报普遍存在的问题,主要有:亩分错误、地类错误、等则错误、地价错误、地界错误、迟延纳,即挨户执行,亦不可能。若干大户,咸乘编查时化名分户,就是一户化成数户乃至几十户,堂名化名,或人已亡故,名仍未改,或子女未生,预立粮名,即未出生小孩,亦入户管业。繁复诡秘,不可究诘。真正的粮户姓名,藏在征收人员的胸中,甚至连他们也不知道。于是粮户得以拖欠税款,员警得以侵渔肥己夕隐匿脱漏,飞洒诡奇,都由粮户无的名而起。凡此皆属于粮户分散的流弊。反之,穷无立锥之户,竞册列良田百千亩,殊属滑稽。如此赋籍,穷富倒置,难以起征,亦属必然。❸ 虽然贵州根据中央要求,积极推行土地陈报,于 1940 年全省各县全部完毕,但贵州的土地陈报乃然存在着上述种种弊端。

土地陈报的目的在于整理田赋,使"无粮地亩均按其能力各负其应有之负担,

---

❶ 熊大宽.贵州抗战时期经济史[M].贵阳:贵州人民出版社,1996:127.
❷ 贵州省地方志编纂委员会.贵州省志·粮食志[M].贵阳:贵州人民出版社,1992:38.
❸ 马寅初.财政学中国财政[M].北京:商务印书馆,1948:244.

有粮之地则解决不合理之重累",平均人民赋额,为开征地价税作准备,增加战时财政收入。但实际上,"业主对于土地陈报疑惧派款收税,多方隐匿不报,加以保甲组织不完善,办理人员亦多徇情舞弊,仍难得精确数字"。❶ 根据1936年贵州省土地陈报处成立后,拟定的贵州省办理土地陈报:以编查为主,而以业户陈报申请更正为辅的原则,土地编查成为土地陈报的重要环节,编查人员对土地陈报起着至关重要的作用。贵州土地陈报编查人员专业技术差以及品质不良是造成贵州编查土地不确、业户姓名不实、地价收益无准、亩分不准确、丘形图不精确、覆查规避敷衍、工作拖延等弊端的较为重要的原因。例如,"对于各丘土地之价格及收益数目,大都出自编查员之自由估计,并无一定标准。以至编查员得上下其手,人民纳赋难其公平";"编查员每多不依规定计积,而常利用目测查定各丘亩分,以致结果不确,其误差有达百分之五十以上者";"以利用目测多误,致依以绘制之丘形图,与实际地形大相径庭",使丘形图不精确;"请求覆查之户数极多。为掩饰谬误,避免事态扩大起见,每以减少亩分,降低等则,以满足业户要求,而置陈报目的于不顾";"编查人员常以减少亩分,降低科则,饵民取贿,以致地多赋少者众,而编查人员则华衣鲜食"。❷《贵州财经资料汇编》(1950年)特别提到:"查丈人员品质不良,贪污舞弊,致使土地陈报,未能办理完善,有田无粮、有粮无田、田多粮少、粮少田多之现象,仍依然存在"。❸ 以至于1947年《贵州省政府县政参观团报告书》中写道:"贵州全82县全部办竣土地陈报,反而给田赋征收带来更大的困难,该省政府也承认,以致人民负担不平,田赋催征不易"❹,田赋不能征足赋额。如,黄平县土地陈报后,"可耕之田地为252418.8亩,可耕之水田为934716.2亩,旱田为1049041.8亩,旱地为540371.0亩,自县田赋管理处成立后,奉令调整行政区域,与余庆、炉山、台江等县划入拨出,实有耕地为213026亩,旱地为44427.1亩。该处开征后,至初限期满后,仅达应征数七成强,勉达八成。查其未能征足原因,既非人民迟于缴纳,即在亩

---

❶ 金德群主编,左用章等撰.中国国民党土地政策研究1905~1949[M].北京:海洋出版社,1991:261.
❷ 李荫乔著,商毅整理.民国贵州文献大系·第二辑(下)[M]//贵州田赋研究.贵阳:贵州人民出版社,2011:76.
❸ 贵州财经资料汇编[M].贵阳:贵州省人民出版社,1950:388.
❹ 贵州省政府秘书处编印.贵州省政府县政参观团报告书[M].1947:156.见郑东起.国民政府土地陈报研究[J].古今农业,2008(1).

分误差,科则轻重失平之所致"。❶ 贵州土地陈报,虽经查丈耕地,编明亩分,厘定等第,重新订制赋率。截至1940年5月底止,每亩平均税率在陈报前为0.462元,陈报后为0.266元,每亩计减轻0.196元,减轻约达百分之40以上。其中贵阳等十九省,陈报前每亩平均税率0.476元,陈报后0.168元,平均每亩减轻数为0.308元,❷人民负担看似减轻。但因土地呈报时,隐匿漏编,贪污舞弊,编查错误,土地不确,亩分不准,等则悬殊等现象,层见迭出。使人民赋额不能平均,田赋催征不易,赋税不能征足。因此"民国三十一年(1942年)、民国三十二年(1943年),又分别进行复查。复查后的赋额477.93万元,亦比陈报前增加5.53倍"。❸

在抗战爆发的最初的一年间即1937—1938年,"因农业收成不错,粮价并不高。据统计,1937年7月~12月,后方地区20个主要粮食市场的平均粮价,约为战前七年上述市场平均价格的128%,1938年约为125%,比起1937年下半年,1938年还略有下降",❹粮食问题并不突显。但随着抗战进入相持阶段后,"由于农业生产停滞,粮食短缺,投机商人乘机囤积居奇,引起食价物价高涨,社会心理恐慌,对于军民粮食的供应及社会秩序的稳定造成严重威胁。中央政府需要直接掌握实物(粮食),才能解决军粮民食,平稳物价,安定民生"。❺鉴于这一情况,1941年4月,国民党五届八中全会通过了《各省田赋暂归中央接管以便统筹而资整理案》,决定由中央政府直接掌握田赋收,并实行田赋征实政策。在这一背景下,贵州土地陈报虽然存在着众多的不足之处,但却利大于弊,田赋征实在贵州的实行奠定了较好的基础。贵州通过土地陈报使贵州省耕地面积由1937年的1228.7万亩增加到1938年的1341.3万亩和1942年的1455万亩;粮食产量由1937年的3246.4万担,增加到1938年的3346.8万担和1942年的3430.6万担。虽然增长的幅度不大,但自1941年度全国各省田赋改征实物,截至1942年2月15日止,贵州为征收实物达九成以上的三个省份之一,与浙江、江西、绥远、云南、福建、湖南、河南、湖北、江苏等9省,因征收数额均在八成以上,成绩优秀,10省财政厅长兼省田赋处

---

❶《西南实业通讯》第1卷5期。见贵州社会科学编辑部等.贵州近代经济史资料选辑(上)[M].成都:四川省社会科学院,1987:164.

❷ 秦孝仪.《革命文献》第一一七辑抗战建国史料:田赋征实四[M].台北:中央文物供应社股份有限公司,1989:292.

❸ 贵州省地方志编纂委员会编.贵州省志·粮食志[M].贵阳:贵州人民出版社,1992:38.

❹ 郝银霞.抗战时期国民政府田赋实征制度之研究[D].2008:21.

❺ 成汉昌.中国土地制度与土地改革20世纪前半期[M].北京:中国档案出版社,1994:262.

处长均由财政部颁给财政奖章,副处长记人功一次。❶ 据统计,"八年抗战中,贵州全省负担的战费,总数为 609000000 元。按当时全省人口总数 1050 万计,每人平均负担战费为 58 元"。❷ "八年抗战中,贵州全省人民共向国家提供了军公用粮 260000000 市斤,以当时省人口 1050 万计,每人平均负担 120 市斤",❸为全国抗战做出了应有的贡献。

---

❶ 郝银霞.抗战时期国民政府田赋实征制度之研究[D].2008:136.
❷ 黄华文.抗日战争史.武汉:湖北人民出版社,2007:55.
❸ 黄华文.抗日战争史.武汉:湖北人民出版社,2007:172.

第四章　抗战时期贵州田赋征收情况

一　抗战时期田赋实征的社会背景

(一) 全面抗战爆发前的贵州政治

民国二十四年(1935年)4月,王家烈通电下野,贵州军阀统治结束,南京行政院正式发布"任命吴忠信为贵州省府委员兼主席"。❶ 5月,南京国民政府改组贵州省政府,其后一直到民国三十八年(1949年),贵州省政府主席、委员,均由中央政府直接委派。

吴忠信任贵州省政府主席执政贵州后,首先抓住财政混乱和用人不当这两点,改造王家烈执政时贵州省政府班子,不到两个星期,原来的省府委员全被免职。然后开始整顿黔军,将黔军改编为五个师,统属军政部编制,并被限期先后离开贵州,分散驻扎省外。从此,作独立地方武装力量的黔军队伍不复存在。

为了巩固统治权,民国二十四年(1935年),国民党在贵州大力进行行政机构和区划的变革。目的在于从政治上加强对全省的控制。为改变23年来地方军阀把持政坛的格局,首先成立了省政府委员会。委员会之下设四厅二处为主要办事机关,省以下设行政督察区。民国二十四年(1935年)6月,将全省81县划为11行政督察区。民国二十五年(1936年)年4月缩并为8个行政督区。县为督察区之下一级行政机构。为加强对各级行政官员控制,以县长"检定人员不敷遴委"为由,组织县政人员训练所,让县长、县佐、区长分期受训,同时在各县实行裁局并科,

---

❶ 《行政院2356号训令》,民国24年4月26日,转引自《红军转战贵州——旧政权档案史料选辑》,甲编4。

集中事权。县之下则设保甲。至 10 月,贵州全省共划为 502 区,编为 2608 联保,16850 保,161612 甲。❶ 为防止人民反抗,国民党政府将警务作为首要事务来抓,除在民国二十四(1935 年)年成立省会公安局(后改警察局)外,又"于工商繁盛人口众多县份,设立公安局 6 所",并于各县府设置警佐,受县长之监督指挥。此外,又成立省保安处,由省政府主席兼司保安工作,各区行政督察专员兼任各区保安司令。在省一级组织保安处直属团队,各县成立保安中队。民国二十五年(1936 年)9 月,全省共建立保安甲种中队 18 个、乙种中队 21 个、独立分队 42 个。

通过上述措施,国民党在贵州的统治机构逐渐建立和完善,国民党的政权逐渐得到巩固。政局较贵州地方军阀统治时期趋于稳定,社会相对安宁。

(二)抗战前期贵州社会

抗日战争爆发后,国民政府逐渐授予省政府主席更大的职权,如对于省总预算下之分目,可以变通移用;对省行政机构可以酌量裁并;各厅长不在省政府所在地时,主席可以指定人员暂行代理其职等。省政府主席已不再是委员中平等的一员,其权力的扩大,必使其凌驾于其他委员之上,而委员会的作用则逐渐被削弱。虽然省政府职权名义上仍由委员会行使,但合议制显然已在逐步向独任制转变。

民国二十六年(1937 年)11 月,国民政府任命吴鼎昌为贵州省政府主席,同时兼任滇黔绥靖公署副主任(主管贵州)和贵州保安司令,总揽贵州军政大权。贵州省政府制定了"革新贵州农业,繁荣农村经济,增进后方生产,加强抗战力量"的施政方针,国民党从此开始其在贵州的战时统治。

1. 政治方面

国民党贵州当局采取调整行政区划及行政机构、成立贵州省临时参议会和实行视察制、推行新县制和保甲制、培训地方行政人员等各种措施充实政权机构,建立官僚政治。同时强化在贵州的特务统治,分别建立了"中统黔室""军统黔室"两个特务组织。民国三十年(1941 年)初,成立"贵州省党政军特种联席会报会"(黔特会),在各专区、县成立专区、县特会,随着省、专区、县三级特会的建立,国民党的特务统治得以进一步强化。由于国民党贵州当局对农民进行残酷剥削和压迫,对少数民族进行歧视,导致了贵州农村民变蜂起。民国三十一年(1942 年)爆发的

---

❶ 《贵州施政概况》,京滇公路周览会贵州分会宣传部,1936 - 4.

"黔东事变",黔东南民变队伍席卷14县,先后攻占松桃、岑巩、台江、三穗、剑河等县城和一些区镇,队伍最多发展到二万余人。使得国民党在黔东地区的统治变得摇摇欲坠,贵州省政府倾贵州一半以上的保安团队,配合军警民团及一部分正规军,才将黔东地区的暴动镇压下去。

2. 军事方面

由于国民党推行片面抗战路线,贵州又处于抗战大后方,省政府的工作重心放在巩固统治和镇压人民反抗上,对日军的军事侵略缺乏足够重视,民国二十七年(1938年)9月和民国二十八年(1939年)2月,日军两次空袭贵阳,以及民国三十三年(1944年)发生的"黔南事变",贵州人民的生命财产遭到了极其惨重的损失。

3. 经济方面

由于国民政府战时迁都重庆,经济政治文化中心西移,贵州成为陪都屏障和抗战大后方,地理位置变得十分重要,资金、设备、人才一时大量流入贵州,贵州的经济地位得到极大提升,某种意义上被纳入了全国经济发展的主流圈,成为战时经济链条中的重要的一环。但抗战时期贵州经济的繁荣,是战争引起的外力拉动作用所带动的,实在缺乏深刻的内部基础,具有突发性、脆弱性、短暂性等特点,鲜明地打上了"战时经济"的烙印。民国三十四年(1945年)8月8日日本无条件投降,战争结束,支撑战时经济的热点消失,人财物回流,繁荣的战时经济迅速衰落,贵州经济很快陷入全面衰退之中。

二 抗战前期贵州实施田赋征收情况(1937—1941年)

在国民党主政贵州前,贵州省无财政支出年度统计的数字,之后,贵州财政按照国民政府的要求进行年度预算编列申报和支出统计工作。贵州财政脱离了军阀混战下的独立状态,融入中央财政体系之中,在中央财政的主导下发展。民国二十三年(1934年)6月,国民政府召开第二次全国财政会议,颁布《划分省、县收支原则》等决议,在全国实行财政省四县六分成制度。第二年颁布《财政收支系统法》,明确划分了中央、省、县财政收支范围,实行中央、省、县三级财政。贵州省政府也据此建立三级财政体制,于民国二十五年(1936年)2月公布了《贵州省划分省县收支标准》,统一财政收支体系,贵州省财政开始与中央接轨。抗战爆发后贵州成为大后方,经济的发展给省财政的改善带来了转机。贵州省政府对省财政进行了清理、整顿。首先在制度上裁撤重叠机构,充实财税力量,统一财政收支体系,并建立三级财政体制;其次,在施行《公库法》、推行法币制度等基础上对税收进行了一些变革,停征与禁烟不符的捐税,取消百货省税,实行营业税,开征所得税、遗产税等新税种,并改革盐税;第三,整理田赋,开展土地陈报,颁发土地营业执照,增加田赋和契税的收入。通过上述举措,贵州省财政日渐改善。

抗日战争进入相持阶段,为解决国家财政困难,适应抗战时期集中财权的需要,民国三十年(1941年),国民政府召开第三次全国财政工作会议,会议决定实施两级财政,将全国财政划分为国家财政和自治财政两大系统,省财政收归国家财政系统,确立以县(市)为单位的自治财政体系;同时对赋税政策作出重大调整,主要是将田赋收归中央并改征实物,将货物税与战时消费税一律改为从价征收,扩大直接税体系和严征过分利得税;实行商品专卖制度等。

1935—1941年贵州田赋征收情况。此期间贵州的田赋工作,主要是进行田赋的整理以及重新拟定全省田赋赋率。其中进行土地陈报是田赋整理的重要措施。为了达到实地、实户、实赋,使地权与纳税义务紧密结合的目的,贵州省政府出台了一系列的关于田赋征收管理法规:民国二十五年(1936年)8月颁行《贵州省征收田赋章程》规定:"所有各项征率悉照民国七年以前原科则计算征收,应征银元一律改征法币"。同年9月公布《贵州省清厘各县田赋暂行办法》"责令比照附近粮田科则纳赋,以之抵补原额"。同时通过《贵州省各县征收田赋章程实施细则》《贵州省财政厅办理土地陈报章程》开始土地陈报、征收田赋工作。民国二十六年(1937年)2月通过《修正贵州省土地陈报实施办法》。在实施土地陈报的同时,为了核定每亩地价与收益,贵州省政府于民国二十八年(1939年)公布划定的《全省田赋分配标准》:"按各县土地呈报后增加赋额计算,凡增加3倍以上者,2成5留县,7成5交省;增加不及3倍者,2成留县,8成上交省"。至民国三十年(1941年)5月在全省土地陈报基本完成的基础上核定每亩土地地价与收益,按"三等九则"重新拟定了全省田赋税率。每亩从一等一则的0.68元到"三等三则"的0.04元。

经过民国二十六年(1937年)3月的试行和民国二十八年(1939年)起至民国三十年(1941年)6月的全省普查,贵州全省土地呈报办理完毕。后又在民国三十一年(1942年)和民国三十二年(1943年)举行了2次全省性的复查。贵州82县共输呈报土地1716.6万亩,田赋收入410万余元,与此前田赋原额73.2万元相比,增加达 5 倍,较实征数增加 7 倍。实际征收情况是:民国二十四年(1935 年),因贵州省内大旱,南京国民政府免贵州田赋一年,民国二十五年(1936 年),贵州省田赋收入 50 余万元;民国二十六年(1937 年)贵州省田赋又因灾害减免,收入仅仅为 20 万余元(法币,下同),民国二十七年(1938 年)为 21.65 万元;民国二十八年(1939 年)为 77.59 万元,民国二十九年(1940 年)为 162.86 万元。

在与田赋密切相关的粮政方面,民国二十六年(1937 年)12 月,省政府通过《贵州省各县积谷仓保管办法》《贵州省各县储粮登记推进办法》《贵州省非常时期推广农仓暂行办法》。是年,全省共派募积谷 100226 担。民国二十八年(1939 年)5 月,贵州省成立购粮委员会,隶属省政府,并颁发《贵州省购粮委员会购囤军粮暂行办法》,令"办理后方军粮总库 6 个月囤粮,计米 168000 大包,纯系自由收购"。❶同月,省政府在贵阳设立省会食粮运济委员会,省主席吴鼎昌兼任主任委员。民国二十九年(1940 年)9 月,贵州省成立粮食管理局,省政府并公布粮食运输及管理办法,禁止粮食出境,并对省内粮食运输数量作出具体规定。民国三十一年(1942 年)至民国三十二年(1943 年)又进行了全省复查。

(一)抗战前期贵州田赋征收情况

1. 田赋的征收机构

贵州全省田赋的征收,主要由省财政厅主管,财政厅在民国二十四年(1935 年)贵州省政府改组后根据《贵州省政府组织法》规定,主要掌理田赋管理、公库金融、公库收支、粮食行政、公产管理、自治财政之监督及改进、协助国税稽征等事项。贵州各县田赋的征收,一直是县政府二科负责办理,虽然在民国十六年(1927 年)曾设征收局专理,但仅仅是在少数的多赋县设置,且在民国二十四年(1935 年)裁撤,仍然由县政府二科主持具体征收。各县政府在完成本县土地陈报后,则相应设置田赋征收处,作为县政府的直辖附属机关,受县长和主管科长的监督指挥,掌理征收田赋、契税及土地推收过户事宜。土地陈报完成以后的县,均设立土地推收所专门办理土地推收过户事宜。

贵州省各县成立田赋征收处后的人员配置如下:征收主任,全面负责本县征收田赋契税及推收过户等一切事宜;核算员负责核算民间应完田赋及契税的银数;推

---

❶ 贵州省人民政府财政经济委员会编印:《贵州财经资料汇编》,第四篇《农林》,1950 年 12 月。

收员负责登记土地的推收事宜,保管各种册籍;收款员负责核收田赋契税及罚缴推收费;书记负责办理各项文件簿册,并协助各员办理田赋征收处内一切事务。县田赋征收处的职员,除征收主任由财政厅直接委任外,其余职员均由县长在办理土地陈报的编查员中选取委任,并呈报省财政厅备案。书记则由县政府雇用。县田赋征收处的职员变更,需报省财政厅核准。

2. 田赋征收日期

贵州省每年征收田赋时间,分为上忙和下忙两期征收。上忙开征从每年10月1日起,截止日期为次年1月底,共四个月的时间,为科征正限。下忙开征日期从次年2月1日起至5月底,也是四个月的时间,为逾期输纳,且需加征滞纳金,民国二十六年(1937年)6月,贵州省政府颁行了《贵州省征收田赋章程》,从律令上明确了贵州省田赋征收的时间从每年10月1日开征,限于当年的12月31日前缴纳完成,次年1月为犹豫期间,在此期间各县政府必须向未完的粮户进行催告。对经过犹豫期间还未缴纳田赋,从2月1日才开始完纳的粮户,按照不同的缴纳时间加收不同金额的滞纳金。具体规定如下:

第一期滞纳金,从2月1日起到3月31日止,在这个时间内完纳田赋者,按照应纳正税数加收5%的滞纳金;第二期滞纳金,从4月1日起至5月31日止,在这个时间内完纳田赋者,按照应纳正税数加收10%的滞纳金;县政府在2月、4月底将对未完纳田赋的粮户进行催告,申明本期或下期加收的滞纳金后封产备抵的规定。若粮户在5月31日还未缴清田赋,县政府将作出封产备抵的预告,限期完纳,限期自发预告之日起,至少以10日为限。封产备抵的预告发出日期不得超过7月15日,清完日期不得超过7月30日。对在封产备抵预告限期结束后仍未缴清的粮户,由县政府实行封产备抵,待粮户将田赋缴清后返还。

3. 田赋的赋额

贵州各县田赋赋额,一直是依据清朝末年的赋额征收,至民国二十六年(1937年)贵州省政府奉国民政府行政院令,对该年度田赋概算必须查依最近三年实收田赋进行编列,但民国二十四年(1935年)因贵州省政府改组,田赋奉令豁免,民国二十五年(1936年)田赋尚未征齐,都不能据为标准,贵州省政府决定以田赋收数最多的民国十六年(1927年)实收数556839元作为贵州省田赋额征数。

根据民国二十五年(1936年)8月贵州省政府颁行的《贵州省征收田赋章程》规定,各县的田赋在土地陈报还未完成之前,所有的各项征收税率,都按照民国七年(1918年)以前的原科则计算征收。田赋按照银两计征的,每银一两折征银元一元五角,民国二十六年(1937年)后,将应征的银元数,一律收受法币,不得征收硬币及实物。

表4-1 土地陈报完成的贵阳等八县新征赋额表 ❶

县别	原征额	民国十六年征额	新征额	比增额	备考
贵阳	24914	19805	72961	48047	53156
安顺	25610	11237	53421	27811	42184
定番	7830	5881	62700	54870	56819
龙里	8757	6953	20842	12085	13889	此增额是新征与原额及民国十六年征额比较增加之额
贵定	17545	18265	32000	14455	13735
平坝	14688	11466	26000	11312	14534
修文	12711	7510	20800	8029	13290
清镇	26875	24015	33000	6125	8985
合计	138990	105132	321724	182734	216592

4. 征收程序和方法

为确保田赋征收工作顺利开展,贵州省政府制定了详细的征收程序、征收细则和催征办法,由各县负责具体实施。

贵州省的田赋,主要由地丁、秋粮、官租、杂课组成。各县田赋的科则种类、数目,由县政府在每年开征之前一个月,在各区及联保公所门口,详细列表公告。同时在征收柜前,也同样列表公告以方便粮户查实核对。

还未完成土地陈报的县征收田赋程序:

粮户根据印制的纳赋核算通知单,分别应纳款目,(如地丁正额几两几钱几分,秋粮几石几斗几升,照科则计征几元几角几分,滞纳金几角几分)及应缴纳的银数。此项通知单式样由贵州省财政厅颁发,各县照式样刊印备用。粮户完纳税款,均须先行到柜向经收人员领取此项通知单,按照所开数目缴纳。收款人员在原通知单上加盖"收讫"戳记,并换给正式的纳税凭单。在填发通知单时,如经征人员有借

---

❶ 贵州省人民政府财政经济委员会编印:贵州财经资料汇编[M].(第四篇《农林》),1950:385.

口索取分文的手续费,粮户可以马上喊控。

已经完成土地陈报的县田赋征收程序:

比照未完成土地陈报的县,已完成土地陈报县的田赋征收程序在制度上、经收人员的配置上,更为完善和严格,同时细化缴粮程序,对缴纳程序、核算程序、收款程序、稽核程序以及田赋款项的报解程序都做了详细的规定。

缴纳田赋核算:粮户持征收田赋通知单到经征机关缴纳田赋,先交核算员核算各则田赋地应缴纳的赋额,是否与征赋底册相一致,核算无误后,在通知单上盖章证明,粮户持此通知单向收款员缴纳税款。

收款程序:收款员再次核对征赋底册与粮户应缴田赋数是否相符,根据征粮底册所载,按完粮凭单逐项填写,将收据一联交给粮户收执。收款员每天在工作结束后,将所收的田赋款项汇总,填收款报告单一份,载明当日所收某年份田赋款数若干元,并在征赋底册上,查照当天完纳的粮户名下加盖"完"字戳记,注明完纳的年月日及收据字号,并在完粮凭单簿上注明本日共收款数,加盖私章,最后将各项册簿联同税款,叫稽核员逐项稽核。

稽核程序:稽核员负责审核各项册簿报单,有无错误或隐匿情形,如均确实,则在征赋底册、完粮凭单簿及收款报告单上加盖私章证明无误;并登载收款日报簿,分区载明全区田赋额征数,当天共征田赋数,截止到当天已完成田赋数,未完成田赋数。将征赋底册及完粮凭单簿交还收款员,将收款日报簿及收款报告单,连同税款交田赋管理处经收主任,转呈县政府。

税款上缴程序:田赋管理处经收主任接到收款日报簿及收款报告单后,再次审核确认,盖章证明,并填报缴款簿连同税款,一并交送县政府会计员核收登账,分款报解,缴款簿要经过县政府会计员盖章发还,表面如数收到。收款簿、日报簿及收款报告单要立即呈送县长核阅盖章,将收款报告单存查,收款日报簿发还田赋征收处。

在实际征收过程中,因为大多数县份只在县政府内设田赋征收总柜,乡镇很少设立分柜。贵州交通不便,为了方便粮户缴纳,各县的纳赋核算通知单、征收田赋通知单多由县田赋征收处依据征粮底册填好后,按名发放给各区转给各联保,再转给各保及各甲送达粮户,粮户持此单赴县政府总柜缴纳田赋。

5.对田赋征收的考成

由于田赋征收的事务繁忙,责任重大,因此,不仅要完善各级征收机构组织,更要加强督导,严格考成,加强催征,才能提高田赋实际征收数额,达到预期目的。为此贵州省根据国民政府财政部的考成条例,参酌本省具体情况,于民国二十七年(1938年)9月制定了《贵州省征收田赋考核暂行办法》,❶由财政厅厅长兼任省征收田赋的督征官,县长兼任本县征收田赋的经征官。该办法详细规定了根据不同的征收成数分别给予记功、记大功或申诫、罚俸、记过、记大过、免职等奖励办法和惩戒措施。既强化了经征人员的责任,又完善了经征的纪律,保证的经征工作的正常进行。

6. 田赋税款的解拨与保管

县政府收到报解之款,妥为保管,在每月末,依照财政厅颁布的定式,制表填报,起解至省财政厅。其月报表的有三种:经征个税月报总表、征收丁粮租月报表及丁粮租收、滞纳、税单收入细数表。

贵州省财政厅收到各县报送的月报表后,详予审核无误,将税款解存省金库。至各县征得税款,则分别坐支专解,按月办理;其坐支者,则须由该县向省金库转账,其专解者,即须由该县实解省金库,以便核抵清款。至报支提成及提奖等款,则须照会计科目,分款备具抵解书,并连同领款收据,随同各核正款,向省金库转账报核。

省财政厅因为各县报解税款,种类繁多而且经常超期,于民国二十六年(1937年)五月制定颁行《贵州省各县报解税款逾限处罚暂行办法》一共八条。

(二)抗战期间贵州土地陈报情况

民国二十六年(1937年),按照南京国民政府制定的《土地陈报纲要》规定,贵州省开始办理土地陈报,由省财政厅负责组织办理。在财政厅内设土地陈报处,各县在县政府内设县土地陈报处,各联保设联保土地陈报处。以贵阳为土地陈报的示范县。全省82县分三期进行,总计历时4年又两个月,查丈田土18216313市亩,于民国三十年(1941年)5月基本完成。办理土地陈报的目的,在于搞清土地面积、土质等级和土地价格,据此厘定田赋赋额,同时查明产权,确定田赋承担者。民国二十九年(1940年)初,根据44县已经完成的查报资料,最初拟定的每亩赋额是:最高0.34元,最低0.02元,一般均在地价的千分之二左右,比起国民政府《土地法》关于"乡改良地照地价千分之十"的规定,在税率上确有不小的差距。但决定赋额的轻重,首先关系到的是查报地价的是否存在,如果地价基数偏高,则低税

---

❶ 资料来源:贵州省档案馆资料——贵州省政府委员会第471次会议,民国二十七年(1938年)九月二十三日。

率将同样导致高税负担,当时的问题,就在于此。贵州省政府没有考虑这一基本因素,以赋率过低、地方财政支绌为理由,决定从民国二十九年(1940年)开征新赋起,一律按照原拟赋额加倍征收。最后定案的科则是:全省田土分为三等九则,每一则又分为甲、乙、丙三级。最高的一等一则甲级地,每亩地价200元,收益4石,赋额0.68元;最低的三等三则丙级地,每亩地价6元,收益2斗,赋额0.04元。以二等二则地为标准,其三个级别的赋额如下:

表4-2 地价收益赋额表❶

土地等级	每亩地价(元)	收益(石)	赋额(元)
甲级	100	2	0.46
乙级	45~80	2	0.38
丙级	40	2	0.34

从上表看出,三数平均,每亩赋额0.39元,根据查报结果计算的全省赋额为5265271元,比陈报前的赋额增加6.19倍。

1. 土地陈报的筹办

全省81个县,准备分期进行,计划在两年之内完成全省土地陈报工作。先以贵阳试办,在民国二十五年(1936年)12月在省财政厅内成立土地陈报处,拟定了土地陈报的原则:

(1)以编查为主,粮户陈报申请更正为辅,确定计算田地面积的单位,一律以市亩为标准。

(2)粮户陈报时,不验契据,但有请求更正的,则需提出有效证件。

(3)由政府训练编查员作为办理土地陈报的工作人员,以区保甲长协助办理。

(4)县以下的各级土地陈报处,只设县及联保两级。

财政厅依据上述原则,结合国民政府颁发的《土地陈报纲要》的第26条设立土地陈报人员训练所,招收初中以上毕业生百名,从事训练内外业各科目,民国二十六年(1937年)2月开学,毕业后委任为编查员,分派贵阳县属各联保,协调各区保甲长办理陈报事宜。贵阳县土地陈报处,于民国二十五年(1936年)3月成立,所有

---

❶ 秦孝仪.《革命文献》第一一五辑抗战建国史料——田赋征实(二)[M].台北:中央文物供应社股份有限公司,1987.

各区保甲长,由该县分批召集训练,同时邀请当地党部负责人员,士绅、各学校校长、各团体代表等开会,参照本省办理土地陈报宣传大纲,共同会商全县土地陈报宣传事宜。并专设土地陈报问事处,以便粮户咨询。

2. 各县办理土地陈报具体情况

在贵阳县土地陈报试办成功后,相继完成了贵阳、安顺、定番、龙里、贵定、平坝、修文、清镇等八县。其办理实施的程序和步骤,均依照贵阳的经历成果。只有举办开始的时间、所经历的时间,以及经办人员各有不同。

办理时间

贵阳为第一期试办县份,自民国二十六年(1937年)3月起,到同年9月底结束;安顺、定番、龙里为第二期办理县份,自民国二十六年(1937年)10月开始,到民国二十七年(1938年)2月底结束;贵定、平坝、修文、清镇为第三期续办县份,民国二十七年(1938年)4月中旬起,至8月中旬结束。除了贵阳县因首办土地陈报,人才经验均有不足,所花时间(6个月)较长外,第二、三期的试办陈报均历时4个月就完成。随后将全省各县分为五期,次第举办。迄民国三十年(1941年)5月底,先后毕事。总计四年又五个月,全省八十二县陈报,均全部完成,共用经费168万余元,共得赋地1830余万亩,每亩平均费用尚不及一角。

土地陈报的过程

培训各级土地陈报工作人员,宣传土地陈报的意义和效益;划定联保界线及联保内的分段;保甲长编查;粮户陈报;审核对比,复查抽丈;造册公告;改订科则并拟定全县统一科则折算表;颁发土地营业执照。具体过程如下:

实施准备

人事的配备:除由省政府委派各县县长充任各县县土地陈报处主任外,省土地陈报处另外委任副主任一人,直接负责县级土地陈报的办理事宜。各县根据区的数量,定分队长的人数;根据联保的数量,定编查员的名额。分队长根据县土地陈报处正副主任的命令,监督各区队编查员的编查工作及业务推进。根据编查员业务的熟悉程度,分队分为单组和双组两种模式,一个编查员带一个丈量员负责一个联保的编查工作的称为单组,两个编查员带2个丈量员和2个实习员负责一个联保编查工作的称为双组。

宣传:由县陈报处邀请党政机关代表及各界人士、新闻记者开会宣传;由各区区公所召集联保主任及保甲长,同地方绅民开扩大演讲会,县陈报处正副主任及县政府秘书科长,分赴各区参加,详细宣传办理土地陈报的意义及办法,并将土地陈报所使用的丘牌式样,通知各户如期插齐;由编查员、联保主任召集地方保甲民众,详细解释土地陈报的各步实施程序,做到家喻户晓。

划界分段

训练宣传及各项工作准备完毕后,根据各县原有的地形图,标注各联保辖区内的重要地点,会同保甲长及向导实地勘查,编纂各联保经界图,勘定区届及各联保界。沿段界各点,插立界牌,界牌编以段号并加以文字说明,每段的面积,不得超过二千亩。

土地编查

划界分段后,各编查员分别组成编查队开始分段编查,编查队由编查员、丈量员联保主任及保甲长各一人组成。其编查工作的主要内容是:查勘丘牌、编列地号、量地计亩、绘制丘形图、填注丘牌、填写查报单。在土地编查完毕后,按段归户,由编查员填报查报册,分户填入查报单。然后统计亩分,先将各户亩分依照地类统计,分别填入查报单,将粮户依照姓氏笔画编号汇订成册,统计全段亩分与查报册比对,如有错误,应分户核对落实。归户统计完成后,将陈报单发交保甲长分送各粮户,限期将陈报单中的"地名""地目""地价""收益""旧有粮额"各栏详细填报,粮户有不能填写者,由联保陈报处书记代填。

土地编查审核

办理土地陈报,手续及程序繁琐,难免出现的错误,需要审核比对并纠正,而且允许粮户申请更正,具体程序为:

各粮户在缴回陈报单前,编查员将陈报单和查报单逐丘比对,如是填写错误,可当面更正;如果属于编查错误,即连同丘形图,会同粮户前往复查,予以更正。

粮户有申请更正的,需填报申请更正书,连同证件一并呈交,除当场验明证件发还外,还要填给收据,随同通知粮户,复查丈量,如有错误,即更正册载亩分。

编查期间,各分队长得按段抽查,如有错误,即通知编查员重新丈量更正。

审核比对工作结束后,编查员即将陈报单顺号装订成册,统计全段亩分于册面,通知联保主任会同盖章,连同查报单册,丘地形图,面积清单簿,粮户申请更正书,申请更正书登记簿,各种收据存根一并汇送县陈报处,联保陈报处的工作即结束。

造册公告

由编查员协同县陈报处书记,依据查报册填报户领丘册,并在造册期间列榜公布,以便粮户查对。

改订科则

是按地价及收益,制成"三等九则",以定差别税率。在新定科则税率中,以贵州先行完成土地陈报的贵阳等八县为例,在贵阳每亩最高额为三角四分,最低额为七分,较原有的税率每亩最高额为六角八分,最低额为一角五分实际减轻一倍;在安顺、定番,每亩最高额为三角,最低额为四分,较原有税率,每亩最高额一元五角,最低额五分,实际减轻三倍以上;在龙里,每亩最高额为二角八分,最低额为二分,较原有税率的每亩最高额六角,最低额为免征,实际减轻三倍以上。在贵定、平坝、修文、清镇四县,每亩最高额为三角,最低额为四分,较原有税率的每亩最高额一元五角,最低额一角五分,实际减轻五倍及三倍以上。

全省八十二个县陈报完成后,累计共用经费一百六十八万八千领六十五元四角八分,共丈量土地一千八百二十一万六千三百一十三亩,平均每亩费用不足一角。陈报工作完成后,既按照田亩收证多少,并参考地价之高下,分别制定科则,共定甲、乙、丙三种,每种之中又分"三等九则"。

表4-3 贵州省办理土地陈报后改定田赋科则表

等	则	每亩地价(单位:元)			每亩收谷						每亩赋率(单位:元)		
		甲种	乙种	丙种	甲种		乙种		丙种		甲种	乙种	丙种
					石	斗	石	斗	石	斗			
一	一	200	100—200	120	4	0	4	0	4	0	0.68	0.60	0.56
	二	160	80—160	100	3	5	3	5	3	5	0.64	0.56	0.52
	三	140	70—120	80	3	0	3	0	3	0	0.60	0.52	0.48
二	一	120	60—100	60	2	5	2	5	2	5	0.52	0.44	0.40
	二	100	45—80	40	2	0	2	0	2	0	0.46	0.38	0.34
	三	80	30—50	30	1	5	1	5	1	5	0.40	0.32	0.28
三	一	60	20—30	20	1	1	1	0	0	7	0.30	0.24	0.20
	二	45	12—20	10	1	0	0	8	0	6	0.22	0.16	0.12
	三	30	6—10	6	0	8	0	6	0	4	0.14	0.08	0.04

说明:此表收益量器,依照当时省斗,每斗老秤20斤折算。

① 贵州省人民政府财政经济委员会编.贵州财经资料汇编[M].(第四篇《农林》),1950:388.

各县在改订科则之后,即须改订田赋征收及推收办法,具体如下:

征收办法:

以前各县征收田赋,一直是依据区里的粮总清册而逐年更造,但编制不善,弊病多而且难以查证,田赋征收人员都按照5%提成开支,随征随用,无预算决算。现在则于田赋征收之前,核定征粮底册,以利征收;颁发纳赋核算通知单,以便粮户缴纳;设立各县田赋征收处,人员经费均有定额,所有开支由省财政拨给。

推收办法:以前各县的拨册手续,是依据粮户的请求,将其户名粮额给予过拨,在征粮底册上另立新户头,如遇主管征收的人事变动,经常无从查对,所以在土地陈报完成以后的县,均设立土地推收所,人员经费均有定额,每月开支由契税提成,逾期缴纳推收费,实报实销,不向粮户收取。

颁发土地营业执照

依据贵州省办理土地陈报章程第25条和26条规定,颁发土地营业执照,以确定粮户产权,如同一户名,在一段内所有田土的丘号相连的,并发营业执照一张,如同一户名有田地数丘,而丘号不相连的,则分丘填发。在县政府内成立土地管业执照事务所专事颁发土地营业执照。

3. 土地陈报的成绩

贵州已办土地陈报的各县,原来修订的赋率,是在比较收益之外,兼以地价为标准的,其征率与地价之比均在千分之二左右。抗日战争以后,币价贬值,地价上涨,上述比例,更加减低,与土地法规定改良地按照地价征税千分之十之规定,相差甚远,同时,贵州省政府由于财政不敷,于民国二十九年(1940年)办理陈报完成后制定了包括贵阳在内的四十县田赋,自民国二十九年(1940年)订立新赋税开始,一律按照原赋税加倍征收。对于正在进行土地陈报的各县,则在议定税率时,照成例加倍征收。所以,贵州省陈报前的赋额是七十三万二千二百八十二元一角六分,陈报后按原定赋率,本应为二百七十余万元,加倍征收后,改定为五百二十六万五千两百七十元零五角七分,较陈报前增加七倍以上。

贵州在民国二十六年(1937年)开始进行土地陈报,至民国三十年(1941年)5月先后完成。当时的赋额,按照原来改定的赋率,本为二百七十余万元。后因为币值贬值,地价上涨,贵州省政府就按照原来改订的赋额增加一倍来征收,定为五百二十六万五千二百七十元。❶ 因在土地陈报时,存在隐匿漏编,以及漏查错误,土地等则悬殊等原因,又在民国三十一年(1942年)、民国三十二年(1943年)全省复查两次,民国三十四年(1945年)起,逐年抽取个别县份复查,至民国三十七年(1948年)12月止的办理结果,亩分赋额均有增减。

三 抗战后期贵州的田赋征实情况

(一)国民政府田赋改征实物政策出台的背景

田赋改征实物政策的出台,主要是因为抗日战争进入相持阶段后,国统区的军需民食出现了严重困难。

中国为传统农业大国,农村人口占绝对多数,非农业人口比例较小,正常情况下,粮食供需之间基本不存在矛盾。在抗战开始后的相当一段时间内,国统区并未产生粮食问题。抗战后方主要粮食市场之一的成都市,在抗战爆发后的两年中,不但粮价稳定,且较抗战前略有下降。

随着战火蔓延,沦陷区域迅速扩大,作为抗战大后方的粮食压力急剧膨胀,很快就出现了全局性的粮食问题。1939年夏秋之际,四川各地率先出现了粮价步步上涨的趋势。起初情形还不十分严重。以陪都重庆为例,若以1937年各月平均粮价指数为100,则1939年8月为107.9;同年10月122.3,12月为139.8,1940年2月159.8。1940年春夏之交,情况突然恶化,粮价成几何数骤然猛涨,四川全省各主要市场,各月每市石之米价差别均在20元以上,有的市场甚至一日之内,上下午之隔,每市斗米要涨二三元。严重的粮食问题终于酿成。仍以重庆市场为例,1940年4月,粮价指数已为1937年基数的226.1,同年6月继续上升为385.9。1940年10月以后,新谷登场,米价理应下跌,但各地米价仍然扶摇直上。若以四川省米价上升前的1939年6月全省平均米价为基数,与1940年12月相比较,上涨已约9倍之多。在四川爆发的粮食问题,不久便蔓延到整个国统区,尤以大中城市为烈。粮价上涨,对于国计民生的不良影响,要较其他物价上涨远为严重。尤其是发生在战

---

❶ 贵州省人民政府财政经济委员会.贵州财经资料汇编[M].贵州省人民政府财政经济委员会印,1950:390.

争时期,其后果更为严重。

造成后方粮价暴涨的主要原因有以下几点:

一是大量战争难民逃往后方,使得后方大中城市人口激增。以重庆市为例,1936年3月重庆市的人口仅仅只有33万,抗战中一下膨胀至超过百万。1938年12月蒋介石迁重庆时,沦陷区迁到西南大后方的人口已达1000万。贵阳市的人口8年间增加163200人,增长2.35倍,年均增加20400人。人口的大量增加,导致粮食需求增加,供需发生变化,粮食价格必然随供需的变化而变化。

二是日寇空袭破坏了后方的交通运输,造成粮食运转受到阻碍。1938年12月26日,日机开始对重庆乃至四川其他地方进行空袭,一些交通要道被炸,造成正常的粮食运转受到阻碍。长期的日机轰炸使国统区经常发生交通阻塞,从而直接影响到粮食的运输,使粮食剩余地区不能正常地往缺粮地区调剂。事实上,在四川发生严重的粮食问题时,国统区有的地区粮食仍有剩余,粮价也远比四川为低。如1941年1月,以中白米每市斗为单位,重庆、成都等四川市场售价为14元以上时,贵阳为6.5元,西安为7.2元,衡阳仅为3.6元。由此可见,运销问题加剧了粮食问题。川东一带,正常情况下就缺粮,赖湘米供给颇重。1940年6月14日,宜昌沦陷。湘米无法运入川境,川东粮食不得不仰给于川省各地。这样,就加大了四川粮食供应的压力。1941年10月,国民党军队曾一度收复宜昌,当时成都粮价就下跌,而当日寇复占宜昌,粮价回涨如故。因此,战场形势对粮食问题是大有影响的。

三是粮食歉收,加剧了供需矛盾。抗战爆发后,农村壮丁大量抽调训练,以为前线实力之补充。1940年1月,四川一省出征壮丁达90万人以上,再加上20万川军出川抗战,共计110多万,超过全川壮丁的七分之一。此项数字,尚不包括筑路、修路、搬运军需等民工。而农村壮丁为逃避兵役弃田到城市出卖劳动力的又数倍于调训壮丁。农村劳动力减少,耕作粗放,加上严重的旱灾,四川1940年米粮产量仅4451万市石,比1939年减少3103万市石,该年度全川米粮需求量为6899万市石,供求差额2448万市石。

四是各方争购与囤积居奇的影响。1939年夏秋之际,农本局在四川率先抢购粮食,致使各方争购随之成风。1940年旱灾,粮食歉收已成定局,又加炽了单位、市民的抢购之风。市民抢购虽然与囤积居奇有别,他们主要不是为图利,而是恐日后价格上涨,预购先买,以供他日消费,免遭高价购买之损失。但是,这种恐慌心理,加大了市场压力,加剧了供需矛盾。消费者以讹传讹,造成了粮价上涨的社会因素。如四川温江某次场期，"某银行代表携一皮箱，满装钞票，大量收购新谷，一小时内，每市石上涨八元。"

　　与抢购风的同时，一些奸商囤积居奇，待价上涨，而后抛售坐享巨利。如江北县舒家场周国昌一年内购囤麦子120市石；江津县白沙镇绅士古明顺两个月就购囤食谷490市石。大量地主把租米所得闭藏在谷仓内，静待善价而沽。一些贪官污吏，利用其特殊地位，大发国难财，巨量囤积，营私舞弊，以博厚利。如成都市长杨全宇，为一地之高级长官，却于1940年9月，勾结大川银行渝分行经理欧书元、合川万福发银行经理李渝臣，冒用福民面粉厂名义，购囤小麦达数百石之多。奸商、贪官污吏的囤积居奇，造成流通于市场的粮量大量减少，对于粮价的上涨起了推波助澜的作用。

　　粮价上涨的问题给全国抗战形势带来了严重影响。首先，粮食问题直接影响了城市居民的生活水平。深受粮食问题之害的，首先是职员、教师等薪水阶层。他们的薪水在一个阶段相对固定，不能像粮价一样月月涨、天天涨。粮价上涨使得多数包括中上级公务员在内的职员、教师生活水平下降。同时，出卖劳动力为生的工人阶层，虽然他们的工资一般以米价为标准，随着米价的涨跌而涨跌。但是，由于粮价高涨，工资随之而涨，一般企业为减少支出，只好大量解雇工人，因而造成严重的失业问题。其次，粮食问题间接影响了后方生产。随着米价高涨，工资增加，企业成本上升，导致许多资本小、剩余价值低的企业大量破产。第三，粮食问题使农村两极分化愈趋严重。米价上涨，表面上有利于农民，其实不然。占农民绝大多数的贫农、雇农得不到好处，只是少数地主和富农从米价上涨中获利。据中央农业实验所调查，四川省1940年雇农占了农家总数的百分之五十九。这些佃农以稻谷交租，有的田租重到总产量的七八成，佃农只占二三成，因此基本没有余粮出卖。而一些田地较少的贫农，其生产粮食充其量也只够自家糊口而已。大量的粮食掌握在地主、富农之手，他们高价出售或待价而沽，从中获得了暴利。无疑使地主愈肥、富农愈富，农村贫富不均的矛盾日益突出。

　　上述各项影响，造成了抗战后方的严重不稳定，使得民心沸腾，各地时有抢米风潮发生。同时，后方粮价暴涨，势必影响到了前方军粮的筹集。情形演变至此，已关系到了抗战能否顺利坚持下去的重大问题。

　　田赋征实的另一个原因是缓解日益严重的通货膨胀。抗日战争以前，国民党政府的主要财政收入，除田赋外，就是关、盐、统三税。抗战爆发后，由于日本帝国主义的军事侵略及其对中国经济的掠夺、破坏,给中国的财政经济带来严重影响,特别是工商业经济比较发达的沿海沿江地区相继沦陷后,三大税源大部丧失,财政收入不敷支出,财政差额日趋增大,"自抗战发生至 1938 年年底,国库支出达三十万万元之巨,其取给于税收及捐款者,仅七八万万元,约占支出四分之一,其余均以债款弥补。"

战争一方面造成国民政府的财政收入锐减,另一方面又增加了浩大的军费行政开支。军队人数约计由 1940 年的 250 万人增至 1941 年的 450 万人。军费支出占财政总支出的百分比由 1935～1936 年度的 36% 增加到 1937～1938 年度的 66%。❶

为了弥补捉襟见肘的财政窘况,国民政府在别无善法的情况下,只好通过增发纸币来进行调节,这势必会造成严重的通货膨胀。据国民党政府财政部长俞鸿钧 1946 年 3 月在参政会上公布:"抗战八年内,政府共发行纸币十万零三千一百九十亿元。"约为抗战前的 7300 多倍。法币发行增加的速度自抗战爆发到 1938 年底,每年增加 40.6%,1939 年起开始迅速增加,平均为每年增加 87.2%,1942 年以后,平均每年增加 132.5%。到 1945 年 8 月,共发行 5569 亿元,为抗战前夕的 390 多倍。

在粮价飞涨和通货膨胀的双重压力下,为解决国家财政经济困难,保证军粮民食的供应,实行田赋征实似乎成了最佳的解决办法。因为如果不直接征收实物,而向市场购买粮食,一是市场上没有多少粮食可买;二是政府在运输上也难以调派。更主要的是,军民需求的不是小数目,如果仍用货币购买,必将造成财政难以承受和导致通货膨胀变本加厉,使法币信用产生危机。

田赋征实政策的酝酿出台经历了一个过程。最早实行田赋征实的是山西省。1939 年因缺粮问题严重,军队不得不购议价粮。农民因平价过低,多避而不售。于是每日派大批官兵,发动购粮,甚至搜粮,一些不法驻军,往往以平价购入,以市价售出,转手渔利。第二战区司令长官阎锡山见问题严重,决定实行征粮,并于 1939 年冬首先决定"停止平价购粮,实行田赋改征粮食"。一方面解决了农民平时卖粮的痛苦,另一方面又解决了军队吃粮问题。❷

---

❶ 郭传玺.抗战时期通货膨胀述评[J].历史档案,1990(3).
❷ 于景洋.抗战时期国民政府田赋征实评析[J].黑龙江财政专科学报,1997(5).

山西的成功实践加速了全国田赋征实政策的出台。1940年7月30日,行政院会议通过设置全国粮食管理局案,并任卢作孚为局长。全国粮食管理局是国民党政府第一个直属行政院的统筹全国粮食产储运销、调剂省与省间粮食供需、指挥监督各省市粮食管理机构的特设机关。此后,国民党政府开始制定并实施战时粮食政策,改变了以往对粮食问题漠不关心的态度。8月,全国粮食管理局召开全国粮食会议,公布《粮食管理纲要》。9月11日,兼四川省政府主席的蒋介石发表为"实施粮食管理告川省同胞书",宣布四川发生粮价暴涨现象,"政府断断不能坐视,所以我决定对于本省要即时实施粮食的管理"。国民党政府战时粮食政策开始纷纷出台。

国民党战时粮食政策主要是针对大后方以粮价暴涨、粮价指数远远超出整个物价指数、军粮民食普遍产生危机为中心的粮食问题的。从其粮食管理机构的演变、政策的强硬程度来看,战时粮食政策可分为两个阶段。

第一阶段,从1940年8月起至1941年6月止。该阶段的主要特点是以经济手段为主,辅助以政治手段,以非强制性手段为主,辅助以一定的惩治措施;以管理性政策为主,辅助以管制性政策。此阶段粮食政策的要项大致如下:

(1)建立粮食管理机构。《粮食管理纲要》规定,各省设粮食管理局、县设粮食管理委员会,分别统筹辖区内粮食之产储运销和粮食调剂事宜。

(2)管理粮食市场。规定凡粮食仓栈、商号、经纪、加工行业、运输工具一律进行登记,未经登记不得经营粮食业务,一市场所有与粮食业务有关之商人(仓栈、商号、经纪、加工行业)均需各别或联合组织同业公会,凡经登记之粮食商人均须加入同业公会,粮食业务同业公会必须依据粮食管理机关管理粮食之章则,确定同行应行遵守之公约,并根据管理机关分配之数量购销或加工数量约集各有关粮商联合或分摊负责办理,有组织之粮商,在采购起运粮食时,应先领取采购证或运输证,各地粮食管理机关订定当地适宜之粮价,逐日悬牌公布。

(3)确定各大城市粮食供应区。为了保证各大消费市场的粮食供应,全国粮食管理局决定以消费市场为中心,就近划区供应。

(4)平价米供应与局部统购统销。平价米供应首先于1940年12月在陪都重庆市开始试行,以后陆续推行各地。1941年3月22日全国粮食管理局公布了《重庆市民食供应统购统销规则》。规定凡重庆市粮商运到米,都应报到登记,由全国粮食管理局全数收购,再行分配全市零售米粮店铺销售,其收购价格,以运商购买成本、运输费用、附加合法利润,由重庆市粮政机关与粮食业同业公会计算核定。

此项办法以后也推广各地,对于打击黑市、取缔粮商暴利,起到了一些实际效果。

(5)打击囤积居奇。对于严重的粮食问题,国民党政府为了掩盖其腐败政治和粮食政策的失误,以不法分子从中操纵、囤积居奇,抓有粮食的地主不出售粮食为主要原因。这固然与实际情形不符,但由此对囤积居奇的打击却是十分有力的。1940年12月23日,国民政府军事委员会发出布告,对上文提到的犯囤积粮食案的原成都市市长杨全宇宣布判处死刑,执行枪决,同案犯欧书元、李佐臣均判处徒刑;所囤小麦全部没收国有。杨全宇被从严惩处,对国统区的囤积居奇者,起到了极大的震慑作用。

第二阶段,自1941年6月至抗战胜利。该阶段以强化粮食管制,政治经济双管齐下为特征,以田赋收归国有和田赋征实、粮食征购为主要内容。

(1)加强与完善粮政管理系统。1941年7月1日,粮食部成立,全国粮食管理局撤销。"粮食部较粮管局具有更大的权力,对于各地方高级行政长官执行本部主管事务有指导、监督之责","对于各地方高级行政长官之命令或处分,一认为有违背法令或越逾权限者,得提交行政会议议决后,停止或撤销之"。粮食部成立后,复于各省省政府及院辖市市政府内设粮政局,各县县政府内设粮政科。至1943年,计设粮政局者凡20省市,设粮政科者1070县。这样,全国从上到下,有了一个权威的粮食行政管理系统。

(2)田赋收归国有。1941年4月2日,国民党五届八中全会通过"为适应战时需要,将各省田赋暂归中央接管,以便统筹而资整理"的决议。同年6月16日,财政部召开第三次全国财政会议,制定粮管步骤及实施办法,规定9月底接管完毕。1941年把田赋收归国有,是国民党政府实行田赋征实,进而解决粮食问题的配套措施,它有利于田赋征实的实施,有利于政府掌握粮源,有利于粮食管制。

(3)田赋征实。1941年6月第三次全国财政会议上,在决定田赋收归国有的同时,也决定从1941年秋季起,全国田赋改征实物。征实标准,系按1941年度省县正附税银,每元折征稻谷二市斗,或小麦一市斗四市升;赋额较轻或较重的区域,得酌为增减;各省田赋征收实物后,其积谷一项仍照旧征收,其他一切以土地为对象所摊筹派募之款项悉予豁免。按照粮食部规定,每年十月一日起至次年九月十日止,为一粮食年度。在田赋征实的第一个粮食年度,就取得明显效果。该年预征粮额为2290万市石,至1942年9月30日,实征2340余万市石,超过了预征总数。田赋征实,使政府获得了大量的粮食,这些粮食除供给军粮及公务员、教职员等一切公职人员和家属的平价粮外,尚有余额。余粮投放市场,对于平抑粮价、解决粮食问题是能够起到一些作用的。

(4)粮食征购与粮食库券。为了掌握更多的粮食,粮食部成立伊始,即决定除田赋征实外,兼采定价征购办法,其征购价格由政府核定。此项办法又分征购、采购、抢购三类。征购系后方各省县普遍办现,以一般粮户或较大粮户为对象;采购系在余粮地区指定地点,照市价收买,以粮食市场为对象,抢购系在沦陷区及邻近作战地带收买,以战区粮户为对象。征购给价,由财政部、粮食部发行粮食库券,以库券与现金搭配付给为原则,其搭配比率,大致以七比三为准,即七成库券,三成现金。1941年粮食年度,粮食部、财政部共计在川、湘、赣、鄂、陕、甘、绥、宁、滇、黔、皖、粤、桂、晋、康等十六省发行粮食库券5000万市石,购得2880余万市石粮食。其征购数超过了田赋征实数。❶

(二)"三征"政策

田赋改征实物简称田赋征实,它与粮食征购和粮食征借合在一起又叫"三征",这是国民政府于1941年起为了垄断粮食所采取的一项政策。

1. 田赋征实

所谓田赋征实,是一种对应征田赋的货币额折成实物上缴的征收制度。在这种制度下,无论正税,还是附加税一并实行征实。征收实物任其所产,按标准换算。根据1941年4月国民党五届八中全会决定的原则和同年6月国民政府第三次全国财政会议所决定的《战时各省田赋征收实物暂行通则》规定,"1941年度田赋正附税额每元折市征稻谷2市斗,产麦及杂粮区得征等价小麦及杂粮。1942年度将折征标准提高为每元折征稻谷4市斗,或小麦2市斗8市升,增加了一倍左右。"❷

2. 粮食征购

所谓的粮食征购就是国家以强制手段向人民购买粮食的办法。早在田赋征实以前,就有类似的做法,如1938年4月国民政府军事委员公布《各地区粮食管理办法大纲》以后,各战区均设有军粮局或粮食管理处等机构,办理粮食征购、供给事宜。征购办法各地不一,有的为随赋代征,即根据田赋数额的多少,按比例征购,行之于四川、广西;有的为公购余粮,即调查大户余粮,加以征购,行之于湖北、湖南等

---

❶ 陆大钺. 抗战时期国统区的粮食问题及国民党政府的战时粮食政策[J]. 民国档案,1989(3).
❷ 孙文学. 中国财政史(一)[M]. 大连:东北财经大学出版社,1997:308.

省;有的为按负担能力派购,即按土地亩数及工商营业额分派购粮定额,行之于陕西、河南等省。各省派购办法不统一,数量也不稳定。1942 年政府将征购办法划为随赋代购的办法,小额粮户可以免征购,大额粮户采用累进办法,以均平负担,以其总额达到征购限额为限。这种办法不是以土地多寡而累进征收,而是以田赋额的多少为依据,自然有利于地主大户;征购价格按平价计算,未能顾及因通货膨胀导致价格上涨的因素,使得征购价远远落后于市价。在支付价款时,多数省份仅支付少量现款,余则搭配粮食库券或法币储蓄券,如四川、广西、广东、湖南、陕西等省付三成法币、七成粮食库券;河南、江西、甘肃、安徽诸省三成付法币、七成付储蓄券。虽然规定了粮食库券从 1944 年起每年以面额的 1/5 抵缴当年一部分田赋,5 年内抵清,储蓄券自第 3 年起还本付息,4 年还清,但实际上随政局的变换,兑换的可能性极小,即使是能够兑现,在通货膨胀日益严重、物价狂涨的情况下,兑现来的法币也如同废纸。所以说,征购无异于征实,只不过是通过买卖关系将田赋征收关系隐蔽起来罢了。

3. 粮食征借

征借是从征购演变来的。征购的弊端一出现,便为人们所认清。因此征购办法实施不久,四川、贵州等地方团体和民众代表就提出了"废购增征"的建议。

1943 年度四川率先停止搭付现金,全部付给粮食库券,只在交粮收据(即粮票)上另加注明,作为借粮凭证。粮食征借既没有利息,甚至连还本也难做到,实质仍如征实,只不过徒具借贷之名而已。

(三)国民政府为推行田赋征实所颁行的法规

田赋改征实物政策的实施,必然需要相关法令制度的配合完善。国民政府于田赋征实一事极为重视,先后出台了一系列相关的规章制度,其中较为重要的法令法规有:

(1)《战时各省田赋征收实物暂行通则》(民国三十年(1941 年)七月二十三日行政院公布);

(2)《田赋征收通则》(民国三十年(1941 年)九月二日行政院公布);

(3)《田赋征收实物各县市经征经收机关联系办法》(民国三十年(1941 年)九月二十三日行政院核准施行);

(4)《战时田赋征收实物暂行通则》(民国三十一年(1942 年)六月三十日行政

院第 570 次会议通过）；

(5)《田赋推收通则》(民国三十一年(1942年)十月八日行政院修正公布)；

(6)《战时田赋征收实物条例》(民国三十三年(1944年)九月十九日国民政府命令公布)。以上六个法令法规内容侧重或有不同，或有所增益，大致构成了抗战后期田赋征收实物的全部政府法规内容。

1940年7月23日由行政院公布实行的《战时各省田赋征收实物暂行通则》是国民政府关于田赋征实最重要的基本法规之一，它明确阐述了该项政策实施的原因、新税制下田赋征收标准，以及具体操作办法和相关事宜。如该通则第二条明确指出：各省田赋征收实物依民国三十年度省县正附税总额每元折征稻谷二市斗（产麦区得征等价小麦，产杂粮区得征等价杂粮）为标准。其赋额较重之省份，得请由财政部酌量减轻；第四条规定：征收之实物以稻谷为主。其不产稻谷之地方，以其收获之小麦、杂粮缴纳之；第七条明确了征收制度：各省征收实物，采用经征经收划分制度。凡经征事项，由经征机关负责，经收事项，由粮食机关办理。

第十三条特别指出：各省田赋征收实物后，其积谷一项，仍照旧征收，其他一切以土地为对象所摊筹派募之款项，悉予豁免。从上述几条规定来看，该通则可以看做是田赋改征实物政策的基本大纲。❶

行政院于1941年9月公布的《田赋征收通则》是对上述暂行通则的初步完善，提出了"分等课赋"的原则，规定"新订科则至多以三等九则为限"；明确规定田赋应该向土地所有权人征收；田赋应由纳赋人自向经收处缴纳，不得有任何个人和团体，包收代征；该通则同时对逾期不能完纳田赋者列出了处罚原则和相关措施，并指出将对如何进行田赋减免和田赋经征考成另行制定具体办法。

上述后列四个法规主要侧重于田赋具体征收措施的进一步完善，在此不再一一叙述。

（四）贵州省田赋改征实物的具体规定

贵州省自1935年王家烈离黔以后，各项规章制度基本是遵照中央政府的法令具体实施的。1940年，国民党中央政府考察形势，认为田赋按照战前的货币征收政策难以满足巨额的军粮需求，从而积极筹划推行新的田赋征收政策。当年4月，

---

❶ 宋同福. 田赋征实概论·附录[M]. 重庆南方印书馆, 1942.

国民政府中央行政院通知各省,田赋的征收配以实物;在同年6月召开的第三次全国财政会议上,正式通过了田赋改征实物的政策,并修改财政收支系统法,将省级财政纳入中央系统,规定田赋收入纳入中央预算。遵照这次会议的精神,贵州省在八月成立了省田赋管理处,各县市成立县市田赋管理处,由县市长兼正处长,另外委任专人任副处长,负责实际工作。

贵州省田赋管理处成立以后,根据行政院颁布战时各省田赋征收实物暂行通知,并参照斟酌本省的实际情况,拟订了《贵州省战时田赋征收实物实施办法》二十条,其主要内容有:

(1)征收定率以民国二十九年改定科则实际收纳赋额为标准。赋额一元折征稻谷二市斗。

(2)征收实物以稻谷为主,但产稻谷不多的,或是运输有困难的地方,可根据实际情况,适当作调整,搭征包谷,或者回征收法币。

(3)回征法币的标准以每市斗稻谷折合法币六元为原则,但得视实际数量呈准酌减。

(4)开征日期,定为十一月一日,限两个月内完清,逾期分别予以滞纳处分。

民国三十一年(1942年)七月,中央政府行政院颁布战时田赋征收实物通则,对于折征定率和清完期限,均有改变,并将三十一年征实作为定额,较上年增加了二分之一。贵州省遂将所定实施办法,加以修改,另行拟订贵州省战时田赋征收实物实施办法,其主要改定的内容为:

(1)征实定率改定为一元,折征稻谷三市斗,并附征县(市)公粮一市斗,共征四市斗,自民国三十一年(1942年)新赋起照征,其补征欠赋,仍然按照上年规定赋率计算。

(2)取消回征法币办法,全省一律征收实物。

(3)增订以糙米折缴稻款标准,每米五市升,折稻谷一市斗。

(4)开征日期,仍定十一月一日,限三个月内完清。

(5)实行板串办法,对号掣肘给收据。这新定征实率连附征地方公粮,虽比上年加倍,但各县(市)已经不准再以土地为对象,带征或摊派任何款项,在田赋负担的表面上,似乎比以前减轻。

民国三十二年(1943年)征实定率,与三十一年(1942年)度没有更改,仍然是每赋额一元折征稻谷三市斗,附征县地方公粮一市斗,其余的办法与三十一年

(1942年)度相同。民国三十三年(1944年)征实定率,贵州省奉行政院的命令改为每赋额一元,折征稻谷四市斗,附征县地方公粮一市斗。民国三十四年(1945年)征实定率,仍与民国三十三年(1944年)相同,附征县地方公粮仍为一市斗。

  1945年8月日本战败投降,国民党中央政府于1945年9月明令全国各省份在民国三十四年(1945年)或三十五年(1946年)豁免田赋军粮一年,贵州省赋粮规定在民国三十五(1946年)年度豁免。后又奉令将豁免一年的赋粮,分在三十五年、三十六年两年平均豁免。至三十五年田赋征实实际数额核定为八十万市石,征省县公粮二十四万市石,并订定折征实物率为每元四市斗,减半征收二市斗,带征省县公粮一市斗。至于军粮征借标准,遵照国民中央政府颁布田粮紧急措施,以征一借一为最高额之规定,按照各县赋额分配,其征借办法,以岁赋累进征借为原则。得由各县查酌情形,采取随赋征借,或向余粮之户征借,详述理由,呈准实施。因为三十五年(1946年)度赋粮减半征收,虽然抗战已经胜利,粮食需要,仍然十分迫切。贵州省当时就指定沿公路交通便利较便于公粮缴纳之县,征收实物。其余县市按照核定价格一律回征法币。所有征实或是征币的县份,根据田赋粮食紧急措施所定分配定数,分别征实或是征币。三十六年(1947年)的田赋,遵照中央政府的命令,一半豁免,核定本省征实赋额八十万石,征借军粮二十万市石,并依照征实赋额的三成,带征省县的公粮。三十七年(1948年)共为三百二十万市石,但因当年全省夏季洪灾,全省受灾的县份有三分之二以上,田赋征实赋配额减少为一百二十万市石,免办征借军粮。❶

  根据国民党中央政府颁布的土地陈报纲要规定的田赋分配,原县得60%,省里得40%。贵州省在民国二十八年(1939年)制定了分配的标准,主要是以各县陈报后赋额的增加来计算。凡是赋额比当时赋额增加三倍以上的,75%归省里,25%归县里。赋额增加不到三倍的,80%归省里,20%归县里。民国二十九年(1940年)则援用财政收支系统法和土地陈报纲要的规定,省里得40%,县里得60%。

(五)征收手续和征收办法

  贵州省各县征收田赋,以前多是在县政府内设立粮柜征收,很少有在地方乡镇设置分柜征收,以便人民者。开征日期一般规定在当年十月一日,完纳期限定为三

---

❶ 贵州省人民政府财政经济委员会编.贵州财经资料汇编[M].贵阳:贵州省人民政府财政经济委员会,1950:390.

个月,以次年元月为犹豫期间,过犹豫期间,尚未完纳者,即分期迟之滞纳金,以多至三成为止。民国二十七年(1938年)贵州各县土地陈报渐次完成,征收手续也进行了小幅改进,具体做法是将原订的三联纳赋凭单,改为四联纳赋凭单,增加通知单一联,由各县查明该县各粮户姓名,及坐落地点,应纳赋额,逐一填入通知单内,分发各联保转发各粮户。各粮户得到通知单后,即按前述征收限期,自行赴柜完纳。对于逾期没有完成上交者给予罚款,规定自次年二月一日起,照正赋加征百分之五,四月一日起加征百分之十,超过五月底还没有完成应交赋税者,则于六月一日开始传追,勒限清完,并规定于一、三两月月末,制定出完纳催告,通知纳赋人下期加征滞纳及传追之办法,使各粮户知所警惕。

贵州省田赋在未划归中央以前,是由财政厅印制空白粮串,于每年五月以前发交各县使用,各县奉到后,即根据推收结果,所造征粮册,将粮串各联可能填注者,缮造完竣,备八月内办毕,将通知单擎下,派警送达,各联保转发各粮户,其到达粮户期限,至迟不得过九月底。一面由县府于开征前一月将征收科则及开征日期公布,俾粮户得以依期完纳,擎取收据。至征收时间,系规定自每日上午八时起,下午六时止;唯旺征时期则须特别延长。非将本日纳赋人价款收清,不得退值,即星期例假,亦须照常办公,以恤人民。

田赋改征实物政策正式实施以后,相关的征收手续和征收办法也有了进一步的说明规定。1940年7月23日由行政院公布实行的《战时各省田赋征收实物暂行通则》在征收具体办法方面有如下内容:

第八条 粮食机关应于开征一个月前,将仓库按乡镇单位分别指定。并将地点、座数、各仓容量单,送经征机关按照所开地点划定粮区,设立分柜,以便人民完纳。

第九条 征收实物,应于稻麦收获两个月内征齐,其开征日期,由省主管田赋机关拟定,报请中央田赋管理机关备案。逾期不缴纳者,应予以滞纳处分。滞纳处分办法另订之。

第十条 凡业户如有短匿粮额情事,准由人民密告。经查属实后,即按其短匿粮额,科以两倍之处罚,其罚额以半数归公,其余半数,奖给告密人。

第十一条 遭遇灾歉及因公征用土地,依田赋勘报灾歉规程及土地赋税减免规程办理。

第十二条 自征收实物之日起六个月内,所有田赋正附旧欠,仍准以法币缴纳。并照原有滞纳罚锾处理。

国民政府行政院于1941年9月公布的《田赋征收通则》则对逾期没有完成缴纳的粮户处理办法有了进一步的具体规定,该通则第十一和第十二条明确指出:在田赋开征前一个月,经征机关应将开征日期及一切纳收须知事项,出具布告,并印发通知单,分送纳赋人。凡逾征收期限,尚未完纳者,应予分别处分如下:

（1）加收滞纳罚锾；

（2）传追；

（3）提取其土地收益抵偿；

（4）拍卖欠税田产抵偿；滞纳罚锾得分期递增,最高限度不得超过应纳赋额百分之十。各项处分应次第为之。

田赋改征实物以后,各县按规定折算标准编造造册,再照征册列数填造粮票。依照财政部颁订的经征经收联系办法相关规定,粮票分为通知、验收、收据、存根四联。经征机关于开征前一个月将通知联送给业户,照数缴纳实物于经收机关,经收机关一面发给粮户号牌一枚。将其号数填注于验收单上,内转经征机关,一面登记账册将粮食收仓。经征机关收到验收单后擎取串票收据联,核对相符后,凭粮户所交号牌,发给收据。经征机关每日将征收实物种类、数额,分别粮区,编造收粮日报表,复写三份,以一份存查,一份送主管上级机关,一份送经征机关,以应查核。经收机关应造征粮日报表,复写三份,以一份存查,一份送主管上级机关,一份送经收机关,以应查核。通知单是通知粮户纳粮的命令,也是经收机关做账稽核的根据,业户在接到后,应该妥善保管,如有遗失,应照章缴纳手续费,呈请经征机关另外填写合算单来代替。验收单则是经收机关对经征机关所出之收粮凭证,两者互有勾稽之效。凡上所述,都是民国三十年度经征经收划分办理原则下之征收手续,到了民国三十一年,经征经收统一归并田赋机关办理,并实行随赋带征粮食,其手续改正如下：

1.随赋带征粮食县份

由粮户将通知缴征收处稽征股核算,注明应纳手续,加盖核讫戳记后,仍然交还粮户连同实物带到仓库,照数缴纳。仓库验收无误后,擎出验收联,在通知验收两联上,加盖仓库收讫章记,管理员名单,填明收讫日期,并在上端填写铜牌号次,将通知单留库做账,验收联径送稽征处股,同时将同号铜牌（或盖有火印号次之木竹牌）发给粮户,稽征股受到仓库验收联,立即登记入账,并按其号次擎出收据联,核算购粮价款,注明于验收、收据两联之上,分别加盖征收处章记,及主任稽征股长名单,并在验收联上加盖"××银行××付款处换领购粮价款"木戳。验收联发交粮户,持赴当地付款处兑领券款。收据联由征收处径送付款处,并在存根联上注明完纳日期及应付券款数额,付款处核对收据验收两联数目相符后,照额发给粮券与现金,收回验收联,并在两联上加盖"征粮价款已由××银行付讫"戳记,填注所付券款额及付款日期,将收据联发交粮户收持,验收联留存做账。

2. 不带购粮食县份

由粮户将通知单交稽征股核算注明应纳总数,加盖核讫章记后,仍交粮户连同实物带到仓库,照数缴纳,验收无误后,即由仓库管理员检出验收联,加盖名章并收讫戳记,填明铜牌号次,内转稽征股,换取粮票收据联,征收处即在存根、验收、收据三联上,注明完纳日期及完纳数额,加盖主任名章后,将收据核发给粮户收执,以验收联留存做账。

除了上述征收手续和办法有详尽之规定以外,对于各种实物的验收标准也有相当具体的规定,财政部为此制定了田赋征收实物验收暂行之规定(民国三十一年(1942年)十二月十五日行政院会议通过),要求粮户完纳粮食,应以最近一年内收获之谷物,品质干洁、颗粒充实者为限,其鉴定方法如下:

(1)稻谷含杂质(稗糠沙粒泥土虫蚀及其他杂物)不满千分之三,水分不满百分之十五,每市石重量在一百零八斤以上者为合格;

(2)小麦含杂质不满千分之四,水分不满百分之十四点五,每市石重量在一百四十五斤以上者为合格;

(3)包谷含杂质不满千分之四,水分不满百分之十七点七,每市石重量在一百三十五斤以上者为合格。关于各种粮食之折合率,除稻谷一斗折合小麦七升,或小麦一斗折合稻谷一斗四升三合,为全国统一标准外,其余各种杂粮与稻谷之折合率,则视各地稻麦价格与杂粮价格之高低,而有不同。根据民国三十一年(1942年)各省征实稻谷与杂粮折合比率表规定:贵州包谷的折合率为1:1,要求每市石的重量达到一百三十五斤。

(六)贵州省土地陈报概况及陈报后历年的土地清理

贵州省的财政一向是以田赋收入作为骨干。南京国民政府成立以后,贵州省每年的财政收入预算,除了特货收入外,田赋一直占据首位。在国家实行禁烟及厘金裁废政策以后,贵州省的财政收支,显得更加捉襟见肘。随着抗战事业的爆发及地方自治项目的推行,所需要的费用至为巨大,贵州省政府迫切感到应该开辟财源,以谋抵补,于是下定决心举办土地陈报,整理田赋,以期弥补财政上的困难。等到各县土地陈报完成后,所有增加田赋收入,即分别规定解省留县标准,在民国二十八年(1939年)以前,解省之款,多数为八成,少数为七成五,其余则留充地方之补助。到了民国二十九年(1940年),因实施新县制,遂规定一律以四成解省,六成留县,以利促进县政,完成新制。总体而言,贵州田赋对于省县地方财政,其关系均极为密切。

贵州田赋,在民国初年后,曾一度收到白银万两,其后改征银元,全省粮额虽有七十三万两千元,但逐年短收,从未足额,收入最多之民国十六年(1927年),也只有五十五万余元,只占了七成左右。此后由于战争不断,外敌侵扰,收入愈加锐减,每年的收入预算,虽然预计为六十万元,而实际征收只有四十余万,这期间政府经常因为需要筹措款项而责成各县粮商和富户分成摊缴。在民国二十四年(1935年)后中央军入黔前,因为年代久远,各年实际征收的田赋,已经不能够详细地罗列出数据。二十四年(1935年)因为旱灾全部豁免,二十五年(1936年)收入约为五十余万元,二十六年(1937年)又以旱灾,征收半数,约收入二十余万元,二十七年(1938年)半年度收入收入二十一万六千五百万余元,二十八年(1939年)收入七十七万五千九百余元,二十九年(1940年)收入一百二十六万八千六百余元,自二十八年(1939年)起,年年有所增加。

由于地籍不明,税目繁多,征制不良,官吏作祟,征收的粮册多年未经整理等弊端,使得政府收入减少,同时无地少地的农民,负担加重。在民国二十六年(1937年)前后,政府才开始出台整理办法,一面制定清厘各县田赋办法,及推收田册规则,一面又根据中央土地陈报纲要,制定贵州省土地陈报规则。当时对于土地陈报的次序,民国二十六年(1937年)三月先是贵阳一县开始试办,同年九月,又加安顺等三县。民国二十七年(1938年)将全省各县分为三期,次第办理,值民国三十七年(1948年)九月相继完成。总共花费时间四年五个月,将全省八十二个县陈报完成,共用经费一百六十八万八千零六十五元四角八分,共丈量土地一千八百二十一万六千三百一十三亩,平均每亩费用不足一角。陈报工作完成后,既按照田亩收证多少,并参考地价之高下,分别制定科则,共定甲、乙、丙三种,每种之中又分三等九则(见表4-3)。

此表的收益标准,因为当时还未实行新的度量衡,所以以贵阳为标准计算,所谓收益是指主佃共得的全部。至于等则分为,甲、乙、丙三种,而实际执行的,除贵筑县是按照甲等科则,龙里县是按照丙种科则以外,其余的都是按照乙种科则核定。

贵州省已经办理完毕土地陈报的各县,原来修订的田赋征收比例,除了比较收益之外,兼以地价为标准,其征率与地价之比均在千分之二左右。抗日战争爆发以后,货币贬值,地价上涨,上述比例,更加减低,与土地法规定改良地按照地价征税千分之十之规定,相差甚远,同时,贵州省政府由于财政不敷开支,于是在民国二十九年(1940年)将办理土地陈报完成,包括贵阳在内的四十县田赋,自民国二十九年(1940年)订立新赋税制度开始,一律按照原赋税加倍征收。对于正在办理的各县,则于议定税率时,照成例加倍征收。所以,贵州省陈报前的赋额是七十三万二千二百八十二元一角六分,陈报后按原定赋率,本应为二百七十余万元,加倍征收后,改定为五百二十六万五千两百七十元零五角七分,较陈报前增加了七倍以上。

表4-4 贵州省各县土地陈报前后之田赋赋额比较表*

专区别	县别	陈报前赋额	陈报后赋额	增加倍数
合计		5265270.57		7
贵阳专区	贵筑	25287.37	142785.52	5
	惠水	8180.10	95406.90	11
	修文	10476.45	42926.62	4
	开阳	3739.46	65358.02	17
	清镇	251354.20	62636.12	2
	晨寨	2110.90	11878.06	5
	广顺	4970.76	39498.54	7
	龙里	8836.00	50351.60	5
	贵定	17990.98	70825.04	3
	瓮安	15184.21	55227.20	3
	息烽	7161.43	32301.70	4
安顺专区	安顺	14447.81	87943.72	6
	普定	9857.03	61150.38	6
	平坝	14806.19	54689.02	3
	镇宁	7334.42	57011.58	7
	郎岱	6606.04	56358.00	8
	柴云	13447.43	25130.50	1

* 贵州省人民政府财政经济委员会.贵州财经资料汇编[M].贵阳:贵州省人民政府财政经济委员会,1950:389.

续表

专区别	县别	陈报前赋额	陈报后赋额	增加倍数
镇远专区	镇远	5244.36	30691.20	5
	黄平	17164.71	89151.44	5
	镇山	6107.57	33490.76	5
	余庆	7810.08	65557.42	8
	台江	818.61	21366.03	26
	天柱	10564.32	62617.24	5
	锦屏	8079.27	36761.34	4
	施秉	6238.33	26247.08	4
	岑巩	7071.98	67563.87	9
	三穗	4765.94	35071.85	7
	剑河	3094.77	27996.16	9
	雷山	3159.80	16268.70	5
	清溪	1612.94	16828.75	10
铜仁专区	铜仁	7147.21	43168.61	6
	思南	5963.06	80797.00	11
	松桃	7434.88	122359.19	16
	印江	3928.50	61989.53	15
	沿河	5432.80	92263.81	16
	玉屏	3553.82	29267.59	8
	德江	8578.50	62174.08	7
	石阡	7225.25	56203.06	7
	江口	9056.69	51513.29	5
	省溪	3898.83	21902.75	5
独山专区	独山	5723.98	84464.98	15
	都匀	15882.18	68271.50	4
	麻江	7269.78	54543.30	7
	榕江	6027.83	63597.46	10
	平越	13078.23	43387.72	3
	平舟	2394.40	28875.02	12
	大塘	3109.16	24836.76	8
	罗甸	9095.25	4779450	5
	荔波	8814.23	66412.92	7
	三合	3683.39	35096.16	9
	都江	80.49	13584.37	168
	黎平	18513.78	102099.53	5
	丹寨	750.90	34353.18	45
	永	4347.29	45847.52	10
	下江	1920.34	26783.83	3

续表

专区别	县别	陈报前赋额	陈报后赋额	增加倍数
毕节专区	毕节	8671.12	94815.79	10
	大定	13249.94	185049.08	13
	黔西	22149.32	183209.75	8
	威宁	10913.39	108387.73	9
	织金	15087.99	122111.62	8
	水城	8266.55	59993.99	7
遵义专区	遵义	4937.60	226981.62	5
	桐梓	11008.07	101929.16	9
	仁怀	7928.28	65380.71	8
	正安	11910.53	121549.53	10
	湄潭	15646.74	118980.34	7
	善水	4560.34	93442.20	20
	赤水	1690.52	77845.64	45
	绥阳	19293.95	82015.94	4
	道真	8400.92	75955.10	9
	务川	4960.67	75745.71	16
	后坪	1637.41	28291.75	17
兴仁专区	兴仁	9351.68	43799.48	4
	盘江	11210.44	60994.06	5
	兴义	7593.48	79849.82	10
	贞丰	15000.35	51134.10	3
	安龙	10505.30	68043	6
	晴隆	5575.21	28349.76	5
	关岭	5485.20	44230.20	8
	望谟	—	32474.63	
	册亨	6343.47	31823.36	5
	普安	5229.06	27299.98	5

土地陈报后历年的土地整理。贵州省在民国二十六年(1937年)开始土地陈报,至民国三十年(1941年)五月先后草率完成。当时的赋额,按照原来改定的赋率,本为二百七十余万元。后来因为币值贬值,地价上涨,贵州省政府就按照原来改订的赋额增加一倍来征收,定为5265270元。但是赋额虽然已经增加了若干倍,但土地陈报时,还是存在着不少隐匿漏编,以及漏查错误、等则悬殊等,所以民国三十一年(1942年)、民国三十二年(1943年)又在全省进行了两次复查,民国三十四年(1945年)起又逐年抽出个别县份复查,至民国三十七年(1948年)十二月止,办

理结果,亩分赋额都有所增减。❶

(七)1941—1945年贵州省各县市田赋征实的具体数据

1. 配征数

表4-5 贵州省各县征集粮食总额表(配征数)*

民国三十年至三十四年　　　　　　　　　　　单位:市石

县市别	共　计	田　赋	军　粮	县级公粮
总　计	17178026	7326233	7400689	2451104
贵筑	414682	209657	135300	69725
惠水	308867	135433	128249	45185
平越	147544	61701	65185	20658
龙里	144046	65550	56649	21847
修文	149905	62735	63207	20863
息烽	162471	48197	98201	16073
开阳	220009	96172	91806	32031
贵定	239210	101061	104316	33833
平坝	232709	88093	115300	29316
清镇	200384	93579	75600	31205
瓮安	186531	80198	79543	26790
长顺	153169	65820	65169	22180
安顺	388556	134805	208700	45051
麻江	203307	81082	95102	27123
镇远	131152	64936	44532	21684
施秉	102826	41322	47763	13741
黄平	267529	106999	124800	35730
岑巩	231911	99369	99500	33042
天柱	256919	95827	129000	32092
台江	68604	28596	31135	8873
锦屏	110468	49939	45200	15329

---

❶ 贵州省人民政府财政经济委员会.贵州财经资料汇编[M].贵阳:贵州省人民政府财政经济委员会,1950:390.

* 材料来源:根据贵州省田赋粮食管理处造送资料编制。

续表

县市别	共 计	田 赋	军 粮	县级公粮
三穗	136231	51354	67698	17179
剑河	124164	55850	50200	18114
余庆	163631	70485	72000	21146
炉山	116887	49817	50603	16467
雷山	24169	11247	9564	3358
独山	260667	124943	94000	41724
榕江	242775	89058	124000	29117
黎平	323606	159442	109300	54864
罗甸	118329	63573	33504	21252
都匀	263457	103818	125018	34621
平塘	174817	78984	69483	26350
从江	192693	104643	53097	34953
荔波	227673	83838	118000	25835
丹寨	137442	58212	59500	19730
三都	173390	72272	77000	24118
兴仁	179633	63233	95281	21119
兴义	348756	117354	192200	39202
安龙	339179	99580	206329	33270
盘县	273133	89625	153600	29908
郎岱	219473	81463	107779	30231
关岭	170860	60392	90172	20296
镇宁	205047	78163	100768	26116
望谟	75786	37322	25700	12764
紫云	113382	46527	51294	15561
贞丰	233048	88564	120044	24440
普定	217551	73085	118000	26466
晴隆	118918	40033	65500	16206
普安	120107	39045	64586	13385
册亨	113035	45195	52700	15140
毕节	288306	104221	148800	35285

续表

县市别	共计	田赋	军粮	县级公粮
大定	303396	152471	99400	51525
纳雍	220702	88614	102503	29585
黔西	317160	146543	121104	49513
金沙	295777	126509	126953	42315
威宁	145608	79721	38377	27510
赫章	180622	44880	120454	15288
水城	202930	77044	99700	26188
织金	381812	153686	176000	52126
遵义	887125	369768	393304	124053
桐梓	268445	144395	76300	47750
正安	233049	111342	84403	37304
赤水	182785	105669	41600	35516
务川	232513	117347	75530	39636
仁怀	186686	100005	53641	33220
绥阳	275595	115391	121435	38769
湄潭	355948	139960	169137	46851
凤冈	267465	105616	121200	36640
道真	120614	66001	32590	22023
习水	209739	122562	45800	41377
铜仁	148230	75010	48250	24970
思南	277711	114840	124400	38471
松桃	307007	172073	77171	57763
沿河	243578	139473	56870	47235
江口	192619	73173	94905	24541
石阡	163897	75315	63095	25487
玉屏	139061	62852	55200	21009
印江	216872	88287	99000	29585
德江	207136	101277	72300	33559

从上表数据来看,贵州省各县核定的田赋征收总额,在数值上存在着较大的差异,配征数额最高的贵筑县田赋、军粮、县级公粮加在一起高达414682市石,而配征数额最低的雷山县三项数据合在一起也不过才24169市石。由于时间跨度长达五年之久,故而可以推测田赋管理人员在制定该表时,并没有考虑到地方政局变动和自然灾害的影响,那么造成上述差异的最大可能则是由于自然环境的影响,各县的总人口、承粮面积,地价收益等相去甚远所致。这里值得指出的是,在土地陈报后,耕地面积包括了水田、旱田、旱地、免税地四种,而承粮面积是耕地面积减去免税地后所得数字。

1937年贵州在全省推行编整保甲,从中统计出比较可靠的人口数据。当年全省人口总数为1797718户,10302507人,人口数最多为遵义县,计96700户591301人,最少者为都江县(后与三合合并为三都县)仅19066人。1938年以后,全省各县重新划分,设县标准人口须在5万人或1万户以上。1939年全省计1889872户10255909人,1945年全省人口计1910809户10602405人,占当年全国总人口的2.2%。

此外可能造成差异的一个原因则是农业技术的推广。1938年4月1日,贵州省农业技术改进所正式成立。该所管理体制上由国民政府经济部和贵州省政府双重领导,其主要任务是"负责统筹改进本省农业事宜"。

农改所下设农艺、森林、畜牧兽医、柞蚕、农业经济等系,另外还设立防治水旱研究室、从事各项农业科技研究和技术推广。1939年2月又将水旱防治研究室改为农业工程室,并增设植物病虫害研究室。并先后在遵义、兴仁、盘县、独山、镇远、贵筑等县成立农业推广所,以后又进一步在实行新县制的各县设置县农业推广所,负责各县的农业技术推广和优良品种的推广等工作。

农改所对贵州粮食作物的改进工作主要是引进并培育优良品种,同时对传统落后的耕作方式进行改良。

稻谷是贵州农村的主要作物,由于传统的农业生产方式,农民的水稻品种混杂不纯,产量低,且易于倒伏。为了大面积增加粮食产量,农改所首先进行稻种改良。一方面从外省引进优良品种,另一方面自己培育,如,先后育成"黔农2号籼稻""黔农28号籼稻""黔农5号黑糯稻"。这些新品种具有产量高、米质好、抗倒伏等优点。其中"黔农2号"稻单产可达580余斤,比农民原有稻谷产量可增产15%~30%;"黔农28号"单产可达560余斤,"黔纯365号"可达620余斤,产量都比农民的老品种增产20%～30%。小麦育成优良品种有"金大2905号""中农28号""遵义136号",这些育成的小麦新品种分别比农家品种增产15%～30%,每亩产量可达300～350余斤,同时具有成熟早、无黑穗病等优点。该所还先后育成"黔农黄腊质""黔农白牙齿"等玉米新品种,该品种较农民的老品种能增产25%～30%。这些新育成的优良品种推广以后,颇受农民欢迎,很快推广到30余县。此外,还先后育成"黔农39号黄大豆""黔农青光豆"等,都深受农民欢迎。

在粮食耕作、田间管理方面,该所也作了一些科学改良工作。如提倡水稻施用骨粉,以增加磷肥;提倡种植绿肥,改良土壤;鉴于小麦撒播不利于中耕除草及施肥,提倡并推广有利于空气流通、便于田间施肥的小麦条播方法;玉米还提倡深耕播种等。

2. 实征数

表4-6 贵州省各县市征集粮食总额表(征实数)*

民国三十年至三十四年(1941—1945年)　　　　　单位:市石

县市别	共 计	田 赋	军 粮	县级公粮	献 粮
总 计	12421209	5376080	5154704	1860566	19859
贵筑	324681	161201	108327	55153	
惠水	250487	108122	106095	36268	2
平越	125350	51752	56025	17573	
龙里	115620	50912	45700	17697	1311
修文	111691	51395	42794	17502	
息烽	83760	44885	23792	15028	55
开阳	188483	80801	74052	28662	4968
贵定	185846	76147	83279	26407	13
平坝	161194	52615	90127	18450	2
清镇	141313	65496	51586	22768	1063
瓮安	155166	61055	65198	26013	2900
长顺	102792	42087	45860	14763	82

* 材料来源:根据贵州省田赋粮食管理处造送资料编制。

第四章 抗战时期贵州田赋征收情况

续表

县市别	共计	田赋	军粮	县级公粮	献粮
安顺	299869	95035	172247	32587	
麻江	151768	55469	75963	20336	
镇远	111155	55061	37538	18556	
施秉	95273	36940	44282	12359	1692
黄平	215320	85474	100466	29217	163
岑巩	213622	90266	93205	30151	
天柱	233686	88221	115721	29744	
台江	54704	22920	25571	6213	
锦屏	101726	46061	41418	14247	
三穗	116385	45663	55197	15404	121
剑河	97233	41966	40872	14395	
余庆	155874	68766	68250	18358	5500
炉山	107432	44307	48309	14816	
雷山	18864	7600	8713	2197	354
独山	141107	57064	65944	18099	
榕江	114513	48963	56064	14486	
黎平	231530	112377	81491	37662	
罗甸	78875	41544	23068	14125	138
都匀	194015	71681	97334	25000	
平塘	120778	54550	47150	19078	
从江	101746	53653	29136	18957	
荔波	110888	32807	66426	11653	
丹寨	99667	41098	43728	14165	226
三都	81603	25397	47965	8241	
兴仁	120081	50176	52370	17330	205
兴义	219243	81102	110068	28073	

续表

县市别	共计	田赋	军粮	县级公粮	献粮
安龙	188174	60562	105162	21434	1016
盘县	182701	65851	94439	22411	
郎岱	138408	52326	67477	18605	
关岭	117096	41823	60900	14367	6
镇宁	165250	62646	83100	19504	
望谟	55658	26492	15930	13236	
紫云	81299	33115	36892	11292	
贞丰	91379	39730	37579	14070	
普定	149147	56828	71356	20015	948
晴隆	93826	29712	53950	10164	
普安	94295	29547	52579	10116	2053
册亨	71288	29670	31199	10419	
毕节	187745	85972	71738	30035	
大定	205789	101730	69237	34822	
纳雍	114308	47818	48954	17536	
黔西	222281	108898	75406	37977	
金沙	182448	82767	70818	28863	
威宁	68324	37402	17109	13813	
赫章	68889	30258	24076	14545	10
水城	111004	46071	49300	15633	
织金	284530	126931	113610	43989	
遵义	799470	339401	346000	114069	
桐梓	226477	125348	58194	42726	209
正安	171221	86431	54784	30006	
赤水	121407	78082	16174	27151	
务川	181551	95073	53788	32690	

续表

县市别	共 计	田 赋	军 粮	县级公粮	献 粮
仁怀	138402	71735	37384	27062	2221
绥阳	224990	98679	92572	33667	72
湄潭	319624	130252	145570	42213	1589
凤冈	228190	96435	99104	32651	
道真	107149	56447	29335	21367	
习水	158724	92304	30876	35544	
铜仁	91905	45493	30619	15793	
思南	243573	96444	112587	32801	1841
松桃	131525	72331	32011	27183	
沿河	157446	91898	33093	32455	
江口	136522	53677	64234	18611	
石阡	141795	64724	54776	22295	
玉屏	98719	43498	40012	15209	
印江	167357	65889	78175	23293	
德江	167885	85161	52874	28751	1099

表4-7 贵州省各县市田赋征实表* 　　　　　单位：市石

县市别	民国三十年		民国三十一年		民国三十二年		民国三十三年		民国三十四年	
	配征数	实征数	配征数	实征数	配征数	实征数	配征数	实征数	配征数	实征数
总计	996154	871130	1490691	1285303	1482108	1205150	1676629	1261763	1680651	753734
贵筑	27051	26230	42392	35606	42137	37649	48992	36671	49085	25045
安顺	18367	15268	27550	22537	27086	20624	30901	22997	30901	13609
惠水	18254	15420	27116	24293	27023	23085	31514	24604	31526	20720
平越	8678	7869	12385	11799	12202	11440	14231	11684	14205	8960

* 材料来源：根据本省田赋粮食管理处造送资料编制。

续表

县市别	民国三十年		民国三十一年		民国三十二年		民国三十三年		民国三十四年	
	配征数	实征数	配征数	实征数	配征数	实征数	配征数	实征数	配征数	实征数
龙里	8675	8399	13280	12985	13145	12380	15367	11801	15083	5347
修文	8586	7810	12787	12519	12409	11617	14477	11574	14476	7875
息烽	6465	6339	9665	9092	9625	8684	11227	10216	11224	10554
开阳	12666	11754	19382	18891	19247	18278	22439	17339	22438	14539
贵定	14151	13348	20439	19129	19995	18486	23264	18084	23212	7090
平坝	10799	9565	18247	14760	18141	13944	21057	14346	19849	
清镇	12501	11372	18930	16794	18654	17135	21747	15137	21747	5058
瓮安	10900	9690	16100	14320	16255	13791	18444	14774	18499	8480
长顺	10285	8481	12352	10079	12212	9253	15595	9365	15376	4909
麻江	11271	10467	16367	13584	15999	12564	18723	10542	18722	8312
镇远	8719	8304	13536	11919	12953	11530	14597	12859	15128	10449
施秉	5400	4875	8304	7941	8361	8361	9253	9253	10004	6510
黄平	14532	13858	21522	19392	21297	18795	24798	20026	24820	13403
岑巩	12875	12342	16709	17825	20000	18200	23047	21639	23738	20260
天柱	13248	12488	19684	18987	19684	18353	21617	20238	21594	18155
台江			7852	4700	6918	4651	7265	8610	6561	4959
锦屏			11080	11635	11202	11215	13829	12970	13828	10241
三穗	7121	7007	10451	9876	10141	9599	11833	10998	11808	8183
剑河	7776	7170	11658	8351	10638	9888	11377	10461	14401	6096
余庆					21171	19065	24613	21172	24701	23529
炉山	5751	5517	11522	9072	10522	10051	11320	9952	11702	9715
独山	16893	9	25339	20017	25216	17645	29419	11403	28076	7992
榕江	11812	3497	19752	11462	17815	13222	20303	15782	20376	
黎平	30420	28281	28399	25991	30302	22392	35236	25925	35185	19788
罗甸	8720	6388	12814	9900	12814	8718	14609	10244	14616	6294

续表

县市别	民国三十年		民国三十一年		民国三十二年		民国三十三年		民国三十四年	
	配征数	实征数	配征数	实征数	配征数	实征数	配征数	实征数	配征数	实征数
都匀	13897	12758	20809	19833	20809	17689	24273	15047	24030	6354
平塘	10679	9999	15715	14642	15694	13704	18414	12905	18482	3300
荔波			19685	14487	19827	11806	21909	6064	22417	450
从江	14124	11449	21189	14789	21417	10074	24125	17341	23788	
丹寨	8697	8137	12790	12569	12836	11123	12069	9269	11820	
三都	9736	13	14533	11392	14533	9245	16735	4210	16735	537
兴仁	8522	8104	12872	10678	12872	9497	14484	11403	14483	10494
兴义	16165	15169	24248	16555	22124	18083	27409	20886	27408	10409
安龙	13609	12981	20223	17107	19728	11209	23016	13029	23004	6236
盘县	12070	10753	17948	13623	17948	13514	20830	14918	20829	13043
郎岱	11206	11001	16325	14063	16325	13171	18823	14091	18784	
关岭	8928	7140	11988	9387	11918	9080	13301	9551	14457	6665
镇宁	10935	10421	15354	14895	15009	14465	17665	15770	19200	7095
望谟	6500	4840	7905	7805	6960	6106	8179	6190	7778	1551
紫云	6485	5258	9114	7091	9343	7722	10904	7831	10681	5213
普定	12295	10978	17629	13301	17588	13762	20526	14486	20526	4319
贞丰	9946	8823	14882	9979	15096	7417	16070	7395	17091	6116
晴隆	5430	4949	8709	6865	7768	6024	9063	6645	9063	5229
普安	5461	5110	7845	6926	7494	5216	8743	7076	6502	5219
册亨	6376	5609	9419	8368	8670	7165	10365	8528	10365	
毕节	16340	16715	21760	20979	20932	18837	23606	18007	22123	11434
大定	22407	17626	31381	20815	36611	20767	31214	21737	31218	20785
纳雍	11793	8791	18257	13015	18257	9678	20188	7862	20119	8472
黔西	22707	20486	30426	28737	27902	23207	32662	24664	32846	11804
金沙	16526	15450	26273	21865	25927	18041	28892	16553	28891	10858

续表

县市别	民国三十年		民国三十一年		民国三十二年		民国三十三年		民国三十四年	
	配征数	实征数	配征数	实征数	配征数	实征数	配征数	实征数	配征数	实征数
威宁	14316	16476	18837	10308	16156	8184	15167	8434	18245	
赫章	7213	6106	10232	7733	9079	6074	9093	6594	9263	3751
水城	11999	6813	17999	10340	15632	10847	17707	10444	13707	7627
织金	24425	24670	34114	32277	28562	26968	33322	24007	33263	19009
遵义	51733	48064	75345	73953	73496	70008	85186	79693	84008	67683
桐梓	16827	18537	30335	27749	30334	28151	32996	28883	33903	22028
正安	15506	15158	23259	21944	22323	21102	25148	19690	25106	8537
道真	8897	8897	13282	13279	13160	13160	15339	15339	15323	5772
赤水	15268	14376	22902	19596	20242	17248	23616	17397	23641	9465
务川	18208	16026	23047	22799	23313	21169	25310	23570	27469	11509
仁怀	13066	2848	19429	19291	19391	19003	27060	20593	21059	
绥阳	16338	5930	24508	22978	23663	20335	23381	20617	27501	18819
湄潭	19327	19274	28556	28363	28594	27344	30581	28827	32902	26444
凤冈	15036	14571	22768	21830	21493	20013	24990	21951	25329	18070
习水	18689	17060	25738	22670	23721	21489	26782	21513	27632	9572
铜仁	9946	8308	14117	11571	15428	9760	17737	12236	17782	3618
思南	16160	14998	23617	21772	22523	20962	26277	22810	26263	15902
松桃	24313	21881	35599	24702	35599	13676	38281	12072	38281	
沿河	20707	18795	31061	23275	30844	20309	27782	20596	29079	7923
江口	10303	10062	14496	12535	15469	11036	16456	13275	16449	6769
石阡	11931	11502	15126	14528	14516	13568	16935	15926	16807	9200
玉屏	8723	7985	12730	11232	12303	11328	14548	12687	14548	266
印江	12398	11508	17895	17355	17895	51712	20452	16972	19647	4342
德江	12209	11977	21009	19764	21122	19172	23469	21502	23468	12746
雷山	205		997	237	1135	317	4455	4019	4455	3027

综合上述三份表格,以贵州省民国三十年(1941年)度田赋征收实际情况来看,全省的田赋征实工作还是进行得相当顺利的。该年度配征总额996154市石,实际完成征收871130市石,完成率高达87.45%,扣除部分地区可能受到的自然灾害影响,如此高的实征率实在令人惊叹,故此由财政部关吉玉、刘国明在其编纂的《国民政府田赋实况》(下卷,中华民国三十三年二月初版)一书中不惜浓墨提出表扬。该书作者总结指出:黔省地瘠民贫,田产稀少,此次田赋改征实物,事属创举,而征实成数,竟达百分之一零四以上,成绩实属优异(按该书第102页有如下统计数字:贵州省在民国三十年(1941年)度田赋总额为5215460元,每元折征二市斗,共应折征百余万石。由于贵州地瘠民贫,加之多数地区交通不便,经核准正安等十二县,准予折征法币。黔西等十六县,搭成征收包谷。其余贵筑等五十县,仍然征收稻谷。前项总额中以858879元应征实物折征法币,共计征收法币9430296元。其余4356581元折征稻谷760675石及搭征包谷110641石)。这些数据虽与上述表格有所出入,但仍然可以窥豹一斑,总体看出当年贵州省田赋征实的完纳概况。随后作者进一步总结了贵州省征收工作的若干经验如下:

一是全省各县土地陈报办理完竣,地籍与科则分明,人民负担比较公平;

二是县以下经征机关与经收机关,配合得宜,仓库配置得当,人民缴纳实物称便;

三是斟酌各县特殊情形,分别征收稻谷包谷或回征法币,因地制宜,而不强民所难;

四是遵义利用保甲组织,催征田赋,以乡镇为单位,组织完粮大队,乡镇长为大队长,保长为分队长。乡镇长与保长按规定期限,率队完粮,办法尚好,完粮踊跃;

五是各县多有对开征后最先完纳之前三名,予以爆竹红花匾额等名誉奖励。该书同时也指出了由于当年草创,政府工作人员准备的不足及交通条件限制等不利因素。

总体来看,扣除影响田赋征实的不利因素如政局变动(如1942年黔东事变、1944年黔南事变)、自然灾害,贵州省的田赋改征实物工作进展还是比较顺利的。这一方面反映了新政策确实存在相当的积极因素,同时也体现出贵州人民拥护国家、支援抗战的热情。在1941年至1945年的五年中,贵州全省征集粮食总额为稻谷12421209市石,平均每人约为1.2市石。

3. 军粮征借

贵州省在田赋征收实物顺利进行以后,所征收的稻谷数量仍然不能满足当时军粮的需要,两者之间的差额大约为 2/3 即军粮需要的数额为 2243730 石,约为全省所产粮食的 1/20,因此,军粮的配购是按照按照田赋的征收数量而分配的,按照政府对军粮价格的规定指出:军粮的价格由该地县政府参照当地的市场价格来制定,一次全数付价,以免出售户长久的等待或是因为当时市场价格的差异而产生之感。至于当时购置军粮的价款,一般是以配发粮食库券来支付,由于粮食库券在贵州省没有能够通行使用,所以经过贵州省与中央政府商定后决定,实行与米互换,交由政府作为购置军粮的款项,这种措施有着很大的益处,那就是当时法币价格流通混乱,这样就规避了与法币流通价格变化而带来的差额。❶

贵州省在民国二十八年(1939 年)设立贵州粮食委员会,遵照国民党中央政府的命令办理后方军粮总库六个月屯粮,计米一十六万八千大包。民国二十九年(1940 年)计米二万大包。民国三十年(1941 年)全年所需军粮一百八十万市石。

表 4-8　民国三十年至三十四年征实购借县级公粮配征数与实征数表*

单位:稻谷市石

年度	项别	田赋征实	军粮购借	县级公粮
民国三十年	配征数	996154	1217660	498192
	实征数	871130	876678	435081
民国三十一年	配征数	1490691	1429312	499895
	实征数	1285303	1114900	428330
民国三十二年	配征数	1482108	1500590	494035
	实征数	1205150	1286802	401717
民国三十三年	配征数	1676629	1558100	479176
	实征数	1261763	1296243	360648
民国三十四年	配征数	1680491	1695027	479806
	实征数	753734	580081	634790

---

❶ 秦孝仪.《革命文献》第一一六辑抗战建国史料——田赋征实(三)[M].台北:中央文物供应社股份有限公司,1989:417.

* 贵州省人民政府财政经济委员会.贵州财经资料汇编[M].贵阳:贵州省人民政府财政经济委员会,1950:395.

军粮在民国三十年(1941年)为债务,三十一年(1942年)为半征半借,三十二年(1943年)为半征半借,三十三年(1944年)以后全部征借。

表4-9 贵州省各县市征借军粮表* 单位:市石

县市别	民国三十年		民国三十一年		民国三十二年		民国三十三年		民国三十四年	
	配征数	实征数	配征数	实征数	配征数	实征数	配征数	实征数	配征数	实征数
总计	1217660	876678	1429312	1114900	1500590	1286802	1558100	1296243	1695027	580081
贵筑	15000	15000	16500	15085	27000	26583	38000	33226	38800	18433
安顺	48900	46686	53800	47390	46000	39469	30000	26347	30000	12355
惠水	15894	15894	19758	19212	30000	29877	31597	31597	31000	9515
平越	9868	9868	15016	15016	12301	12301	14000	9880	14000	8960
龙里	3000	3000	6600	6600	14000	14000	18049	16822	15000	5273
修文	15778	5733	6429	6376	13000	12318	14000	11875	14000	6492
息烽	1500	1500	1701	1701	5000	5000	8000	7711	82000	7880
开阳	10818	10818	15988	21988	21000	20524	22000	19647	22000	7075
贵定	17164	17164	19152	19152	22000	21056	23000	18999	23000	6908
平坝	25500	25500	28000	23517	21000	21000	21000	20110	19800	
清镇	6000	6000	6600	6600	21000	18316	21000	17511	21000	3559
瓮安	13408	13408	12495	11429	18000	16140	18000	16108	18000	8473
长顺	9600	8168	9569	8663	16000	14332	15000	10521	15000	4176
麻江	12136	12316	15290	15154	16200	15064	33476	27556	18000	6053
镇远	6300	6300	6932	5602	8000	7088	11500	10221	11800	8277
施秉	7871	7871	8832	8832	11000	11000	10060	10060	10000	6519
黄平	12000	10999	22000	24420	31000	29017	25000	21380	24800	14650
岑巩	13000	11607	16800	15397	22000	20369	24000	23398	23700	22434
天柱	36000	27755	26000	24528	25000	24571	21000	20648	21000	18219
台江			10200	8900	7435	5506	7000	6440	6500	4725
锦屏			5200	5093	14000	13815	13000	12704	13000	9806
三穗	18681	18681	15017	12314	12000	11495	11000	10681	11000	2026
剑河			13200	11484	13000	11948	12000	11577	12000	5863
余庆					24000	22544	24000	22725	24000	22971

* 材料来源:根据本省田赋粮食管理处造送资料编制。

续表

县市别	民国三十年		民国三十一年		民国三十二年		民国三十三年		民国三十四年	
	配征数	实征数	配征数	实征数	配征数	实征数	配征数	实征数	配征数	实征数
炉山			16603	16603	12000	11850	11000	10322	11000	9534
雷山					2533	807	4004	3906	3027	4000
独山			20000	19297	28000	22631	28000	18412	18000	5604
榕江	39000	571	25000	19640	20000	20000	20000	15853	20000	
黎平			8300	8276	31000	24982	35000	29690	35000	18543
罗甸			5200	3591	7004	6504	10500	10132	10800	2841
都匀	27000	24106	27018	25962	25000	22734	23000	18226	23000	6306
平塘	7800	6273	8683	8291	17000	15996	18000	15717	18000	873
从江			8597	7565	10000	7641	17000	13930	17500	
荔波	33000	26802	20000	14307	21000	11273	22000	10664	22000	3380
丹寨	10800	10145	11900	11646	13000	12481	12000	9456	11800	
三都	13800	13800	15200	12635	16000	13985	16000	6975	16000	570
兴仁	34500	15787	18781	4569	14000	10107	14000	12125	14000	9782
兴义	63900	38951	40300	7286	34000	24724	27000	27000	27000	12107
安龙	63000	31892	69329	41485	38000	19146	13000	7866	23000	4673
盘县	42000	24217	46200	24257	25400	19968	20000	15544	20000	10453
郎岱	21624	12757	23155	17567	23000	19609	18000	14164	22000	3380
关岭	24000	17350	19172	14118	19000	13265	14000	10898	14000	5169
镇宁	20424	20424	21344	20751	21000	19225	19000	17307	19000	5393
望谟			3900	3900	5000	3660	9000	6808	7800	1562
紫云	10200	8202	10094	9661	11000	9900	10000	8003	10000	1126
贞丰	30000	6091	33019	6627	23025	10302	17000	13289	17000	1370
普定	27600	15566	30400	18106	20000	16632	20000	18080	20000	2972
晴隆	17400	13664	19100	17368	11000	9954	9000	8174	9000	4790
普安	18000	13208	17856	17664	11000	9264	9000	8398	9000	4045
册亨	10800	10122	11900	7654	10000	6002	10000	7421	10000	
毕节	25100	15799	38600	20567	30000	15633	23000	17267	22100	2472
大定	18000	10233	19800	11926	15000	12713	23000	19272	23600	15093
纳雍	21000	2025	23503	8958	18000	14581	20000	16010	20000	7380

续表

县市别	民国三十年		民国三十一年		民国三十二年		民国三十三年		民国三十四年	
	配征数	实征数	配征数	实征数	配征数	实征数	配征数	实征数	配征数	实征数
黔西	18000	10254	19804	14626	24000	19622	29500	22674	29800	8230
金沙	21273	8153	21500	16996	28000	20615	28180	17731	28000	7323
威宁	8077	6111	4000	2700	4000	2613	11000	5685	11300	
赫章	3454	1683	10000	5169	7000	5047	10000	8543	9000	3643
水城	24300	9019	26700	5373	19000	12301	16000	13662	13700	8945
织金	42000	38843	30000	25574	38000	30430	33000	13406	33000	5357
遵义	68380	68425	77324	75881	77600	73253	85000	79339	85000	49102
桐梓	10200	9709	11200	7999	10000	9808	22000	18415	22900	12263
正安			14403	13373	20000	19020	25000	20600	25000	1791
赤水			2000	1900	8000	5726	15500	5543	16100	3005
务川			14130	14130	17000	15869	22000	19797	22400	3992
仁怀	6720	6579	5341	5341	10000	10000	15500	15464	15900	
绥阳			35435	31354	32000	28142	27000	24548	27000	8528
湄潭	33000	21246	36137	34078	34000	32185	33000	30314	33000	27747
凤冈	22200	16800	22000	21249	27000	25793	25000	22603	25000	12659
道真			5190	5190	6000	6000	10500	10500	10900	7645
习水			2000	1739	8000	6611	17500	14004	18300	8522
铜仁	3750	3750	4000	3786	12000	7874	145000	12263	14000	2946
思南	21600	20191	23800	23359	27000	26416	26000	24978	26000	17643
松桃			8179	7269	15092	12348	26500	12394	27400	
沿河			9070	4878	10000	8898	18500	14316	19300	5001
江口	21900	18895	24005	18117	17000	14193	16000	12137	16000	892
石阡			13361	13275	17000	17000	16734	16734	16000	7767
玉屏	6300	6300	6900	6563	14000	13469	14000	13464	14000	34
印江	19500	18907	21500	19350	20000	18700	19000	16919	19000	4299
德江			7300	6810	18000	16117	24000	21365	23000	8582

表 4-10 贵州省民国三十四年田赋征实军粮征购表 *

年度别	民国三十四年					
项　目 区县别	田赋		军粮购借		县级公粮	
	征数	实征数	征数	实征数	征数	实征数
总计	1680651	753734	166207	580081	479806	634790
贵阳专区	222666	109617	279800	77789	63647	37706
贵筑	49085	25045	38800	18433	14024	7142
惠水	31526	20720	31000	9515	9007	5735
修文	14476	7875	14000	6492	4136	2245
开阳	22438	14539	22000	7075	6441	5441
清镇	21747	5053	21000	3559	6213	1447
安顺	15376	4909	15000	4176	4393	1402
龙里	15083	5347	15000	5278	4309	1670
贵定	28212	7090	23000	6908	6632	2025
瓮安	18499	—	—	—	—	—
息烽	—	—	—	—	—	—
安顺专区	119941	30236	12800	25226	31135	6814
安顺	30901	13609	30000	12355	8826	3995
普定	20526	4319	20000	2972	2741	1371
平坝	19849	—	19800	—	5671	—
镇宁	19200	7095	19000	5393	5480	—
郎岱	18784	—	22000	3380	5366	—
紫云	10681	5213	10000	1126	3051	1488
镇远专区	182740	134527	171827	119124	51609	36966
镇远	15128	10449	11800	8377	4322	2985
黄平	24820	13404	24800	14650	7091	3837
炉山	11702	9715	11000	9534	343	2840
余庆	24701	23529	24000	22971	7057	5954
台江	6561	4959	6500	4725	1847	636
天柱	21594	18155	21000	18219	6170	5271
锦屏	13828	10241	13000	9806	3951	2925
施秉	10004	6510	10000	6519	2858	1859
岑巩	23738	20260	23700	22434	6782	5788
三穗	11808	8183	11000	2026	3373	2266
剑河	14401	6096	12000	5863	3543	1741
雷山	4455	3027	3027	4000	1272	864

* 表格来源:贵州省人民政府财政经济委员会.贵州财经资料汇编[M].贵阳:贵州省人民政府财政经济委员会,1950:400.

续表

年度别	民国三十四年					
项目	田赋		军粮购借		县级公粮	
区县别	征数	实征数	征数	实征数	征数	实征数
铜仁专区	202324	60766	174700	47164	57802	17822
铜仁	17782	3618	14000	2946	5080	1033
思南	26263	15902	26000	17643	7503	4541
松桃	38281	—	27400	—	10937	—
印江	19647	4342	19000	4299	5613	1668
沿河	29079	7923	19300	5001	8308	2311
玉屏	14548	266	14000	34	4156	71
德江	23468	12746	23000	8582	6705	3640
石阡	16807	9200	16000	7767	4801	2628
江口	16449	6769	16000	892	4699	1930
独山专区	248452	62023	224100	53130	70981	19033
都匀	24030	6354	23000	6306	6865	1815
独山	28076	7992	18000	5604	8021	2283
麻江	18722	8312	18000	6053	5349	3347
榕江	20376	—	20000	—	5821	—
平越	14205	8960	14000	8960	4058	2554
平塘	18482	3300	18000	873	5280	942
罗甸	14616	6294	10800	2841	4176	1798
荔波	22417	450	22000	3380	6404	1156
三都	16735	537	16000	570	4781	152
从江	23788	—	17500	—	6796	—
黎平	35185	19788	35000	18543	10054	4986
丹寨	11820		11800		3376	
毕节专区	206675	93740	271500	58443	59042	31228
毕节	22123	11434	22100	2472	6320	3260
大定	31218	20785	23600	15093	8919	5938
黔西	32846	11804	29800	8230	9384	3372
威宁	15245	—	11300	—	4355	—
金沙	28891	10858	28000	7323	8254	3102
织金	33263	19009	33000	5357	9500	5042
水城	13707	7627	13700	8945	3916	2179
赫章	9263	3751	90000	3643	2646	5005
纳雍	20119	8472	20000	7380	5748	3330

续表

年度别	民国三十四年					
项目	田赋		军粮购借		县级公粮	
区县别	征数	实征数	征数	实征数	征数	实征数
遵义专区	343873	197899	291500	135254	98536	62323
遵义市	—	—	—	—	—	—
遵义县	84008	67683	85000	49102	24233	19281
桐梓	33903	22028	22900	12263	9786	6428
仁怀	21059	—	15900	—	6016	2005
正安	25106	8537	25000	17791	7172	2452
湄潭	32902	26444	23000	27747	9400	5771
习水	27632	9572	18300	8522	7849	6147
赤水	23641	9465	16100	3005	6754	2711
绥阳	27501	18819	27000	8528	7863	5374
凤冈	25329	18070	25000	12659	7238	5145
道真	15323	5772	10900	7645	4377	3722
务川	27469	11509	22400	3992	7848	3287
兴仁专区	150980	54962	150800	53951	43900	22711
兴仁	14838	10494	14000	9782	4138	3295
盘江	20829	13043	20000	10453	5951	3726
兴义	27408	10409	27000	12107	7830	2974
贞丰	17091	6116	17000	1370	4883	1747
安隆	23004	6236	23000	4673	6572	1782
晴隆	9063	5229	9000	4790	2589	1494
关岭	14457	6665	14000	5169	4130	1912
望谟	7778	1551	7800	1562	2222	4410
册亨	10365	—	10000	—	2961	—
普安	6502	5219	9000	4045	2714	1371

表 4－11　贵州省民国三十五年田赋征实军粮购借表*

年度别	民国三十五年					
项　目 区县别	田赋		军粮购借		县级公粮	
	征数	实征数	征数	实征数	征数	实征数
总计	957494	770229	957494	759142	481249	362840
贵阳专区	126969	104476	126969	102307	66380	47764
贵筑	28022	174666	28022	174666	14011	6269
惠水	17905	14437	17905	14437	8953	7219
修文	8244	7222	8244	7457	4122	3697
开阳	12821	11249	12821	11062	9411	5625
清镇	12426	10210	12426	10210	6123	5010
安顺	8784	8766	8784	6736	4375	3056
龙里	8601	7930	8601	7902	4301	3965
贵定	13231	11615	13231	11456	6616	5686
瓮安	10567	9541	10567	9541	5184	4217
息烽	6368	6040	6368	6040	3184	3020
安顺专区	68493	50355	68493	48650	34249	21612
安顺县	17656	12644	17656	13042	8828	5032
普定	11729	8340	11729	9728	5865	3790
平坝	11341	9104	11341	9127	5671	4552
镇宁	10971	8342	10971	8342	5486	3403
郎岱	10733	7572	10733	5130	5367	3786
紫云	6063	4353	6063	3281	3032	1049
镇远专区	163087	90355	103087	93194	515528	43954
镇远	8614	7006	8614	7101	4307	3248
黄平	14087	11248	14987	11315	7044	563
炉山	6691	5792	6691	5914	3346	2857
余庆	14101	12260	14101	13372	7051	5810
台江	3748	3424	3784	3179	1874	1495
天柱	12283	11189	12283	11869	6142	5387
锦屏	7889	7298	7889	7574	3945	3612
施秉	5706	4620	5706	4592	2853	2310
岑巩	13561	13504	13561	13504	6781	
三穗	6740	6521	6521	6740	3370	
剑河	7086	5261	5261	7086	3543	
雷山	2545	2232	2232	2545	1272	

---

* 表格来源:贵州省人民政府财政经济委员会.贵州财经资料汇编[M].贵阳:贵州省人民政府财政经济委员会1950:400.

续表

年度别	民国三十五年					
项目	田赋		军粮购借		县级公粮	
区县别	征数	实征数	征数	实征数	征数	实征数
铜仁专区	115553	91637	115553	97100	57778	44836
铜仁	10161	5859	10161	7233	5081	2305
思南	14948	13688	14948	13780	7474	6807
松桃	21872	15999	21872	15378	10936	7999
印江	11231	10871	11231	9928	5616	4860
沿河	16616	12315	16616	12561	8308	4717
玉屏	8312	7406	8312	7665	4156	3652
德江	13410	13034	13410	12802	6705	6482
石阡	9603	8663	9603	9397	4802	4184
江口	9400	7802	9400	8356	4700	3830
独山专区	139945	106070	139945	114524	69975	49834
都匀	13680	11835	13680	12092	6840	5838
独山	16043	9829	16043	11874	8022	5041
麻江	10696	9007	10696	9278	5348	4168
榕江	11643	9112	11643	9320	5822	4556
平越	8078	6687	8078	6687	4039	3270
平塘	10560	7719	10560	8257	5280	3213
罗甸	8352	7014	8352	7670	4176	3144
荔波	12810	6787	12810	6787	6405	2318
三都	9562	8321	9562	8040	4782	4161
从江	13593	9530	13593	12330	6797	4761
黎平	18174	15107	18174	16685	9087	6990
丹寨	6754	5122	6754	5504	3377	2374
毕节专区	117917	91421	117917	84564	58936	45033
毕节	12621	6611	2621	6069	6311	4363
大定	17799	13429	17799	14988	8900	8030
黔西	18727	15854	18727	15574	9364	7737
威宁	8711	4410	8711	1608	4356	2205
金沙	16509	15184	16509	13939	8225	6420
织金	18923	16729	18923	16729	9462	8365
水城	7832	6347	7832	5988	3917	3172
赫章	5299	3941	5299	3595	2650	1852
纳雍	11496	5316	11496	6074	5748	2889

续表

年度别	民国三十五年					
项　目	田赋		军粮购借		县级公粮	
区县别	征数	实征数	征数	实征数	征数	实征数
遵义专区	**196782**	**167143**	**196782**	**156951**	**98394**	**88942**
遵义市	—	—	—	—	—	—
遵义县	48648	41555	48648	36865	24234	24762
桐梓	19372	16657	19372	14615	9686	11044
仁怀	12030	11961	12030	11209	6016	5978
正安	14346	13628	14346	13658	7173	6814
湄潭	18797	17358	18797	15031	9399	8427
习水	15748	13732	15748	14196	7874	6385
赤水	13493	5863	13493	4848	6747	2922
绥阳	15690	14458	15690	14268	7845	7072
凤冈	14382	12610	14382	12538	7191	5915
道真	8759	8063	8759	8190	4380	4032
务川	15697	11258	15697	11533	7840	5557
兴仁专区	**88784**	**61320**	**88784**	**61852**	**44394**	**23699**
兴仁	8276	6079	8276	5957	4138	2918
盘江	11900	7584	11900	6966	5950	2424
兴义	15647	12568	15647	13548	7824	3826
贞丰	9764	6658	9764	6511	4882	2976
安龙	13141	6533	13141	6533	6571	1292
晴隆	5178	3652	5178	3666	2589	1594
关岭	8255	6022	8255	5597	4128	2614
望谟	5270	4152	5270	4152	2635	2748
册亨	5923	4347	5923	4347	2962	1925
普安	5430	3734	5430	4575	2715	1362

4. 积谷

积谷防荒，是地方的要政之一，最开始的时候是本省的某一些县份，一部分热爱公益的人士，看到灾荒经常发生，每年春耕青黄不接的时候，农民的生计非常的困苦，曾组织一些由地方人士自动捐助与自行管理的义仓。民国二十五年（1936）国民党中央政府要求地方按照人口来计算，存储三个月的粮食，用来救助灾荒和解决农民的困难，通令各省办理积谷。贵州省于是年十一月份接到通令后，即转令各县按照人口计算，在五年内募集积谷，暂时以募足一个月的粮食为标准，并将各个地方原有的义仓和社仓,改为积谷。各县除了将原有的义仓和社仓,改为积谷外,主要的积谷来源是像田赋、业税、房捐及其他商业利息较多的募集,但在实际上,各县均采用派募谷方式募集。自民国二十五年(1936年)开始办理到民国三十年(1941年)为止,均是采用此种方法,结果因为摊派不公,稽核困难,拖延和不缴的较多,而且已经缴纳的也多是打存条,以至于多数的县份,仅是有空虚的积谷数字,而没有真正的积谷存粮。

表 4-12 贵州省各县市自民国十六年至三十一年积谷数量比较表 *

单位:市石

年度	稻谷数	年度	稻谷数
民国二十六(1937年)	100226.02	民国二十九(1940年)	293682.60
民国二十七(1938年)	156321.01	民国三十(1941年)	370856.28
民国二十八(1939年)	216226.03	民国三十一(1942年)	397130.00

民国三十二年(1943年)中央政府通令各省将积谷募集办法改为随赋带征,贵州省三十二年(1943年)的积谷,是随三十三年(1944年)度田赋征实附征,三十四年(1945年)的积谷,即随当年的田赋征实附征,其附征的方法即赋一元附征谷一市斗,民国三十二年(1943年)、三十四年(1945年)两年因资料散失,详细的具体数字已经难于稽考。自此后的各年,均因为当时的客观实际情况、奉令免于征收。

5. 公粮

抗日战争时期,国民政府将政府掌握的粮食配发给不同的目标人群,有军粮、公粮、民食之分。军粮供给军队将士食用,民食供给一般民众食用,公粮供给公教人员食用。公粮配给制度是一项以改善公教人员生活为宗旨,免费或平价定量供应粮食的粮食分配制度。贵州省的省用公粮,主要是由贵州省政府粮政局来管理,本省所收的公粮除了配发军粮外,就是奉令配售民粮,以及专门救济邻省粮食和贵州大学粮食等。表(4-13)是民国三十年(1941年)到民国三十四年(1945年)贵州各县的县级公粮配征数和实征数。

* 表格来源:贵州省人民政府财政经济委员会.贵州财经资料汇编[M].贵阳:贵州省人民政府财政经济委员会,1950:400.

表 4-13 贵州省各县市县级公粮表* 单位:市石

县市别	民国三十年		民国三十一年		民国三十二年		民国三十三年		民国三十四年	
	配征数	实征数	配征数	实征数	配征数	实征数	配征数	实征数	配征数	实征数
总计	498192	425081	499895	428330	494035	401717	479176	360648	479806	634790
贵筑	13526	13115	14131	11869	14046	12550	13998	10477	14024	7142
惠水	9127	7710	9039	8098	9008	7695	9004	7030	9007	5735
平越	4339	3935	4128	3933	4067	3813	4066	3338	4058	2554
龙里	4338	4200	4427	4328	4382	4127	4391	3372	4309	1670
修文	4293	3905	4262	4173	4136	3872	4126	3307	4136	2245
息烽	3228	3170	3222	3031	3208	2895	3208	2916	3207	2016
开阳	6333	5877	6461	6297	6416	6093	6411	4954	6410	5441
贵定	7076	6674	6813	6376	6665	6162	6647	5170	6632	2025
平坝	5500	4783	6082	4920	6047	4648	6016	4099	5671	
清镇	6251	5686	6310	5598	6218	5712	6213	4325	6213	1447
瓮安	5450	4845	5367	4767	5418	4597	5270	4221	5285	7583
长顺	5143	4241	4117	3360	4071	3084	4456	2676	4393	1402
安顺	9184	7634	9183	7512	9029	6875	8829	6571	8826	3995
麻江	5636	5234	5456	4528	5333	4188	5349	3012	5349	3374
镇远	4360	4152	4512	3873	4319	3843	4171	3703	4322	2985
施秉	2700	2438	2768	2647	2789	2786	2629	2629	2858	1859
黄平	7281	6929	7174	6464	7099	6265	7085	5722	7091	3837
岑巩	6438	6171	6570	5942	6667	6067	6585	6183	6782	5788
天柱	6624	6244	6561	6329	6561	6118	6176	5782	6170	5271
台江			2617	1567	2306	1550	2076	2460	1874	636
锦屏			3693	3878	3734	3738	3951	3706	3951	2925
三穗	3561	3504	3484	3292	3380	3200	3381	3142	3373	2266
剑河	3888	3585	3886	2784	3546	3296	3251	2989	3543	1741
余庆					7057	6355	7032	6049	7057	5954
炉山	2876	2759	3507	3024	3507	3350	3234	2843	3343	2840

* 材料来源:根据本省田赋粮食管理处造送资料编制。

续表

县市别	民国三十年		民国三十一年		民国三十二年		民国三十三年		民国三十四年	
	配征数	实征数	配征数	实征数	配征数	实征数	配征数	实征数	配征数	实征数
雷山	103		332	79	378	106	1273	1148	1272	864
独山	8447	5	8446	6672	8405	5881	8405	3258	8021	2283
榕江	5906	1749	6251	3821	5938	4407	5801	4509	5821	
黎平	15210	9141	9466	8664	10067	7464	10067	7407	10054	4983
罗甸	4360	3194	4271	3300	4271	2906	4174	2927	4176	1798
都匀	6949	6379	6936	6611	6935	5896	6935	4299	6865	1815
平塘	5340	5000	5238	4881	5231	4568	5261	3687	5280	942
从江	7062	5714	7063	4930	7139	3358	6893	4955	6796	
荔波			6562	4829	6609	3935	6260	1733	6404	1156
丹寨	4349	4069	4263	4190	4279	3708	3463	2648	3376	
三都	4868	7	4844	3797	4844	3082	4781	1203	4781	152
兴仁	4261	4052	4291	3559	4291	3166	4138	3258	4138	3295
兴义	8083	7585	8083	5518	7375	6028	7831	5968	7830	2974
安龙	6805	6491	6741	5702	6576	3736	6576	3723	6572	1782
盘县	6040	5377	5983	4541	5983	4505	5951	4262	5951	2726
郎岱	5603	5501	8442	4688	5442	4390	5378	4026	5366	
关岭	4464	3570	3929	3129	3973	3027	3800	2729	4130	1912
镇宁	5468	5211	5118	4965	5003	4822	5047	4506	5480	
望谟	3250	2420	2635	2602	2320	2035	2337	1769	2222	4410
紫云	3243	2629	3038	2364	3114	2574	3115	2237	3051	1488
贞丰	4973	4412	4961	3326	5032	2472	4591	2113	4883	1747
普定	6148	5489	5876	4434	5863	4587	5865	4134	2714	1371
晴隆	2715	2475	2903	2288	2589	2008	2589	1899	2589	1494
普安	2731	2555	2615	2309	2498	1739	2498	2022	5864	1491
册亨	3188	2805	3140	2789	2890	2388	2961	2437	2961	
毕节	8170	8358	7253	6993	6797	6279	6745	5145	6320	3260
大定	11024	8813	10460	6938	12204	6922	8918	6211	8919	5938
纳雍	5897	4396	6086	4338	6086	3226	5768	2246	5748	3330

续表

县市别	民国三十年		民国三十一年		民国三十二年		民国三十三年		民国三十四年	
	配征数	实征数	配征数	实征数	配征数	实征数	配征数	实征数	配征数	实征数
黔西	11354	10243	10142	9579	9301	7736	9332	7047	9384	3372
金沙	8263	7730	8758	7288	8642	6014	8398	4729	8254	3102
威宁	7158	5238	6279	3437	5385	2728	4333	2410	4355	
赫章	3607	3053	3411	2578	3026	2025	2598	1884	2646	5005
水城	6000	3407	6000	3447	5211	3616	5059	2984	3916	2179
织金	12213	12340	11371	10759	9521	8989	9521	6859	9500	5042
遵义	25867	24032	25115	24651	24499	23336	24339	22769	24233	19231
桐梓	8414	9269	10112	9250	10111	9384	9427	8395	9786	6428
正安	7753	7579	7753	7315	7441	7034	7185	5626	7172	2452
赤水	7634	7188	7634	6532	6747	5749	6747	4971	6754	2711
务川	9104	8013	7682	7600	7771	7056	7221	6734	7848	3287
仁怀	6533	6424	6476	6430	6464	6334	7731	5869	6016	2005
绥阳	8169	7965	8169	7659	7888	6778	6680	5891	7863	5374
湄潭	9664	9637	9519	9454	9531	9115	8737	8236	9400	5771
凤冈	7518	7286	7589	7277	7164	6671	7140	6272	7238	5145
道真	4449	4449	4427	4426	4387	4387	4383	4383	4377	3722
习水	9345	8530	8579	7557	7907	7163	7652	6147	7894	6147
铜仁	4973	4154	4706	3857	5143	3253	5068	3496	5080	1033
思南	8080	7499	7872	7257	7508	6987	7508	6517	7503	4541
松桃	12157	10491	11866	8234	11866	4559	10937	3449	10937	
沿河	10354	9398	10354	7758	10281	7103	7938	5885	8308	2311
江口	5152	5031	4832	4178	5156	3679	4702	3793	4699	1930
石阡	5966	5751	5042	4843	4839	4523	4839	4550	4801	2628
玉屏	4352	3993	4243	3744	4101	3776	4157	3625	4156	71
印江	6199	4754	5965	5785	5965	5237	5843	4849	5613	1668
德江	6105	5989	7003	6588	7041	6391	6705	6143	6705	3640

民国时期,田赋仍以县作为主要标准来规定税额或税率,这就会产生田赋在省与省和县与县之间各有不同的现象。"以正税而论,如在甘肃一省,同一级别的地,在不同的县,负担的差额很大,最低的与最高的相差六七倍,有的甚至高出几十倍或成百倍之多。以附加税而论,如在四川省,1941年度,各县田赋附加对正税额之比率状况,在一百三十四个县中,附加税最少的为正税之百分之五十,最多的为十二倍,附加税最多的与最少的县分,二者相差达十六倍。"❶在这种情况下,没有一个统一的合理税则,田赋征实征购仍按旧额计算,自然会出现负担不平。凡有在县田赋附加较重的地方,征实征购数额必多,反之则较少,根据1941年国民党政府公布"战时各省田赋征收实物暂行通则"第三条规定:"凡未依法举办土地税区域,仍应依核定科则征收田赋。这就是说,1941年田赋征实和粮食征购,可以以过去的赋额为根据。这样执行的结果,轻重悬殊负担不平,势所难免。"❷在征实种类上,以稻麦为主,不产稻麦的地区可征等量之杂粮,但各地杂粮种类不一,粮与麦之比价出入很大,因此,很不公允,有的地区因战争或交通等条件限,也可折征"法币",但无统一折征标准,各地田赋原额不一和粮价有差,同是田赋一元,有的折征法币三十元(如云南),有的折征法币二十元(如福建),有的折征法币十二元(如湖北);同是稻谷一市石,有的折征法币二百元(广西),有的折征一百五十元(如四川),有的折征六十元(如浙江)。田赋征实的衡量工具也极不一致,衡器有新老、大小不同。同是一市石稻谷,一般按新制衡量器为一百零八斤,但在湖南省则规定一百三十斤;同是包谷一市石,一般省多规定为一百三十五斤,而在湖北省,则规定一百四十五斤。这也造成负担的轻重不等。征购粮食的价格与搭付币券的办法也极不一致。征购粮食的价格低于市价很大,姑且不论,在各地征购粮食的差价也相距很大。同是稻谷一市石,最高的在云南省为一百九十元,最低的在江西和安徽两省为六十元。贵州、安徽等省按法币与粮食库券或储蓄券各半比例搭发;西康、福建、湖北等省则按四成法币六成库券搭发;四川、广东、广西、湖南、陕西、河南、江西等省则按三成法币七成库券或储蓄券搭发。在搭发库券或储蓄券越多的地区,对农民是不利的,因为在农村中急需贷款或贷款人成分占得最多的是中农和黄农,他们不需要不能当作现钱使用的库券,因而在农村中有的农民把库券按券额减低若干成

---

❶ 朱玉湘.抗日战争时期国民党政府的田赋征实与粮食征购[J].山东大学学报,1963(1).
❷ 朱玉湘.抗日战争时期国民党政府的田赋征实与粮食征购[J].山东大学学报,1963(1).

让给富农或地主,这一方面,固然是由于农民无知被人套哄所致,但主要的还是由于借贷无门,不能不把床券像票据贴现一样,减低价格出让于别人。

湖南以产谷而素负盛名,田赋改征收实物,主要征集稻谷。湖南田赋征实推行的过程中,还伴随着"随赋带购""随赋带借"等征粮方式。征收实物是田赋征实的核心内容。1941年8月1日,湖南政府颁布了《湖南省田赋管理处战时征收实物实施办法》,规定田赋征收标准为:稻谷"折合率依各县1941年省、县正附税总额每国币1元折合稻谷2市斗计算"。此标准对于产粮多的县份来说,还算合理。而且征收实物,免除了粮农将粮食换为法币过程中的周折与剥削。开征时全省田赋额征应收稻谷为3170880余市石,但按照往年征收法币实际征得七成左右的情形来看,是年改征实物额定数为220万市石。通过各方面的努力,1941年度实际征实得谷约263万市石,超额完成预定目标。1942年,战事愈紧,货币贬值,国库贫乏,国民政府又将田赋征实的标准提高一倍,由原来每元征收2市斗增为4市斗。湖南省政府谨遵其指令,并加大力度征实,成绩颇佳,全年征实所得稻谷487万石,为抗战中征实最多的一年。1943年1月17日湖南省田粮处处长胡迈对湖南田赋征实的成绩称赞道:"自1941年秋田赋改征实以来,至本月共征稻谷1000万石,居全国第3位"。1944年抗日战争进入最后阶段。9月国民政府发布《战时田赋征收实物条例》,规定"征收棉花区域,按赋额每元折征皮棉5斤",于是棉纱、面粉、食糖等先后推行征实。湖南的棉花、布匹亦列入征实范围。是年日军大规模入侵湖南,全省大部分县份沦陷,农业生产遭受严重破坏,征实遭到严重影响,全年征实所得稻谷仅为228万市石,不足1942年的一半。田赋征实后,国民政府每年征得的粮食仍不能维持军粮供应,于是在征收实物外,又推出公买余粮政策,后为简便手续,又将公买余粮改为"随赋带购"。1942年8月,国民政府颁布了《修正田赋征收实物及随赋带购粮食办法》,小额粮户可以免征购,大额粮户采用累进办法征购,征购总额达到征购限额为止。湖南省正式将公买余粮改为"随赋带购",并具体规定随赋带购的标准:"湖田每田赋1元,征收田赋实物(稻谷)4市斗,带购军粮1.2石,共计1.6石;山田每田赋11元,征收田赋实物4市斗,带购军粮4市斗,共计8市斗"。征购的标准有所增加。同时由省粮政局核定本年计划购粮价格,每市石80元,三成平价支付现金,七成发放粮食库券或美金公债,从征购之年后的第三年起分5年平价偿还。由派购到田赋征实,再进而征购合一,避免了人们交纳粮食的繁琐。这种征购手续简便,实施以来,成绩卓著。全省1942年度随赋带购稻谷约580

万市石,结合征实所得,总量达 1067 万市石,约为当年全国征实征购稻谷总额 55880103 市石的五分之一。1943 年度征购 387 万石,亦位居全国省份征实征购前列。"随赋带借"因抗日前线军需浩繁,国民政府征实、征购所得仍不能供给;加之,粮食征购存在多种弊端,遭到社会的强烈反对。在各界强烈呼吁下,国民政府将随赋带购粮食改为随赋带借粮食。1944 年,国民政府为减轻国库负担,通令各省征购一律改为征借。湖南省亦以"紧缩通货"为名,将随赋带购改为"随赋带借",按"田赋 1 元征谷 4 市斗,并带征县级公粮 1.2 市斗,山田每赋 1 元借谷 6 市斗,湖田每赋 1 元借谷 10 市斗,次湖田借 6 市斗",山田全部由田主缴纳,湖田、次湖田按东六佃四的比例,分摊缴纳。随赋带借施行后,不发现金,并废除粮食库券,只在交粮收据上另加注明,作为征借的凭据。而且把县级和省级附加公粮随赋一起征收,实际上是田赋又增加了。❶

四川省在田赋征实中规定:每元折征两市斗,1941 年,四川省的附税预算为 533882564 元,县附加税预算为 30489243 元,折征税为 1800 万市石,农产谷物约为 1350030010 余万市石,后经与中央进行商酌,减少 1200 万市石。征收的标准为:每粮一两各征购十一市石,以现行的粮额 622500 多两计算。各县一律按照两取之定率额来征购,并采用两、元并用的方式,征购平摊的方法。❷ 四川省征购粮食都是按照各县原载粮额及正税折征银元来计算,不分大粮、小粮及其他各项名目,凡是征购稻谷的县份,按照每两十一市石,每元一市石的总和来除以二,这个与之前征收货币时候的办法略为等同。根据地方富裕程度的区别,每粮征税最低为市量六石三斗七升九合,在十石以下之各县份占全川县份总数 37%,十市石以上,十五市石以下者占 56%,十五市石以上,十九市石以下者,占 7%,所以平均征收税率为十一石五斗九升一合。本省不产稻谷的县份,可以征收小麦、玉蜀黍,与稻谷的折合率为稻谷一市石等于小麦七市斗或玉蜀黍八市斗,1941 年为一千两百万市石,1942 年为一千六百万市石。

---

❶ 黄均霞,胡忆红.抗战时期湖南田赋征实述论[J].当代教育理论与实践,2013,5(3).
❷ 秦孝仪.《革命文献》第一一六辑抗战建国史料——田赋征实(三)[M].台北:中国国民党中央委员会党史委员会,1989:95.

表4-14 抗战期间四川与国统区田赋征实数统计表*

项目 \ 年度	1941	1942	1943	1944
四川实收数(万市石)	1382	1658	1605	1941
国统区实收数(万市石)	4579	6617	6478	5428
四川占国统区(%)	30	5	25	35

注：品种：四川为稻谷，国统区主要是谷、麦。

江西辖83县，田赋1937—1940年各年均在530万元左右，为省库收入之大宗，1941年田赋改征实物并由国民政府接管后，数额骤增。派定江西赋额，1941年908万元，1942年646万元，1943年870万元，1944年825万元，平均较1941年前增加300多万元。❷ 除征实征购外，尚有派募积谷、余粮收购、加罚等多种粮征项目。总计，江西每年谷物派额约在1000万石。

田赋改征实物——稻谷，始于1941年。每赋一元折收稻谷二市斗，贵州省赋额共为稻谷861525市石，是年实征稻谷计794661市石。尚有回征法币之十二县，每赋一元收法币六元，共实回收法币一百六十四万余元。1942年，县粮政科扩充为县田赋管理处，统一办理经征及经收业务。是年征实，每粮一元折征稻谷三市斗，并附征县级公粮一市斗，共四市斗，较上年增加一倍。是年实征粮为1285303市石。1943年度实征为1205150市石；1944年度实征为1261763市石；1945年度实征为753734市石。以上实征稻谷共5300611市石，合927606925市斤。❸

---

* 侯德础.抗战时期四川田赋征实述评[J].四川师范大学学报,1988(6).
❷ 何友良.抗战时期江西粮食征供情况考察[J].抗日战争研究,1993(2).
❸ 李大光.抗日战争时期贵州人民的贡献和所受的损失[J].贵州文史丛刊,1985(3).

第五章 抗战时期贵州田赋征实的评价

品评田赋征实,观点不一。国民政府官方报纸《中央日报》说:"田赋征实是我国战时行政最大的成就之一。由于田粮征实,政府掌握了充分的粮食,以供给军食,调节民食。"美籍顾问杨格表明,"就财政措施言,这是支应战费支出必不可少的方法,对政府财政有所贡献。但由于执行上的技术问题,使人民对政府产生反感。"张嘉傲说:"田赋征实大体上解决了军队粮食供应的问题,但对个别农民有所伤害,因此其长期的政治及社会的影响,超过其能为军队提供廉价粮食的短期利益。"

如何评价,关键要从田赋征实的制度和效果层面,结合效益、民众的看法方可做出较公允的判断。

本章阐述贵州抗战时期田赋征实对国民政府财政和对军队的作用。实施过程中存不公平的现象,对民众造成一定的损害,使民众对国民政府失去信心,最终导致国民政府崩溃。

一 抗战时期贵州田赋征实的整体认识

贵州省在抗战时期田赋征实与其他省区一样,共进行了五届,征购、征借各进行了三届。完成任务的情况改变了过去田赋很难达到七八成的局面。不过,其中也有诸多不足,值得探究。

马克思曾说:"赋税是官僚、军队、教士和宫廷的生活来源,一句话,它是行政权力整个机构的生活源泉。强有力的政府和繁重的赋税是一回事。"[1]马克思的话高

---

[1] 马克思.马克思恩格斯选集(第1卷)[M]//路易·波拿巴的雾月十八日,北京:人民出版社,1995:681.

度概括了赋税在国家政权运行机制中的重要作用。马克思还说:"赋税是政府机器的经济的基础,而不是其他任何东西的经济的基础。"❶

常言道:"兵马未动,粮草先行。"粮食是军队胜败之本,决定着战争的最后结果。1937年抗战爆发,东南沿海相继沦陷,国民政府财政和粮食遇到空前的困难。为了抗战,国民政府将已划分给地方的田赋收归中央,并改征实物,从而形成相应的田赋征政策。

陈登原在《中国田赋史》中也说:"田赋之有关国计,有关民生,可谓其事至明。"❷田赋是中国历代政府的主要财政收入之一,明代以降,实行一条鞭法,由过去的征实物改征银两,沿袭至清末。民国建立后,最初仍沿用清代田赋制度,征收银两。

军阀统治贵州时期,田赋由贵州地方政府征收,作为地方财政重要来源之一。军阀十分重视田赋,"民国成立以来,中央政府日以借债过日……当局对于国内可以抵押之品,几至网罗殆尽,其税收一项,唯印花税及田赋二者,尚未抵去,前者为数区区,无济大事……至于后之田赋,以征收非集中一处,颇费周折,而此项税源,属于直接,易起人民反抗,故二者均未出抵"。❸

1928年国民政府基本统一全国,并统一财政,承认田赋为地方税收,又划分国家和地方财政两大系统。1928年,国民政府第一次全国财政会议召开,正式划归田赋为地方。各省把田赋列入省财政收入,田赋附加列为县级财政收入。中央的财政收入主要来自关税、盐税和统税。此后直到1941年国民政府第三次全国财政会议,田赋才重被收归中央。田赋划归地方政府,税率由地方政府根据土地贫瘠程度划定标准,计亩征收。一般分为夏秋两季,夏征称为上忙,秋征称为下忙,统一征收货币。还征收田赋附加。此次将地方政府划为省和县两级财政,省级财政主导县级财政。县级财政不足之数,依赖于田赋附加。可见,田赋附加是县级财政收入的重要来源。

(一)田赋收入占贵州省财政总收入的重要位置

一直以来,田赋收入在贵州省的财政收入中占一定比重,数字上并不能与其他

---

❶ 马克思.马克思恩格斯选集(第3卷)[M]//哥达纲领批判,北京:人民出版社,1995:315.
❷ 陈登原.中国田赋史[M].北京:商务印书馆,1936:8.
❸ 马寅初.中国财政之紊乱.上海,《申报》,1925-9-16.

省相提并论,但根据预算额度,田赋所占比例不能忽视。

表5-1 贵州省民国二十年至三十年田赋收入占财政总收入对比表

年份	田赋收入(元)	占财政总收入%	备注
民国二十年	665260	25.36	
民国二十一年	622738	21.38	
民国二十二年	691113	25.74	
民国二十三年	691113	15.06	
民国二十四年	因灾全免	因灾全免	因灾全免
民国二十五年	753041	9.99	
民国二十六年	409757	5.69	
民国二十七年	204876	0.40	半年概算数字
民国二十八年	691118	6.65	
民国二十九年	1260327	9.00	
民国三十年	4127267	14.40	
平均数	1011661	13.37	

民国二十三年(1934年)六月,国民政府召开第二次全国财政会议,颁布《划分省县收支原则》,实行省四县六分成制度。民国二十四年(1935年)颁布《财政收支系统法》,实行中央、省、县三级财政。民国二十五年(1936年)二月贵州省公布《贵州省划分省县收支标准》,按照省财政开支,民国二十六年(1937年)开始土地呈报,到民国二十九年完成,自民国二十九年(1940年)才按照中央制定的省四县六分成制度执行。民国三十年(1941年)国民政府召开第三次财政会议,为了抗战集中财权,把全国财政划分为国家财政和自治财政两大系统,省级财政划归中央,县级财政为自治财政。❶

当时贵州土地面积179470平方千米;耕地面积31223189市亩,田赋收入按亩摊算,很低,上表十年有田赋的平均田赋为1011661元,每亩约为0.0324元。贵州省财政收入主要依靠中央财政补贴,占十分之七或八;财政收支平衡全靠中央的扶

---

❶ 缪坤和等.贵州经济发展的晴雨表[M].贵阳:贵州人民出版社,2009:145.

持。贵州省财政收支是如此情形,县级财政则大受其影响,因此各县的财政收入主要以田赋附加为主要来源,田赋的正税难确定,附加无所根据。❶

由于省财政不能自立,总依赖中央财政补贴度日,县财政不足部分也依靠省财政补足,贵州自治财政方面是相当困难的。民国二十八年东水县财政收入15万元,居全省之首,田赋收入比此数还少。田赋收入低微是事实。贵州省田赋收入不丰的原因是耕地面积的调查与统计不准确。

(二)国民政府田赋征实政策的大体演变

抗战前田赋征收背景。1927年国民政府定都南京,1928年7月1至10日召开第一次全国财政会议,中央和地方收入权限作了划分,把田赋划为地方税,列为省级财政收入,田赋附加则划入县级财政收入。

国民政府将田赋划为地方财政收入,原因之一是地方势力控制着田赋的征收,国民政府迫不得已,承认既成事实;二是接受西方财政思想,参照国际惯例,进行国家及地方财政收入的划分,"凡事务有全国一致之性质者划归中央,有因地制宜之性质者划归地方"。❷ 1934年,第二次全国财政会议规定县田赋的征收实行经征机关和收款机关分立。"由县政府指定当地银行、农业仓库或合作社收款,若无此类机关,则由县政府财政局或科派员在柜征收。"❸当时贵州政权掌握在军阀手中,为了满足军费的需要,军阀截留中央税收,增加地方税收额度和税源。国家和地方财政收入的划分,其中将田赋划归地方财政,在国民政府成立初期,对稳定国内形势起了一定的积极作用。但这种划分忽略了各级地方财政之间的关系,弊端逐渐显露出来。划分了国家和地方税收收入,但没有明确规定县财政的来源,而田赋被划归省财政,造成县财政无来源。县财政为了支付各方面的开支,只好不断增加各种附加、杂税和摊派,由此加重了人民的负担,最终造成田赋收入出现混乱状况,破坏了曾经一度规范的田赋征收制度。

1941年3月24日至4月2日国民政府在重庆举行了国民党五届八中全会,其中《各省田赋暂归中央接管以便统筹而资整理案》和《为改进财政系统,统筹整理

---

❶ 秦孝仪.《革命文献》第一一六辑抗战建国史料——田赋征实(三)[M].台北,中央文物供应社股份有限公司,1989:411.

❷ 贾德怀.民国财政简史(下册)[M].北京:商务印书馆,1947:565.

❸ 孙翊刚.中国财政史[M].北京:中国社会科学出版社,200:398.

分配,以应抗建需要,而奠自治基础,借使全国事业克臻平均发展案》两案由大会通过。国民党五届八中全会的决议总结了将田赋收归中央并改征实物的理由:"①各地田赋赋则不一,轻重不平,而囿于所处境地,未能大举革新,中央管理以后,可积极统筹,克期完成土地陈报,并办理地价税,伸赋则跻于公平,苛杂悉行废止。②中央整理田赋后,按地价征税,收入可较现在递增至四倍以上,于抵补原定额征田赋外,并得斟酌各地方财政情形,酌于协济、使地方管教诸政,切实推行,全国经济建设,亦因财政上调剂盈虚,而得以平均发展。③依建国大纲所定政府对于中央各县之负担,当以每县之税收百分之几为中央岁费,是田赋收入自不能专归地方。若由中央管理,则中央统收统支必可为合理之分配。④为调剂各地军粮民食起见,得由中央统筹斟酌各地方供应情形,改征实物,收储运济,稗产销得其平衡,粮价赖以安定。⑤田赋归中央统收统支,则中央与地方财政之联系更臻密切,地方税制,得在中央督导下之切实调整,所有互相抵触之税捐,自可一律取消。⑥田赋归中央统一征收,其事务与经费易臻于合理化、经济化。"❶此次通过的决议为"为适应战时需要拟将各省田赋暂归中央接管,以便统筹而资整理"的决议。

为了规范各省的田赋征收,3 月 29 日,行政院颁布了《田赋改征实物办法暂行通则》,规定了:"田赋改征省份,应自即日起,尽量征收实物。"❷4 月,由财政部拟定的《财政部整理田赋筹备委员会组织规程》,送行政院审核颁行。5 月 10 日,财政部整理田赋筹备委员会成立,负责各省田赋的接管征收整理等事宜。

6 月 16 日至 24 日,国民政府财政部在重庆召开了第三次全国财政会议,旨在重申和贯彻田赋收归中央的精神,提出改征实物的方案,会议修订通过孔祥熙的《遵照第五届八中全会田赋暂归中央接管整理之决议,制定接管步骤,管理机构及各项实施办法》和《遵照行政院田赋酌征实物之决议,制定实施办法》两个议案,制定了接管步骤、管理机构、实施办法等,以确保接管田赋。

此会对财政部提出的征实议案作讨论,指出:"按民国三十年(1941 年)正附税额,每元折征稻谷 2 市斗,不产稻谷的地区,得征等价小麦或杂粮。"此标准偏高,另

---

❶ 荣孟源.中国国民党历次代表大会及中央全会资料[M].北京:光明日报出版社,1985:688~689.
❷ 秦孝仪.《革命文献》第一一五辑抗战建国史料——田赋征实(二)[M].台北:中央文物供应社股份有限公司,1988:178~179.

做补充规定:"其赋额较重省份,得请财政部酌量减轻。"❶会议通过的标准为:"田赋征收实物,以民国三十年(1941年)正附税总额每元折征稻谷2市斗(产麦区得征等价小麦,产杂粮区得征等价杂粮)为标准,其赋额较重之省份,得请财政部酌量减轻。"❷

1941年国民政府实行战时田赋政策,田赋收归中央,田赋统一征收实物,并征购、征借军粮,附征县地方公粮的田赋亦征收实物,税率以1940年实纳赋额为标准,赋额1元折合征收稻谷2市斗;规定折征实物以稻谷为主,少数困难之地搭征玉米或按原方式征收法币。征收法币时,法币6元折征1市斗稻谷。9月底完成接管田赋,自此田赋收归中央,结束了田赋原由地方征收的历史。

1942年,由于军队对粮食需求不断增加,财政部与粮食部修订了《战时田赋征收实物暂行通则》,调整田赋征收标准为:"各省田赋征收实物,依民国三十年(1941年)省县正附税总额每元折征稻谷4市斗,或小麦2市斗8升为标准。其赋额较轻或较重之区域,由中央酌量增减"❸,提高了税率。1943年的田赋征实除按照1942年新标准征收外,运用土地陈报的成果,按军粮和公粮的需要数量进行征收。

田赋采用征收和征购,随同征田赋带征县级公粮。从1944年起,政府为了节省国库的支出,除田赋征实和部分公粮以外,所有征购一律改为征借。同年9月19日国民政府颁布《战时田赋征收实物条例》,其中第六条规定:田赋征收实物,依照各省市县册载赋额基数,并依下列标准折征之:一、征收稻谷区域,按赋额每元折征稻谷四市斗;二、征收小麦区域,按赋额每元折征小麦二市斗八升;三、征收棉花区域,按赋额每元折征皮棉五市斤。前项赋额较轻或较重之区域,粮棉价格相差过甚之地方,得经行政院核定酌量增减其征率。❹民国三十年(1941年)田赋定为同年十一月一日开征。

有少数省份采用的是另外两种方法,如江西、贵州两省1942年还采用公购余

---

❶ 中国人民政治协商会议全国委员会文史资料委员会.文史资料存稿选集·经济(上)[M].中国文史出版社,2002:241.

❷ 财政部财政年鉴编纂处.财政年鉴(续编)[M].北京:商务印书馆,1945:83.

❸ 秦孝仪.《革命文献》第一一五辑抗战建国史料——田赋征实(二)[M].台北:中央文物供应社股份有限公司,1988:8.

❹ 秦孝仪.《革命文献》第一一五辑抗战建国史料——田赋征实(二)[M].台北:中央文物供应社股份有限公司,1988:14.

粮的办法。

(三)贵州田赋征实成效

1. 整理地籍促进田赋数额

过去土地呈报的弊端在于:调查员与复查员未尽职尽责,有受贿而歪曲事实的情况。为了逃税,不法者设法让调查员或复查员将土地的等级做改动;或把甲等一级私下改为甲等二级,即在同一等级内不同级别做改动。总体而论,土地调查使耕地实际数额增加。❶

贵州荒地开垦主要是人民自发开垦,没有大规模的行动,土地开垦主要由农民自力完成,是剩余劳动利用的结果,特点是进度上无计划性,范围上分散零星,造成政府对这些土地不知晓。土地所有者,除自耕农外,大多亦不知土地的四至。民间的土地营业证,特别是其中的"老契",在交通偏远之地绝大多数与事实已经不相符合。从公平上说,纳税是人民的义务,人人皆具有此义务,凡是土地所有权人,皆应当承当纳税责任。把未纳税的人和土地清理出来,对于增加耕地面积,由此而增加田赋收入是顺理成章的事情。

土地经过整理后,土地亩分实际数发生变化,民国三十年(1941年)田赋收入大为增加,贵州省田赋收入为1654394元,每亩约为0.053元,比此前十年的平均额(0.032元/亩)增加了64%;县附加收入则为2468191元,每亩约为0.079元,高出田赋49.2%;两项合计达4113585元,以后贵州的田赋征实则以此为基础。❷

1941年贵州实征田赋总额为520余万元,是土地陈报前的7倍。❸ 小数截至合位,合位以下四舍五入。改征实物后,人民负担的税率平均每亩百分之二点五。贵州征收实物以稻谷为主,根据实际需要,搭征包谷或回征法币。

2. 成立田赋征实机构,确保田赋征实取得成功

机构建设跟上国民政府的要求。民国三十年(1941年)十一月一日成立贵州省田赋管理处,直接管理征收田赋,民国三十年(1941年)十月一日成立贵州省粮政局(原名贵州省粮食管理局)负责保管与支配。两个机构分工合作,各设正副长

---

❶ 秦孝仪.《革命文献》第一一六辑抗战建国史料——田赋征实(三)[M].台北:中央文物供应社股份有限公司,1988:412.

❷ 秦孝仪.《革命文献》第一一六辑抗战建国史料——田赋征实(三)[M].台北:中央文物供应社股份有限公司,1988:415.

❸ 缪坤和.贵州经济发展的晴雨表[M].贵阳:贵州人民出版社,2009:146~147.

一人。由财政厅长及省府委员兼任田赋管理正副长,由省府委员及其他人员兼任粮政局正副局长。松桃等十二县未设粮政科,其余贵筑等六十五县皆于民国三十年(1941年)十月十日前成立粮政科。

贵州省设立七十八个田赋管理处,分五六两等,田赋在二万石以上的十县贵筑、遵义、黔西、大定、桐梓、织金、松桃、威宁、黎平、沿河的田赋管理处为五等,其余六十九县田赋管理处为六等(含增设的赫章县长自兼处长),一般县长兼副处长。下设三科或二科和会计室;全省共设经征290个分处,旺季时增设临时分处,每分处月支经费为250元,设有主任一人,稽征员一人,办理经征田赋和督催契税、会计等事务。❶ 省粮政局办理仓库修建事宜。

《贵州省战时田赋征收实物实施办法》共202条,经各专员和县长详细研讨、征询意见之后,再由省主席交省政府委员会决议,才公布实行,同时呈报国民政府行政院备案,从程序上说,这是完善的,是官方的集体智慧。征收机构执行经征和经收分开的制度,目的在于使这两机构相互牵制,以"扫除因缘为奸之弊"。❷ 分设经征和经收机关,从指导思想上看是正确的,从源头上杜绝营私舞弊的现象,这从反面说明,国民政府自己承认若仅设一种机构征收战时田赋,一定会出现弊端。

3.宣传督导等制度建设保证了田赋征实的顺利完成

答问。征实物的程序和目的,百姓不知,由省田赋管理处编制田赋征实答问,分交各县照样翻印多份做宣传;省动员委员会到各机关作田赋主题讲演;夜间对全省人民广播;讲清奉部颁布田赋征实;要求学生用假期宣传演讲,或发传单,或编歌谣,宣传到乡村;由保甲长逢场期鸣锣宣传。目的在于对于田赋征实做到家喻户晓。

讲清征收手续。粮户接到纳赋通知单后,持单将粮运到指定粮区仓库验收,该库在原单上加盖"××县征收田赋第××仓库收讫"戳记和经手人名章,再送经征机关换取收据,发交粮户。

纳赋通知单应于开征前一个月送达粮户手中,为此特要求各县市政府,严格清查各属管辖区,务必全部送到粮户手中。此前县市政府交区联保长转发的通知单,常被搁置,影响了征田赋。

---

❶ 秦孝仪.《革命文献》第一一六辑抗战建国史料——田赋征实(三)[M].台北:中央文物供应社股份有限公司,1988:402.

❷ 秦孝仪.《革命文献》第一一六辑抗战建国史料——田赋征实(三)[M].台北:中央文物供应社股份有限公司,1988:402.

• **联合督导**。从组织机构上说,很完整。联合督导处旨在严密视察督导,并与贵州省军政联合视察室取得密切联系,特派员与贵州政府、滇黔绥靖处副主任公署合组联合视导,并作为田赋征实处的一项中心工作,召开军政联合视导业务讲习会,讲解征实要领,编撰讲义、督导要点等,以易于督导员执行职务,收到实效。办法:督导处直接派员,分区赴各县进行督导,宣传征实国策,填写督导报告,"附陈督导意见呈候核办"。❶

以米折谷办法。城市中有土无田的粮户极少,对于无稻谷可征的粮户,准其用糙米折缴,征收标准为每谷一市石,折米四斗八升;各县亦按此标准执行。

要求积极征收。各县经征和经收人员,振奋精神工作,不分星期和假期,"以免粮户空劳往返",要求每天务必将粮户完纳的粮食全部收完才下班;旺季时还应增加临时人员办理。上午下班后到下午上班之间,征收双方必须指派专人值班工作,保证粮食和经征经收部分在同一处所办公,不许分离。

加紧督催。要求各县市处长、征处长加强督导,协助县长、专员积极催征,报道收数,观察征收。举行征实竞赛以期提高各级人员工作热情。

改进方法,一是把握时间,做到未雨绸缪,不可临渴掘井。二是增加征收人员。三是多建立仓库,以备储存和保管粮食。四是增加量器。原有二套,一斗和五合的各一个,增加五斗量器。五是调整粮区,增设分处和仓库临时征收机构,以便民。原有粮户距仓库太远的情况,必须预备往返伙食费用。六是配定纳粮日程。原粮区应数,旺季时太拥挤,征收人员难应付。改为以保为单位,由保甲长率粮户纳粮以避免拥挤,减少粮户等候时间。七是切实送达通知单。由保长直接发给粮户,附送达簿由粮户或代收人在簿内盖章或捺手印,避免延误。此簿呈转县田赋管理处核查。八是筹备运输班。由保内抽壮丁轮流挑运粮食,发给一定劳力费。九是及时协助催征。县田赋管理处和县政府制定区乡镇保甲人员催征奖惩办法。征实限期届满,由保甲长挨户查封粮户纳赋收据,对于未完纳的尽劝导协催责任,据实呈报查封结果。这是根据贵州的实际情形所作的改进。尽最大力气实现中央田赋征实的意图。❷

---

❶ 秦孝仪.《革命文献》第一一六辑抗战建国史料——田赋征实(三)[M].台北:中央文物供应社股份有限公司,1988:405~406.

❷ 秦孝仪.《革命文献》第一一六辑抗战建国史料——田赋征实(三)[M].台北:中央文物供应社股份有限公司,1988:407~408.

4. 征实种类和粮库、军粮的配置

征实物种类。根据行政院《战时各省田赋征收实物暂行办法》和贵州省地势地壤特点所产出之物主要为稻谷和玉粟黍,规定田赋征收物种为稻谷和玉米。

规定田赋征收税率为每元折征稻谷二市斗,并必须搭成征收包谷;交通不便的县份将应征稻谷折征法币,每市斗折价六元;以民国三十年份新粮交纳,民国二十九年及以前各年旧欠,以及征税所滞纳的罚锾,一律在开征收实物六个月内折征实物。搭配标准,稻谷与包谷为七三比例。若包谷市价高于稻谷市价的区域以包谷折纳稻谷,可以同量标准计算,反之,若包谷市价低于稻谷市价的区域,以包谷市价折纳田赋,应以市价折合补足差额。

按每元折征二市斗税率计算,民国三十年(1941年)度征收稻谷数为822717市石,全国田赋总计233213333元折征稻谷数为36754409市石相比,约占其0.002%。三年天旱歉收,实收成稻谷24500000市石(少收420万市石),包谷15400000市石(少收220万市石);民国三十年(1941年)田赋收实物为稻谷450000市石,全国征实为28114627市石,为全国总数的0.017%;民国三十年(1941年)的税赋总额为4127267元,其中应征实物之县大致为3739507元,按每元二市斗折征实物,共可征到747901市石。到民国三十一年(1942年)二月十日,已征实物稻谷和包谷共657874市石4升,约收到90%;法币5156858元(大元)。这个数据可观,"民间对于国家法令的遵守,亦可谓尽其应尽之义务矣"。❶

粮食的储存、运输和保管必须依靠详细的计划和步骤方能完成和收效。全省派专人负责。全省有65个县设立仓库,粮区内设立仓库共260个,一县内多达9个仓库。

粮食库券与配置军粮

贵州省所收田赋实物约占军粮所需的三分之一。军粮需要量为2243703市石,约占全省所产食用粮的二十分之一。这个数量按照田赋收入分配。军粮价格由各县政府参照该县市价制定。要求一次全数付价,以免售粮户久等或因市价差额产生亏欠的心情。购买军粮的价款,原应当以配发粮食库券支付者,贵州省未施行,商准中央,采取盐米互换,盐务机关以去盐所得,交由县政府作为购粮的价款,

---

❶ 秦孝仪.《革命文献》第一一六辑抗战建国史料——田赋征实(三)[M].台北:中央文物供应社股份有限公司,1988:417.

该办法也可以防止法币流通数额增加。

5. 田赋征实中地主的负担与土地复查

征实与地主的负担。从民国三十年(1941年)田赋征实,贵州省田赋征实对于地主的负担指:

一是以其原来的田赋数额与征实数比较为标准,这样计算增加了地主的负担,以过去一元的田赋改征二市斗的粮,价格按照新谷上市时为准,田赋超过原十至二十倍。这种理解不正确。谷价上涨,说明地主所得有所增加,但田赋仍不增不减,保持原来的银数量,这失去了公平原则。从所得方面说,贵州省的田赋征实对于地主的负担并未加重,民国二十九年(1940年)田赋征实额度占地主租佃所得总数的0.004%。地主租佃所得总数为12256000市石,田赋征实数额为546944市石。

贵州省的地主所得历年来比农民所得高。农民承担的抗战负担不少于地主。地主稍多交纳一点是情理之中的事。

表5-2 地主与农民所得指数对照表

年　份	地主所得指数	农民所得指数
民国二十六年	100	100
民国二十七年	159	143
民国二十八年	603	237
民国二十九年	1207	795

从指数可知,地主这几年的实际所得增加较快,而田赋征实数额并不重,下表说明地主所得与田赋比较:

表5-3 地主总所得指数与田赋实征数表

年　度	地主总所得指数	田赋实征指数
民国二十六年	100	100
民国二十七年	159	95
民国二十八年	603	69
民国二十九年	1207	169

资料来源:秦孝仪.《革命文献》第一一六辑抗战建国史料——田赋征实(三)[M].台北:中央文物供应社股份有限公司,1988:418~419.

地主承担的田赋与其土地收益相比,并不重。用盐款征购办法,地主还占有便宜。这表明地主负担的平均情况。当然,地主在个别情况下,有可能不公平,其原因在于土地陈报未达到完善的境界,虽然实行三等九级的征赋标准,等级之间,级与级之间由核查产生的编制时的差错或误差,在所难免;县与县之间地主觉得轻重不一,大地主与小地主之间按同科征赋,比率相同,但未用累进法,小地主的负担相对于大地主而言偏重。

土地陈报与土地复查。❶ 贵州省于民国三十一年(1942年)月开始复查土地陈报的结果。目的是使编查的亩分粮额更准确,对于隐匿漏编、田多粮少的土地,限期由业户自动申请补编,不追罚,若逾期不申报,则严格照章处罚,杜绝遗漏,以体现公平。

一是开征新田赋未满二年的县(市)份申请复查更正办法处理。有:兴义、册亨、贞丰、紫云、望谟、独山、施秉、黄平、铜仁、镇远、沿河、德江、赤水、湄潭、务川、松桃、荔波、三都、丹寨、余庆、织金、大定、榕江、岑巩、台江、天柱、水城、仁怀、习水、凤田、思南、印江、江口、玉屏、石阡、三穗、锦屏、剑河、黎平、从江、毕节、威宁、正安、纳雍、道真、赫章四十六个县。

二是开征新田赋已满二年的县(市)份申请复查更正办法处理。有:

贵筑、惠水、平如(坝)、修文、清镇、安顺、遵义、桐梓、绥阳、息烽、长顺、平塘、罗甸、镇宁、普安、开阳、黔西、郎岱、安龙、关岭、兴仁、晴隆、普定、盘县、瓮安、平越、雷山、麻江、都匀、金沙等三十二县及贵阳一市。

业主对于原来编制的亩分粮额,认为误差达到十分之一,具有充分的理由,务必说明理由,提出证件,分别在民国三十一年(1942年)四月十五日前(前46县)和五月十五日前(后33县市)向各县(市)田赋管理处领取申请更正书,照规定样式填报,申请更正,经复查后,若有误差,缴纳复查费后可更正底册。复查工作若能扎实推行,对于田赋的收入与人民的负担皆有益处。❷

贵州省田赋征实取得成功,一是遵照中央指示,省政府和各级政府努力。在财政部田赋征实比赛中,成绩为最优秀。二是全省人民的共同努力,积极支持抗战事业。

6. 征实的时间地点等相关规定

征实的地点与时间。征实地点指完纳田赋的地方,即仓库所在地。贵州一个

---

❶ 秦孝仪.《革命文献》第一一六辑抗战建国史料——田赋征实(三)[M].台北:中央文物供应社股份有限公司,1988:420.

❷ 秦孝仪.《革命文献》第一一六辑抗战建国史料——田赋征实(三)[M].台北:中央文物供应社股份有限公司,1988:421.

县平均大约东西南北相距200华里,贵州省的交通不便,人民交田赋大多以人背挑或马驮,各县的仓库大多在县城,或较大的镇所在地。远的粮户为了完纳田赋,需要四五天时间,往返粮库和住地,另外必准备一定的生活费用,这无形中增加了粮户的负担。国家要求人民纳田赋是正确的,由地主承担额外的田赋也是正确的。但地主却把这笔负担转移到佃户身上,或者说一部分转嫁到佃农和其他消费者。另外应当看到征收粮食过程中,各县皆存在浪费的情况,所有浪费合计即成为一个大数目,这属于粮食成本,换言之,粮食成本增加了,但粮食的效用依然如故。田赋征实和征借征购,所正常消耗的人力、物力和财力是巨大的;加上整个三征过程中的浪费数额,大大提高了粮食成本,这对于三征的实际效果亦打几分折扣。

粮食消费必须超越县界。但事先缺少合理的分配办法,导致第一次纳粮之后不得不转运其他地方暂时存放,然后又运回原处。转运过程中发生了工时费和运输费,这是一种浪费。造成浪费的一个关键原因是全省在征实之前,未能统筹规划各县纳粮数额与其科学合理的仓库点建设,县域之间相互分割限制粮食征收,并未考虑人民交通困难,未能采用就近完纳原则,适当跨县份(市)乃至地区;仓库的建设应当充分考虑交通线。粮政当局缺乏远见卓识,忽略了田赋征实所产生的浪费问题。

纳粮时间。贵州省田赋征收实物暂行通则第九条规定:"征收实物应于稻麦收获两月内征齐,其开征日期,由省主管田赋机关拟定,报请中央管理田赋机关备案。"❶这条规定不科学的地方是只限两个月时间征完毕。稻麦收获后开征是正确的。

贵州省的气候特点是湿润,温和,光照不足。当时贵州省的粮食种植属于粗放型,方法简陋。粮食的种植、灌溉、收获、储藏都离不开气候。稻谷、小麦和包谷等,皆依赖气候才有收成,天公不作美,稻谷、小麦和包谷收割后,不遇晴天,这些粮食很难晒干;从脱粒到晒干需要一定的时间,必须有阳光的照射。比如稻谷,至少要完整地晒两天才初干水分(俗称晒两个太阳),称为上仓库稻谷;如果逢雨天收割,则晒干时间偏长。贵州多山地,平地不足7%,纬度不同,稻谷、包谷与小麦成熟时间差距较大。各地的收割时间相差较大,高山与平坝地带,一般相差二十天左右。

要充分考虑各县征实在时间上的伸缩性,务必因地制宜,比如南部县份可早于

---

❶ 秦孝仪.《革命文献》第一一六辑抗战建国史料——田赋征实(三)[M].台北:中央文物供应社股份有限公司,1988:422.

北部县份一二十天开征,东部县份可略早于西部县份十天左右;开征时间一定结合当地粮食作物成熟的早迟来确定;切不可一刀切,为了整齐划一而违背了稻谷、包谷和小麦等粮食自身的成熟规律。加上路程远近不一、交通不便、运输困难等原因,实际征收粮食的时间至少三个月。而征收的实物则是干货,这种时间差、气候条件等都应当纳入统筹规划的范畴。

从农业生产的规律来说,收割后的三个月里,农民处于农闲时节,他们有时间把粮食运送到指定的交粮仓库,既考虑不影响粮户从事农业生产,让他们得到更多的方便,也考虑行政机关有时间征收粮食,不至于影响各项工作。按照贵州省情,农民于赶集时间大多到集镇办事,逢赶场天(场期),征收机关应当尽量开征,以方便粮户解运粮食完纳。各县田赋管理处可事先通知各征收范围内的粮户,开通逢赶场日期纳粮的业务,粮户必须按照安排的粮区分期分批顺序进行,以保证征粮工作的有序性和提高征粮的效率。亦减少粮户因逾期纳粮而交滞纳金。由此,征实是一件十分重大的工作,又是一件十分细密的工作,考验人的耐性,牵一发而动全身,牵涉到全省绝大多数人户,科学合理规划和预见、自我完善机制是非常重要的。

实物的各类储存与保管。贵州省征收的实物是稻谷和包谷。储存粮食的地方必须通风、干燥,稻谷经过翻晒,可以保存二至三年;但包谷最多一年,否则生虫变质。这两种粮食须分开保存,但仓库有限;新旧稻谷亦应当分开保存。当然,包谷应先消费,以免坏掉。提出委托大粮户代为保存粮食、借庙宇、会馆等屋宇修缮后保存粮食。这无疑又增加粮食的成本。

实物衡量弊端的免除。道路遥远是重要原因之一。粮户把粮食运到仓库后,竞相先交纳,这容易滋生事端;衡量粮食时,"刮斗、尖斗、踢斗、摇斗,或于风谷时任意留难,亦为事所难免"。❶ 口小身大的量器最适用,要节省时间,应多制量器。要真正做到公平衡量,关键是提高征收人员的素质,谨慎选择征收人员。

此外,征实过程中还考虑到天灾人祸、各县收成的丰歉、受灾的县份按何种比例征收实物等。田赋收入是贵州省的财政收入的主要来源之一,县财政收入仰仗田赋和田赋附加。田赋收实,交给国民政府中央,民国三十一年(1942年)中央补助贵州国币960万元,作为贵州省各县的经费。"各县市编拟民国三十一年(1942

---

❶ 秦孝仪.《革命文献》第一一六辑抗战建国史料——田赋征实(三)[M].台北:中央文物供应社股份有限公司,1988:423.

年)度概算,则按过去各该县亦成田赋之三倍编列补助收入,故各县实际之补助收入,在金额上较谓过去虽有增加,而实际则相对的殊觉征少,新县制既待实施,各县之财政之不足似尤待中央多拨田赋征实之收益,以之补助。"❶

贵州省的田赋征实与财政、民仓、军粮以及通货膨胀有关。其影响小于其他财政措施。这些问题是民国三十一年(1942年)面临的,急待解决。田赋征实与抗战建国同时进行,虽为古制,解决了财力困难;成效较大,方法有改进,流弊会逐渐减少。❷

滞纳处分。征收实物,应当在稻谷小麦收获后两个月内完成征收任务。逾期不缴纳者,予以滞纳处分,(第九条)凡业户如果有短匿粮额的情事,准由人民告密,经查属实后,即按照其短匿的粮额,科以二倍的处罚,其中罚款用半数充公,其余半数奖励给告密的人。

推收、催征旧欠。自从征收实物之日起,六个月内,所有田赋正附旧欠,仍准用法币缴纳,并按照原有的滞纳罚锾处分办法处理。

田赋征实和田赋归中央管理,是税收制度的一大改革,对于保障军民粮食、加强政府财力、稳定金融秩序、平抑物价等方面都产生积极作用。贵州田赋征实是在响应国家财政现实需要的前提下施行的,其效果达到了充实军粮一部分的目的,调剂一部分的民食,"直接或间接的,完成或促进物价的平定,负担的平均,以至可以收平衡预算的效果"。❸ 田赋征实是一种财政政策的试验,贵州以农业为基础,赋税以土地税为主。

二 抗战时期贵州田赋征实评析

(一)田赋征实运行机制较成功

机制一般指机械系统内部各部件之间功能的相互配合、相互制约,形成整体上平衡、和谐的合理构造。在社会生活领域一般意义是一个工作系统的组织或部分

---

❶ 秦孝仪.《革命文献》第一一六辑抗战建国史料——田赋征实(三)[M].台北:中央文物供应社股份有限公司,1988:424.
❷ 中央银行经济研究处编印.经济汇报[J].(第六卷第一、二期合刊),民国三十一年(1942)七月十六日.
❸ 秦孝仪.《革命文献》第一一六辑抗战建国史料——田赋征实(三)[M].台北:中央文物供应社股份有限公司,1988:409.

之间相互作用的过程和方式,它在人类社会的发展过程中日臻成熟、完善。

自从人类诞生以来,逐渐进化。远古时代的人类,一般按照体质状况进行分工,健壮的人从事狩猎,衰弱的人从事动物饲养和管理,妇女和老人则负责照看孩子和从事简单的生产劳动。这些分工有利于人类与自然界和动物界进行有效的斗争。其实这种分工就是一种机制,其有效性推动了人类的进步。

随着产品的丰富和战争的增多,人们的工作、劳动产品和战利品越来越多,原始公有制度遭到破坏,出现了私有财产,由此出现了阶级。部落社会向阶级社会迈进,以后出现国家。机制伴随着国家,成为维系人类社会生活和繁衍必不可少的要件。不论奴隶社会、封建社会、资本主义社会,机制皆不可缺少。换句话说,田赋作为一种机制,春秋战国时代就有了,秦汉以降,税赋日益成为国家政治体制中的重要环节,受到历代政府的重视。迨至民国,田赋作为一项政府的收入,经历了由地方、再到中央政府的过程。自明代实行一条鞭法以来,国家的赋税采用征货币的办法,清代实行摊丁入亩,采用折色征收,赋税征收货币化日渐成熟。国民政府把地方征收的田赋收归中央,改征实物,结束了中国300多年田赋征收货币的历史。抗战时期的田赋征收,也是一种新的机制,是总结前代、本朝田赋的基础上,诞生的一种新机制。

当然,抗战时期田赋征实属于一种应急机制,从准备到执行,时间紧迫;在实施过程中,不断自我完善和革新,特别是政策和管理机构,有利于其取得成功。田赋征实机制随战争的爆发而产生,在战争中产生了积极作用,无论如何,这一机制保障了抗战取得胜利。其不完善的地方虽然存在,但并不影响其客观效果。

1. 有效的组织保障

在国民党五届八中全会以后,田赋收归中央政府,此后财政部田赋整理筹备委员会,相应地,各省县成立田赋管理委员会,接管和征收田赋。田赋征收工作开展以后,不断地调整经征机关,并结合监察和宣传工作,成立相关机构。特别是监察机关旨在督察田赋征收,力图降低征收过程中的弊端和损失。宣传机构有利于激发工作人员的热情,提高百姓交粮的积极性。从田赋的规划、宣传、监督、征实、征购和征借的各个阶段工作的顺利开展,顺理成章,一气呵成,国民政府做了重要的工作。贵州省财政厅将贵州省的田赋自1942年起改征实物,照最低谷价折成币额,按照省四县六的比例分配,并附具改征实谷定率说明书。省政府议决,自1941

年度起实行改征实谷。❶ 除了核定本省各县的新科则税率表,成立县级田赋管理处等事宜外,根据《中央接管各省市田赋实施办法》,还通过了一系列的法规,如《贵州省战时田赋征收实物实施办法》《贵州省战时田赋征收实物经收保管办法》《贵州省田赋管理处整理各县(市)契税实施办法》《贵州省各县(市)田赋管理处32年度整理契税工作进度表》《贵州省各县(市)田赋管理处及各征收处报解契税逾期处罚暂行办法》《财政部贵州省各县(市)田赋管理处及造送契税表逾期考核暂行办法》《贵州省33年度征借军粮办法》《田赋粮食管理处分配各县(市)33年度征借军粮数目表》《贵州省各县34年度田赋军粮分配额及军粮配额与上年配额比较表》;为了提高公务员的征实效率,还出台《贵州省田赋征实及征购粮食工作竞赛实施细则》(代替《贵州省各县(市)田赋工作竞赛办法》)、激励民众的《贵州省各县纳粮竞赛办法》,等。❷ 并对《贵州省田赋征收实物实施办法》进行修正。

2. 有效的制度保证

根据国民政府第三次全国财政会通过的田赋征收实物的四项原则,财政部制定《战时各省田赋征收实物暂行通则》,经行政院审批后,于1941年7月起施行。由此,田赋征实拉开了序幕。此《通则》对田赋征实的标准、种类、征收制度、滞纳与短匿粮食的处分、追缴旧欠等作了详细的规定。

1942年7月,国民政府行政院发布《战时田赋征收实物暂行通则》,对1942年的《战时各省田赋征收实物暂行通则》作了调整和补充。诸如田赋征实标准,将"每元折征稻谷二市斗(产麦区得征等价小麦,产杂粮区得征等价杂粮)"修改为"每元折征稻谷四市斗,或小麦二市斗八升";田赋征收制度方面,将"各省征收实物,采用经征经收划分制度"修改为"凡田赋改征实物的地方,其经征经收事宜,由田赋征收机关分股负责办理";增加"根据地区的特殊情形征收国币及征收的单位",把"政府对田赋征实工作的督饬"作为各级政府的中心工作等。1944年,国民政府颁布《战时田赋征收实物条例》,田赋征收种类方面增加了棉花及其标准,增设粮食征购和征借等内容。对于征收制度的宏观规划和微观调整,从制度层面保障了田赋征实。

---

❶ 《民国贵州省政府委员会会议辑要》编辑部.民国贵州省政府委员会会议辑要(上)[M].贵阳:贵州人民出版社,1998:406.

❷ 《民国贵州省政府委员会会议辑要》编辑部.民国贵州省政府委员会会议辑要(上)[M].贵阳:贵州人民出版社,1998:406~408.

田赋收归中央,由国家统一管理,指导思想是农民以粮纳税,可以增强全民族的爱国思想。农民向国家交纳田赋,把纳粮与支持抗战紧密结合起来,从思想意识上既知道纳粮是公民的义务,又能为抗战尽一份力量,踊跃运粮,直接为抗战事业做出贡献。这项措施还增加了人民的国家观念,纠正过去只知道有地方而无国家的认识。从立国的根本精神看,人民的国家思想、国家观念以及权利、义务等是很重要的,田赋征实具有一定的教育作用。

战争到来,宣讲爱国,教育国民的爱国热忱,激励人们对抗战出力、出粮、出钱,具有一定的作用。田赋征实制度的合理性,在战胜日寇方面所起的作用当然是巨大的,根本的和全局性的。是民族危机将国民政府推到历史的前列,作出比较正确的战略方针。"面对日本侵略这一严峻的民族危机,看它对抗战是否有利,这才应该是政策的最大试金石。"❶田赋征实就是制度上的试金石,但它成功了,成为打败日寇的重要因素。田赋征实牵涉到全国人民,作为西南一隅的贵州而言,在全局中亦起了不可忽视的积极作用,为抗战做出了艰辛的努力。不仅如此,全省各级政府的相应职能部门,作了大量的具体工作,全省人民更是以高度的主人翁精神,积极完成了田赋征实任务。全省一盘棋,田赋征实过程中实则体现了民族精神,而不单单是机制和制度以及行政命令起了作用。

《战时各省田赋征实物暂行通则》第七条规定为:"各省征收实物采用经征经收划分制度,凡经征事项由经征机关负责,经收事项由粮食机关办理。"中央为财政部经理田赋筹备委员会,贵州省的经征机关为省田赋管理处和各县田赋管理处,县以下称经征分处,分处管辖范围,以半径三十里原则,以方便粮户完粮。经收机关在中央为粮食部,贵州省为省粮食局,以及各县粮食科或粮食管理委员会,县以下为经收分处和仓库,办理实物验收和保管事务。❷

1941年征实后,经征与经收分立的办法,出现事权分列,合作较难,影响效率。国民政府及时调整,1942年下半年起,决定把田赋征实的经征和经收、粮食征购等事宜合并统一由田赋管理机构办理。贵州省、县各级田赋管理的所有业务职责权属等,亦作调整。中央田赋机构,原财政部田赋管理筹备委员会改为财政部田赋管理委员会,设立总务、稽征、收储、整理四处;稽查处负责田赋、地价税征收制度、征

---

❶ [日]奥村哲.中国最近对民国时期经济史的严究述评[J].中国近代经济史研究资料,1985(3).
❷ 《抗日战争时期国民政府财政经济战略措施研究》课题组.抗日战争时期国民政府财政经济战略措施研究[M].成都:西南财经大学出版社,1988:40~41.

实考绩等;整理处负责土地陈报、编造赋册、改订科则和土地推收等。❶

贵州省、县田赋管理机构皆增设经收科,加派技术员等;乡镇征收机构根据交通状况、县粮区分布、粮额多少而设立征收处,平均每县不超过 5 处;旺季增设临时征收点,平均每县不超过三处;征收处管辖的范围以半径一天能挑运往返的路程为原则。征收处设立主任一人,把稽征、收储分开,分工协作,互相监督,从制度上保证了征实工作的顺利完成。

贵州田赋粮食管理处曾拟具若干规定,如《贵州省 31、32 各年度征实征购赋粮欠缴及滞运分区清理办法》《贵州省催收积欠田赋军粮办法》《贵州省催收积欠田赋军粮注意事项》《清查粮账款随组稽核注意要点》《清理欠粮及粮账款账外勤人员服务规则》《征实征购(借)粮食报告表》《田赋军粮旬报表》《各县采购军粮收支总表》《各县采购军粮资金表》《各县粮食收支报告表》《各年度粮款费用结算表》《贵州省各县(市)清理历年赋谷加工包商欠缴军仓粮食注意事项》《清查款账表》等,这些措施有利于督导人员对于田赋和军粮的征借和征购。❷

关于粮食运输、加工、仓储和管制等,出台许多规定,如《贵州省粮食伕运暂行办法》《贵州省各县征雇民伕协助粮户代运军粮暂行办法》《贵州省各县(市)军公粮食加工溢米奖励陈报办法》《贵州省非常时期扩广农仓暂行办法草案》《贵州省简易农仓借款通则》。各县解省米谷太多,原有储藏器具不敷应用,粮食管理局用 1941 年度事业费修建可储存米谷 4000 石的行仓 200 个。

为了防止人民囤谷居奇,省物价评定委员会决定自从 1940 年 7 月 1 日起对所有民有余粮由政府以每谷 1 石 14 元的价格统制收买。另有《贵州省查获私运食粮处理办法》,重申《贵州省禁止酿酒办法》以节约粮食消耗,平抑粮价。❸

征购办法主要是补充田赋征实的公粮所不足。根据 1941 年 11 月 2 日延安《解放日报》估计,当时全国军警公务员约为 1500 万人,共需稻谷 7500 万市石。田赋征实的标准,所收粮食约 3000 万市石。所需差额较大,于是采取向粮食大户征购余粮;发行粮食库券,作为支付粮食用;征购粮食与征赋同时进行,按照田赋数额

---

❶《抗日战争时期国民政府财政经济战略措施研究》课题组. 抗日战争时期国民政府财政经济战略措施研究[M]. 成都:西南财经大学出版社,1988:41.

❷《民国贵州省政府委员会会议辑要》编辑部. 民国贵州省政府委员会会议辑要(上)[M]. 贵阳:贵州人民出版社,1998:536.

❸《民国贵州省政府委员会会议辑要》编辑部. 民国贵州省政府委员会会议辑要(上)[M]. 贵阳:贵州人民出版社,1998:537~545.

的一定比例征收。征购与征实合二为一。所征购的粮食支付三成现金,支付七成粮食库券,从征购后的第三年起,每年以粮食库券面额的五分之一抵纳该年的田赋征实数,五年全数抵清。❶ 从理论上说,这条规定没有问题,具有合法性,也不会引起人民的怨恨和不满。

执行粮食库券办法从主流上看是正确的,其大方向和实际效果皆对抗战产生积极作用,稳定战时的财政金融,解决了公粮与军粮急需的大问题;粮食库券代替法币,稳定了粮食价格,使政府获得了足量的粮食,弥补了财政赤字和军民用粮。

征借。1944年5月26日国民党五届十二次会议通过《加强物价方案紧要措施案》规定:"粮食征购一律改为征借,采取累进法,提高其数额。除征收征借粮食及地方积谷外,其有地方私立名目摊派粮食者均应禁止。"❷

改征购为征借的关键原因是国民政府支付粮食征购的三成现金需要巨额现金,各地粮食工价费上涨,涉及农业生产和农村经济,征购价格亦将随之提高。这几笔款项,使得国民政府财政负担过重,不得不将所征借之粮食,全部发放粮食库券,以渡难关。首先从四川开始执行。贵州省于1944年改征购为征借,不计利息。自改征购为征借,共节约现金约11亿元余,减轻了国民政府的财政压力。征实、征购和征借目的皆相同,一切为了抗战建国的总纲领。还有发动大户献粮。

(二)田赋征实的成绩显著

1. 田赋征实有力地保障了军粮供应,是抗战取得胜利的重要因素

民国三十年(1941年)开征,共征获粮额4103134.32元,每元折征稻谷二市斗,合征实物822626.864石,与当年概算数4127267.61元,合征实物825453.522石相比较,实际完成达到99.42%/99.658%(按实物计为后者),几乎达到十成。❸

田赋征实的绩效。贵州人民对于田赋征实政策积极支持。抗战的大背景,中华民族遭到外族入侵,稍有血性的国人都有抵御外侵的认识。虽然贵州处于大后

---

❶ 《抗日战争时期国民政府财政经济战略措施研究》课题组.抗日战争时期国民政府财政经济战略措施研究[M].成都:西南财经大学出版社,1988:42.

❷ 国民党五届十二次全会《宣言及重要决议》,中国第二历史档案馆.国民政府粮食部[M]//(八三)2,引自《抗日战争时期国民政府财政经济战略措施研究》课题组.抗日战争时期国民政府财政经济战略措施研究.成都:西南财经大学出版社,1988:43.

❸ 秦孝仪.《革命文献》第一一六辑抗战建国史料——田赋征实(三)[M].台北:中央文物供应社股份有限公司,1988:407.

方,但人民积极交田赋,克服交通不便的困难,肩挑背驮,翻山越岭,将粮食运到划定的收粮地点。

后方的安宁来源于前方将士的英勇奋战。通过完成田赋,人民爱国的行为凸显出来,完粮、征兵、征工皆大力支持,实行田赋征实的五年,贵州人民出色地完成了任务,对抗战胜利作出了较大的贡献。民国三十年(1941年)配征数996154市石,实征数871130市石,民国三十一年(1942年)配征数1490691市石,实征数1266817市石;民国三十二年(1943年)配征数1482108市石,实征数1205150市石;民国三十三年(1944年)配征数1676629市石,实征数1261763市石;民国三十四年(1945年)配征数1680651市石,实征数753734市石,共配征田赋7326233市石,实征田赋5358594市石,平均完成率为73.14%;占全国田赋征实稻谷类0.483%。

时任粮食部长的徐堪在《抗战时期粮政纪要》中记载:从1941年到1945年,田赋征实总计稻谷1110489332市石、小麦2610956市石;征购稻谷51317816市石、小麦12716580市石;征借稻谷51514625市石、小麦7974场50市石。合计稻谷213321773市石、小麦46792286市石,谷麦总计260114059市石。按类别记,田赋征实收获最多,约占总数的52.5%,征购数约占总数的24.5%,征借约占总数的23%。❶

各年田赋征实数如图5-1所示:

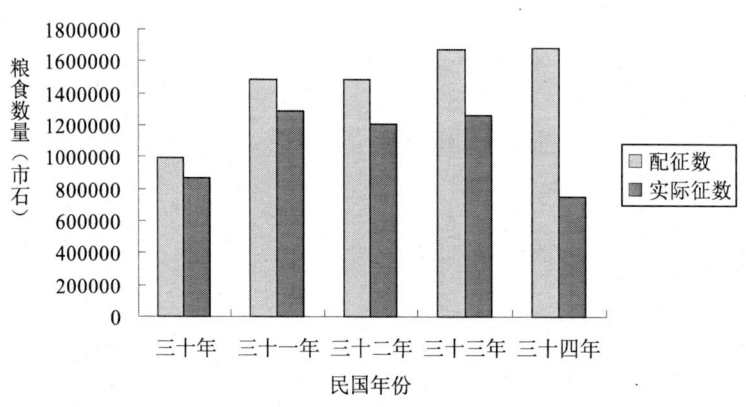

图5-1 贵州省抗战时期田赋征实配征数与实征数对比图

军粮征借完成好。粮食是军队的重要物资,决定军队的胜败。抗战爆发后,粮食出现紧缺,市民、军队皆受到影响。从1941年起调整田赋政策,通过征实,解决

---

❶ 章伯锋,庄建平.抗日战争(第五卷)[M].成都:四川大学出版社,1997:675.

了粮食危机。军粮供应扩大到与部队和军事有关的机关团体,统一按照国民政府制定的标准配给米麦,后顾之忧解决,军队战斗力增强,军心稳定,促进了战争的胜利。众所周知,粮食是军队的生命线,是关系到战争胜负的重要因素。

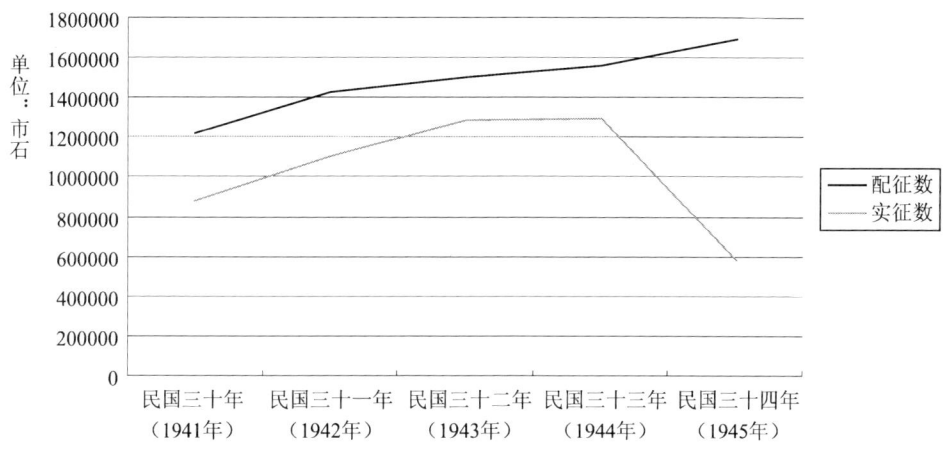

图 5-2 贵州省抗战期间军粮配征数与实征数对比图

如图 5-2 所示,自 1941 年起,军粮配征数逐年增加,到 1944 年,军粮征实的完成率亦呈现一致的趋势;1945 年军粮征借应当免征,但贵州省仍完成 34.22%。各历完成数量较大,民国三十年配征数 1217660 市石,实征数 876678 市石,民国三十一年(1942 年)配征数 1429312 市石,实征数 1104700 市石;民国三十二年(1943 年)配征数 1500590 市石,实征数 1286802 市石;民国三十三年(1944 年)配征数 1558110 市石,实征数 1296240 市石;民国三十四年(1945 年)配征数 1695027 市石,实征数 580081 市石,共配征田赋 6304799 市石,实征田赋 5145001 市石,平均完成率为 81.6%;占全国军粮征借稻谷类 9.99%。军粮在民国三十年(1941 年)为债务,三十一年(1942 年)为半征半借,三十二年(1943 年)为半征半借,三十三年(1944 年)以后全部征借。

抗日战争爆发后,国民政府决定,田赋征实所得的粮食,首先作军粮安排。1941 年军政部计划的军粮配额数为米 765 万大包,小麦 270 万大包,而实际配发数则为大米 932 万大包,小麦 756 万大包,总计超过计划配额数的 50%。❶ 按照何应

---

❶ 全国委员会文史资料委员会.文史资料存稿选编-经济(上)[M].北京:中国文史出版社,2002:254.

钦《日本侵华八年抗战史》统计的部队人数,1941年为425万余人,1942年为512万余人,1943年为为546万余人,1944年为681万余人。❶但贵州省1942年征购度粮食成绩不佳。在新赋即将开征之际,蒋介石电示:"所有欠数,应即严限催收足额,三十二年之核定征实征购数额,必须一并办足,不得再有短缺。"❷贵州省因为1943年受灾严重,该年度军粮征购征借改为半购半借。

贵州省的情况,民国三十三年(1944年)以前,军粮按规定配送。三十三年(1944年)日军入侵黔南,军队云集,需要粮食较多,该年共拨军粮1142017大包,折合稻谷3037765市石,当年全国共拨军粮5524000大包米,贵州约占全国的15.5%(按一包稻谷折合0.75包大米计算);三十四年(1945年)拨军粮395525大包,折合稻谷1052096.4市石(一大包约2.66市石)。

表5-4 抗战时期贵州田赋征实完成数与全国田赋征实稻谷数额之比较表(1941—1945年)

类别	田赋征实数(市石)	占全国百分比	征借军粮占(市石)	占全国百分比
贵州	5358594	0.483%	5145001	9.99%
全国	1110489332		51514625	

县级公粮完成最好。国民政府设立"非常时期改善公务员生活委员会",1941年7月颁布《非常时期改善公务员生活办法》,规定平价米放发办法,中央公务员在重庆领取;各省田赋征实中拨付给该省公职人员和警卫人员。1942年10月由国民政府行政院出台《公务员战时生活补助办法》,改"平价米"为"公粮",免费配给公务员。各省公务员则军粮拨出后,由该省征实、征购和征借的粮额中划拨。县级公务人员的公粮由县级田赋征收处按实际需要量代征。据统计,配售中央机关员工平价米的数量,从1941年10月至1945年9月,四个年度共拨中央公粮计稻谷1309万市石、小麦86万市石(其由财政部国库署拨发的中央公粮代金未计算在内);共拨省级公粮,计稻谷2461万市石,小麦341万市石;共拨县级公粮,计稻谷

---

❶ 转引崔国华.抗日战争时期国民政府财政金融政策[M]//何应钦.日本侵华八年抗战史.成都:西南财经大学出版社,1995:72.

❷《民国贵州省政府委员会会议辑要》编辑部.民国贵州省政府委员会会议辑要(上)[M].贵阳:贵州人民出版社,1998:534.

3097万市石,小麦637万市石。❶

1943年川、康、皖、浙、赣、湘、粤、桂、闽、苏、滇、黔、陕、甘、绥、宁等省共拨谷578万余市石,小麦33万余市石;1944年川、黔、浙、闽、赣、粤、甘、绥、宁9省,共拨谷约457万余市石,小麦30余万市石;1945年川、闽、赣、浙、皖、滇、甘7省发给公教人员实物计谷458万余市石。从1943年元月起各省级机关公教人员照中央公务员例,免费配发公粮,征实、征购征借粮额配发军粮后,不足部分则由国库发代金券;1943年全国省级公粮为谷594余万市石,小麦121万余市石;1944年为谷539余万市石,小麦72万余市石,代金折小麦42万余市石;1945年预算应拨谷482余万市石,小麦33万余市石代金折谷65万余市石。

县级公务人员公粮,1942年以前由各省自己办理。从1943年起,四川和湖南两省可由征实数内划拨,四川210万市石,湖南160市石;贵州由征实内拨补给10万市石。其余省份按照实际需要数量核定,与田赋一同征收;但带征数额不超过征实数额的30%。核算数:1943年全国县级公粮为谷942万余市石,小麦108万余市石;1944年全国县级公粮为谷991万余市石,小麦190万余市石;全国县级公粮为谷875万余市石,小麦204万余市石。实际配发给公教人员(中央和县级)食粮,除平价购领和折合代金外,1943—1945年免费配发共计谷5920万余市石,小麦828万余市石;其中含属于带征的县级公粮为谷2808万余市石,小麦502万余市石。

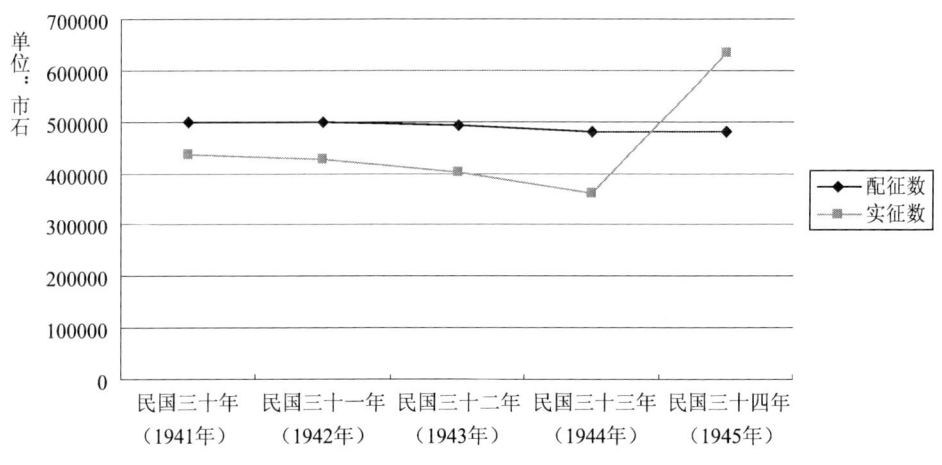

图5-3 贵州抗战期间县级公粮配征数与实征数对照图

---

❶ 马季文.文史资料存稿选编-经济(上)[M]//国民党统治时期的田赋与粮政,北京:中国文史出版社,2002:259,261,262.

如上图 5-3 所示,贵州的县级公粮完成率在三征工作中完成最好。前四年县级公粮的完成趋势与配征数额大体一致,而 1945 年则超额完成,完成率达到 132.3%,这是一种奇迹。县级公粮,历年数目并不小,民国三十年(1941 年)配征数 498192 市石,实征数 435081 市石,民国三十一年(1942 年)配征数 499895 市石,实征数 428330 市石;民国三十二年(1943 年)配征数 494035 市石,实征数 401717 市石;民国三十三年(1944 年)配征数 479176 市石,实征数 360648 市石;民国三十四年(1945 年)配征数 479806 市石,实征数 634790 市石,共配征县级公粮稻谷 2451104 市石,实征县级公粮稻谷 2260566 市石,平均完成率为 92.23%。❶ 占全国县级公米稻谷类 2808 万余市石的 4.98%(1943—1945 年计为 1397155 市石)。

贵州的田赋征实,总的来说,所取得的成绩在全国占有一定的地位。田赋、军粮征借与县级公粮三项之和为 12764161 市石。

2. 田赋征实有效地调剂了民食,稳定了粮食市场。

从 1941 年开始,征购/借来的粮食,除充作军粮和专项粮食调拨外,剩余皆作为国民的粮食。各省按实际需量在粮食难接济时,以低于市场的价格出售,主动调节市场供求关系。四川省设立有民食调节处,江西、陕西、河南等省设有民食供应处。贵州省在贵阳和独山设立有民食调节处。

1941 年,川、滇、黔、粤、湘、浙、皖、赣、闽、桂、康、鄂、宁、青、绥、甘等省拨谷 900 万余市石,麦 20 万余市石;1942 年,川、滇、粤、湘、浙、皖、赣、闽、桂、康、宁、绥、甘、陕等省拨谷 842 万余市石,麦 13 万余市石。

1943 年,川、粤、浙、皖、赣、闽等省拨谷 751 万余市石。贵州同年 4 月闹米荒,贵阳市政府于 14 日召开会议,由粮食主管机关、商会、米面业同业公会主要人员参加,会议决定适当上调限价,严饬各同业公会按照新价进行交易。新价到秋收时根据丰歉情形再作调整。要求贵筑、遵义、安顺、镇远、毕节、独山等县参酌办理。❷ 1944 年核准发售给民食的谷共计 540 余万市石,麦 2 万余市石;这四年共计发售到市场上,谷 3035 万余市石,麦 37 万余市石。贵州财政厅实物配发处预付购米款 50 万元,用于粮食管理局前往清水江、都柳江流域各县购买 2 万石运到省城公卖,以

---

❶ 贵州省人民政府财政经济委员会.贵州财经资料汇编[M].贵阳:贵州省人民政府财政经济委员会,1950:395.

❷ 《民国贵州省政府委员会会议辑要》编辑部.民国贵州省政府委员会会议辑要(上)[M].贵阳:贵州人民出版社,1998:542.

资调济。❶

全国民食调剂量,1940—1946年,七年共计稻谷3941万市石、小麦47万市石、杂粮44万市石。❷

这些粮食平衡了贵州省的粮食市场,对于全国而言,亦起了积极的作用。抗战时期,随着战争双方相持阶段的到来,战略物资都进入紧张时期。物价上涨,国民生活困难。国民政府采取田赋征实,不但粮食有了保障,对于市场的急剧上扬的粮食价格,也起了平抑作用。粮食价格慢慢稳定,市场趋向于安定。粮食对整个局势的影响很大。粮食价格的稳定促进商品市场的稳定。

运用田赋征实所得的粮食拨充军粮和公粮之后,所剩下的调剂人民的粮食,在各重要消费市场设置机构,用平价出售给国民,缓解了城市平民和战时生产工人的粮食困难。自1941—1944年,四年里共有3035万余市石稻谷、37万余市石小麦用于市供平民购买。这个做法平衡了粮食市场的供需关系,稳定了粮食价格和市场。

田赋征实之后,实物由国民政府管理,政府不必支付大量资金购买粮食,只需要宏观管理和调控;同时政府手中有足够的粮食作支撑,可以把它投入到市场上,避免因粮食价格上涨落而带来的混乱;政府有了粮食,自身也不产生恐慌,实施有效管理即可。❸

田赋征实之后,贵州境内的物价开始稳定,物价指数发生变化,出现一些低于粮价指数的现象。国民政府利用粮食价格的稳定从而稳定了物价,可谓"以粮制价"。前方将士需要粮食供应,后方的百姓也需要粮食生存,否则人心会发生动摇,前方将士会顾虑自己的亲人,不安心作战,市场和社会将出现不稳定的状况。这就是说,无论将士抑或百姓皆以粮食为生命线,战时粮食的重要性不言而喻,不亚于武器装备。

许涤新认为,粮食政策的目的是"使军粮民食,皆告无虞。这显然并不是一个单纯的经济问题,更不是一个简单的技术问题,乃是一个活生生的政治经济问

---

❶ 《民国贵州省政府委员会会议辑要》编辑部.民国贵州省政府委员会会议辑要(上)[M].贵阳:贵州人民出版社,1998:533.
❷ 马季文.文史资料存稿选编－经济(上)[M]//国民党统治时期的田赋与粮政,北京:中国文史出版社,2002:262.
❸ 《抗日战争时期国民政府财政经济战略措施研究》课题组.抗日战争时期国民政府财政经济战略措施研究[M].成都:西南财经大学出版社,1988:55.

题"❶"抗战建国坚持的现阶段,田赋征购粮食……尤其是对军公民粮供应,平抑粮价,确有不可抹杀的贡献",❷文华充分认识了田赋征购粮食的重大意义在于满足军公民粮食和平抑粮食价格。粮食对于稳定全国人民对抗战胜利的信心、军队的军心和鼓舞军人士气等方面都作了坚强的物质保证。一句话,田赋征实后,无偿获大量粮食,军粮民食皆有依靠,稳定了军心民心,为抗战胜利打下坚实的基础。

3. 田赋征实有利于缓解财政危机和抑制通货膨胀

田赋征实前的赋税弊端。贵州省为了满足其经费的需要,不断提高田赋数额。贵州省政府根据本地的情况制定的税率,除田赋正税之外,另有种种附加、摊派,这些附加、摊派甚至超过田赋正税的数倍。地方政府掌握着征收权,自定附加、摊派,数量大,种类多。如江苏的附加税种类多达 147 种,少者也有好几种。❸ 而湖南省的田赋附加,超过正税 30 倍者有之,20 倍者有之,10 倍则普通皆是。❹ 名目繁多、附加税不断增加,农民不堪重负。当时的国民党政府官员曾说:"田赋附加……名目繁多,不胜枚举。"❺

各种赋税多。国民政府财政部曾呈请核定土地陈报办法,并督导各省限期完成,但经过了数年,仍成效甚微。除了增加田赋和田赋附加外,各省还采取了田赋预征,其中尤以四川省为最重。田赋的征收每年三四次,最多达八九次。四川各县的田赋,一般的已征至 30 年以上。❻

田赋征实后之抑制通货膨胀。抗日战争爆发以后,国民政府的财源因为战争而减少,同时又大量发行法币、公债,导致了国库亏空,财政赤字增加和严重的通货膨胀。

抗战时期,贵州省虽为大后方,但由于外省流亡人口大量涌入,造成本省的财政压力增大。人数剧增,原有的粮食收入有限,带来财政赤字,粮食市场价格上升。由于沦陷区不断扩大,国民政府税收日益减少,农业年年歉收,军费开支增大,导致财政出现严重赤字。国民政府通过发行货币和公债的方式解决赤字问题,但物质基础并不巩固,导致通货膨胀,贵州也卷入其中。国民政府当局为了对付"钞荒",

---

❶ 许涤新.关于粮食政策,重庆,《新华日报》,1941-7-27.
❷ 文华.对于四川田赋征实购粮之建议,重庆,《新华日报》,1942-2-12.
❸ 章有义.中国近代农业史资料(第三辑)[M].上海:生活·读书·新知三联书店,1995:16.
❹ 章有义.中国近代农业史资料(第三辑)[M].上海:生活·读书·新知三联书店,1995:18.
❺ 吴兆莘.中国税制史(下)[M].上海:上海书店,1984:156.
❻ 章有义.中国近代农业史资料(第三辑)[M].上海:生活·读书·新知三联书店,1995:39.

逐步发行大面额钞票,如1942年货币发行量达到344亿,是1937年6月的24.2倍,是1939年12月的8倍。❶ 货币发行量过大,带来钞票贬值,物价上涨,国民经济和人民生活皆大受影响。国民政府财政困难,地方财政同样面临窘境。从1941年起,贵州积极响应国民政府的政策,采取田赋征实,不但无益于解决财政困难,反而使得实际的财政收入减少。

国民政府通过田赋改征实物,国库实际收入逐渐增加,扭转了抗战时期的财政困难。抗战期间国民政府的赤字占支出的百分比依次为:1937年73.05%;1938年74.63%;1939年76.12%;1940年71.88%;1941年88.19%,1942年为71.35%,1943年68.05%;1944年73.95%;1945年(1~10月)87.16%,从1941—1943年赤字率呈现下降趋势。❷ 张公权也认为,1942—1943年,政府财政赤字扩大之有所缓和,田赋征实贡献最大。❸

田赋是国家财政收入的主要来源,如果国民政府仍以战前的赋额征收货币,因为货币发行过多,实际收入已减少,若一再由中央银行用多发钞票的方法来弥补,货币更加贬值。而抗战时期,政府和军队需要的费用日益增加。改用征实的办法,可以缩小战时财政收支不平衡的矛盾,减少国民政府中央银行财政性质的货币发行量,从而平抑物价,增加财力,紧缩货币发行。

国民政府的势力1934年进入贵州,从1937年起,国民政府为了增加财政收入,进行土地陈报工作,通过土地陈报整顿田赋,1941年结束,登记耕地1820万亩,赋额定为520余万元,此数额是整理前的7倍,1941年征收到270多万元。

从1940年起,粮食价格上涨,军队和民众的粮食皆遇到困难,若继续用钞票购买军公民粮食,会造成粮价进一步上涨,且财政负担亦加重,另一方面会使通货膨胀更严重。田赋改征实物,国民政府征集到足量的粮食,省去了用钞票购买的环节,减少了货币总量,对于财政赤字产生正面作用,抑制通货膨胀;市场上得到余粮配置,运用粮食调节货币,使一定量的货币回到政府手中,加速了资金回笼;公教人员得到配置的公粮,亦更加安心从事抗战工作。这些足见田赋征实对于解决当时的财政危机和通货膨胀起到了极大作用。

---

❶ 《贵州六百年经济史》编辑委员会.贵州六百年经济史[M].贵阳:贵州人民出版社,1998:343.
❷ 《国民党政府财政收支和赤字数额统计(1937~1945年)》,北京大学国际政治系,《中国现代史统计资料选编》,河南人民出版社,1985:334.
❸ 张公权.中国通货膨胀史(1937~1949年)[M].杨志信,译.北京:文史资料出版社,1986:30.

三征对于大后方的通货膨胀和财政困难起到了缓解作用。当然,国民政府时期的通货膨胀一直在进行,并未停止。换句话说,田赋征实是在政府和市场之外抑制了通货膨胀的发展。

1941年11月中旬,国民政府粮食部长徐堪曾说:"粮食部成立于粮食问题极为严重之际,征实而后,得以渡过难关,非惟军粮完全解决,且有余粮供应公粮和控制粮价之用。缺粮省份,中央且予调拨,使不感恐慌。"❶这说明田赋征实使国民政府渡过了难关,既解决了军粮,也保证了余粮供应公粮和调节粮食价格,使省际之间也能做到宏观调节,实现了田赋征实的最实目的。

田赋征实、征购和征借,为国民政府征集了一定数量的粮食,与其他开征实物的省份一样,为抗日战争的胜利提供节物质保障。贵州田赋征实,对于境内的金融调节和物价稳定起了重要的作用,作为大后方,尽到了应有的职责。田赋征实的历史作用不可忽视,若无这项工作,战时的中国经济将在中途走向崩溃,无法维系战争,至于战争的结果则是不堪设想的。就全国而言,从田赋征实的效果上说,该策略推动中国人民主动积极地应对日寇侵略,为彻底打败日军发挥了决定性作用,因为它保证了艰难困苦之下军公民工粮食供应,"但在此环境极端艰困之下,军公民食供应无缺,各地粮价指数始终比一般物价指数为低,区区绩效,差堪自慰",❷此语虽不可全信,但比较符合事实。贵州的田赋征实在总量上说,所占的比重不大,但其作用不可低估。以民国三十年(1941年)的征实数而论,可见一斑。

表5-5 1941年贵州省田赋征实、征购与临省比较表

省别	田赋征实1000公担	总产量(%)	粮食1000公担	占总产量(%)
贵州	998	6.4	724	4.7
四川	6781	7.5	6566	7.4
湖南	2402	2.7	4220	4.7
湖北	652	3.0	800	3.7
广西	1364	2.2	1159	1.9

如图5-4和图5-5所示:

---

❶ 中国人民政治协商会议全国委员会文史资料委员会.文史资料存稿选编-经济(上)[M].北京:中国文史出版社,2002:275.

❷ 章伯锋,庄建平.抗日战争(第五卷)经济[M]//徐堪.抗战时期粮政纪要.成都:四川大学出版社,1997:672.

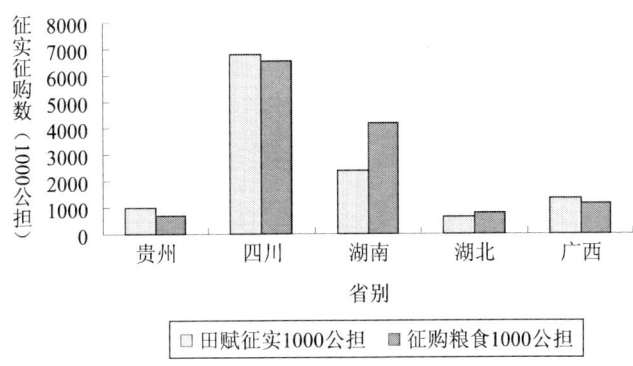

图 5-4 1941 年贵州等省田赋征实征购对比图

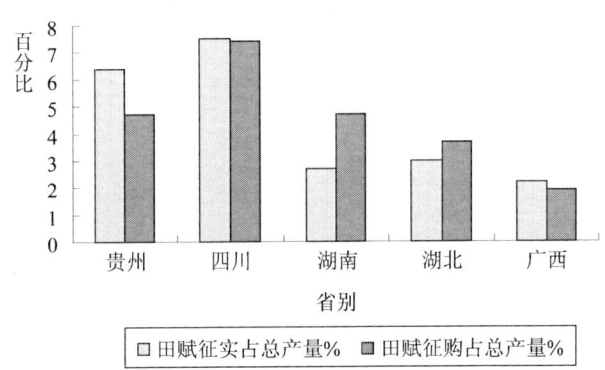

图 5-5 1941 年贵州等省田赋征实征购占总产量百分比图

图 5-5 可见,贵州在 1941 年的征实和征购与总产量之比,与四川、湖南、湖北、广西四省粮食征实和征购与总产量之比排列第二,高于湖南、湖北和广西。

田赋征实通过折价后,国民政府财政收入大幅度增加,减少了财政赤字;田赋征实后,减少了财政上的现金支付,从而减少货币发行,稳定了金融业;征实所得的粮食除了军粮和公粮外,还有大量余粮,可以用平价向国民出售,稳定了战时的粮食市场。

4. 田赋征实是抗战历史背景下的特殊产物

预征田赋,不仅在军阀割据的贵州等省份出现,即使在国民党中央政府控制的省份也屡见不鲜。这一时期,田赋政策十分混乱,积弊深重,农民的负担繁重。有鉴于田赋、附加名目繁多,农民苦不堪言,无法维持生计,"为防患于未然计,对此种事项,不能不加限制",❶1928年10月,国民政府财政部颁布了限制田赋附加办法八条,规定田赋、附加的总额及其超额标准,并严格申明各县照此规章办理,规定对擅自增加田赋附加者,撤职查办。但这些规定只是一纸空文,未起到任何实质性的作用。1933年,国民政府再次颁布了《重订整理田赋附加办法》,形式上更加完整,实际上贯彻较差,无多大实效。1934年,国民政府召开第二次全国财政会议,集中讨论了减轻田赋、附加,规定取缔摊派的办法,形成了决议,就是减轻田赋附加,废除苛捐杂税。此项决议得到实施,曾起到一定的作用,但抗战爆发,又遭到搁置。

田赋征收制度的混乱,在抗日战争爆发以后更加凸显。随着抗战的进一步展开,战局和国内形势的恶化,原有的田赋征收制度的基本上无法再维持下去。根据国民党五届八中全会决议内容:"自民国十七年颁行国地收支划分标准,以田赋划归地方,各省遂视为收入之大宗,每有需用,大部增加田赋,以供应支应,遂致赋则纷歧,附加杂出,轻重失其平衡,人民病其烦扰,嗣后财政部为整理计,呈请核定土地陈报办法,督导各省限期办竣,行之数年,略具成效,嗣以抗战事起,多归停顿。"❷可见自从国民政府第一次全国财政会议召开以来,田赋征收所累积的种种弊端并未从根本上革除,反而险象环生。此后国民政府虽作了局部调整,但未能从根本上消除弊端,因此收效较小。抗日战争爆发后,为了实现抗战建国的目标,保障抗战的顺利进行,国民政府适时审时度势,对田赋进行改革,把田赋收归中央,改征实物,由中央统筹规划,以避免以往田赋征收中的弊端。

到民国三十年(1941年)六月,粮价飞涨,导致生产成本增加,一般物品价格高涨,人民的生活受到重大影响;政府方面则出现税收剧减,工资高涨,财政经济状况面临非常严峻的形势。国民政府为了挽救财政危局,适应抗战的需要,调整赋税政策,涉及税率、征收标准、征收办法、课税范围等方面,主要有四点:

一是各省田赋由中央接管统筹整理,并改征实物,以供应军粮民食,稳定粮价;二是扩大直接税体系,严格征收过分利得税,以贯彻"有钱出钱"的征税宗旨;三是货物统税和战时消费税一律改为从价征收制度;四是实行国家专卖制度。❸

田赋征实是赋税领域中最重要的环节。推行这些赋税新政策对中央财政状况

---

❶ 吴兆莘.中国税制史(下)[M].上海:上海书店,1984:156.
❷ 荣孟源.中国国民党历次代表大会及中央全会资料[M].北京:光明日报出版社,1985:688.
❸ 《抗日战争时期国民政府财政经济战略措施研究》课题组.抗日战争时期国民政府财政经济战略措施研究[M].成都:西南财经大学出版社,1988:31.

产生了十分重要的作用。而田赋征实解决了粮价上涨和财政税收困难两大难题。田赋征实关系到政治、军事、经济、财政、社会等许多方面,是一项极其重要的国家政策。

(三)抗战时期贵州田赋征实的不足之处

客观地说,国民政府的田赋征实成效巨大,但征收过程中存在不少问题,造成许多弊端。负责征收的官员拼命征粮而不顾公平,经办人员私利和贪欲太重使征实带着污点。

1. 国民政府政治体制不健全,官员中饱私囊,对田赋征实产生较大的负面影响

为了田赋征实的顺利进行,国民政府制定了比较完善的制度和法令,涉及征收、仓管和粮食的划拨等,同时出台监督监察制度,责成各级征收机关督察,以杜绝征收过程中可能出现的各种弊病。但少数地方官员为了谋取私利,营私舞弊,无视国民政府中央法规,带来田赋征实的诸多害国损民的问题。

与征收货币相比,田赋征实复杂得多,粮食品种、验收、仓储、运输、调拨、配置等环节皆细致入微,不可疏忽,否则容易出现问题。从制度上说,这些环节有监察员定期督察,应该不会有差池。然而监察员隶属该辖区的监察委员会,由县市党部书记长、乡镇长、三民主义青年团代表、公正绅士组成,这些人与征收官员、库管员、调拨员等田赋征收人员有或多或少的联系,他们对粮食征收及存储、分配、运输等过程中的弊端不管不问,视若无睹,甚至参与分赃。比如征收到未完成田赋任务的滞纳金,经征人员与当地国民党、三民主义青年团、参议会和土劣朋友共同侵占。当时的流行语描写田赋征实,"从政莫如当娼,当娼莫如从良(粮)"。国民政府粮食部长徐堪曾说:"粮食的收、储、运、缴四阶段中,没有一个阶段没有弊。"❶ "粮弊太大,贪污太多。"❷ 粮食仓库的管理员素质低劣,存心不良,易贪图私利。时任四川省田赋管理处督导员龚宜昭归纳征收人员的行径有:冒斗浮收;暗改斗称;检验粮谷,借题敲诈;遍地洒落,形同没收;盗借谷粮,用收回扣;窃卖公粮,牟取暴利;填发空票,通同作弊;串通土劣,私收墨条;仓库掺假;蒙报欠收;改填收据存根;以其

---

❶ 重庆,《大公报》1949 – 9 – 7.
❷ 重庆,《大公报》1944 – 9 – 8.

报销之霉烂谷米,发给征属等。❶ 田赋征实的每一个环节皆容易被不法分子巧立名目,肆意掠夺,造成损失。

2. 田赋征实的标准未能统一,各地区不平衡,导致国民田赋负担轻重不同,缺乏公平合理

国民政府赋税的指导思想是"为调剂战时各地军粮民食,平均人民负担",但因历史政治背景不同,整体而言,全国各省份的田赋征实额度不平衡,南方省份高于北方。国民政府当局不能利用土地陈报的成果,因为土地陈报对于地籍整理的贡献是有限度的,在科学的地籍整理未完成之前,试图求得田赋负担公平,是不可能做到的。按理说,粮食征借征购的对象以有余粮的家庭为主体,余粮少的少征借征购,多的则多征借征购。耕地经过测量、登记和核定价格的不多,推行有困难。这也是造成田赋征实征借征购难以公平实施的原因之一。

就贵州省来说,各县田赋负担也有差异。1941年国民政府采取田赋征实后,同一等级的土地上出现了不同的田赋负担,不同等级的土地却承载相同的田赋数额。贵州与其他省之间,田赋征实额度也存在着差别。如在甘肃省,同一级别的土地,在不同的县,负担差额很大,最低的与最高的相差六七倍,有的甚至高出几十倍或成百倍之多。❷ 又如四川省各县之间的田赋征实数额也存在着较大差别。以田赋附加而论,该省1941年各县田赋附加对正税的比率,计一倍以下有5县,一倍至二倍有12县,二倍至三倍有13县,三倍至四倍有12县,四倍至五倍有9县,五倍至六倍达70县,七倍有4县,八倍者2县,八倍半者2县,十倍者3县,十二倍者2县。❸ 田赋征实中的附加,最高县份与最低县份相差达十六倍。

各省之间田赋负担并不平均。1941年河南省征实税率,平均每市亩三市升五勺;四川省征实平均每亩六市升二合三勺。原因是各省征赋额度按照历史沿革的旧赋数额进行征收。贵州省在1937年土地陈报前田土耕地面积为1010万亩,田赋为728425.682元,每亩约为0.072元。陈报后土地面积为1821.6万亩,赋额为526.53万元,以1942、1943两次复查的赋额477.93万元计算,每亩0.263元。

---

❶ 龚宜昭,黄竹川. 国民党田赋征实的罪恶与四川人民的怒号[J]. 四川文史资料(第11辑),第157~159页.

❷ 《财政学报》,第2卷第2期. 转引朱玉湘. 抗日战争时期国民党政府田赋征实与与粮食征购[J]. 山东大学学报,1963(1).

❸ 彭雨新,陈三友,陈思德. 四川省田赋征实负担研究[M]. 北京:商务印书馆,1943:40.

地主、大地主与普通农民所承担的田赋数额分配也不公平。根据国民政府规定,各省田赋征收实物的折征标准,粮食征购、征借采用累进税率,粮多多征,粮少少征或不征。但这个规定未能严格执行。刘仲麟指出,田赋征实的税率不能贯彻的主观原因是"有法不依,执法不严"。❶ 如四川长寿县一个收入 4500 市石租谷的大地主,交纳田赋 150 市石,占总收入的 3%,和高县一个收入 10 市石的小自耕农,须交纳田赋 1.336 市石,占总收入的 13%。❷ 普通农民与地主承担的田赋数额未能按照相同的比例计算,两者出现不公平,造成普通农民交田赋后,所剩下的粮食用于维持生计比较困难。在这种情况下,一般地主常常将田赋转入田租中,增加田租数额,扩大对佃农的剥削,以图减轻自身的田赋征实负担。佃农所遭受的盘剥既重而又无能为力,由此带来地区性的贫富差距。这是田赋征实政策执行以来始料未及的。贵州对于抗粮大户造成田赋征收迟缓,进行惩罚,对于催征不力的各县正、副处长同时作出处罚。

3. 交粮程序较多,国民交粮时办理手续费力

1941 年推行经征和经收分开的办法,出现机构重复现象,国民交纳粮食手续增多,颇费周折。经征机关和经收机关的规章制度不同,相互之间工作配合较差,这些皆影响了田赋征实的工作效率。经征和经收合并以后,仍存在诸多不便。对于交纳粮食的农民而言,一是必须知道应交征实和征购的粮食数量,接着到经征部门进行核算,再把粮食运输到粮仓地点换取收据,领取粮票和征购粮食的收条,最后到金融机构代办点换取百分之三十的现金和百分之七十的粮食库券。手续复杂,地点不一,机构较多,农民往返奔走,被弄得晕头转向。即令征实的工作人员也不甚清楚。

贵州地处山区,平地较少,加上粮食征收的地点分散,粮仓分布不集中,加上道路崎岖、路程较远,农民用肩挑背驮粮食,往返于山路上,其艰苦之状难以言表;所费的周折和费用有时超过应纳的粮食,累计起来所耗费的人力和时间大得惊人。

粮食质验人员有时对农民苛刻,称量之结果与农民在家时自称的数量有差额,农民不得不奔走于粮食征收点和住所,重复运粮,困难重重;加上粮食经过风车吹

---

❶ 刘仲麟.也谈 1942 年田赋征实的税率与税负[J].近代史研究,1987(4).
❷ 沛然.论公平第一与得粮第一[N].重庆,新华日报,1944-7-31.

簸,扫除空壳,又需要支付风车检测费;倘若粮食水分太重不合格,又必须晒干后方能交验。这样的折腾,使农民苦不堪言,而粮食征收人员则可从可渔利。

如剑河县,自从民国二十九年(1940年)开办军粮征购工作,调出粮食。县内军粮局未设立粮库,所征军粮需要雇用挑夫运输到重安江、下司、三穗,经水路用船泊下运到湖南洪江等地交拨。❶

民国三十一年(1942年)根据《贵州省军粮驿运暂行办法》规定,民夫每运米1斗(20公斤)行走1华里(0.5千米)发给运费2角5分(法币),但这样的计费标准太低,民夫不够伙食,加上交割时官方有意刁难和克扣,民夫感到苦不堪言。民国三十二年(1943年)按照《贵州省粮食夫运办法》,运粮食的民工按每天负重40公斤行走30千米往返路程,发给口粮糙米48两(1.5公斤),运输杂费4元(法币),途中宿店,每个民工每宿支付伙食费5角。民工自备运输工具。实际上,炉山县仅发给民工每人运输费1.20元、回程费0.70元、糙米0.75公斤,民国二十四年(1935)湘黔路通车,普通粮油运输还由肩挑马驮。❷

4. 田赋征实之后,粮食仓库储存、运输、配置等环节皆有可能出现问题

粮食是一种普通物品,比重小于水,既占空间,又不能储藏太久,对仓库储藏的条件要求较高,如果仓库不干燥、不通风,粮食会发生霉变,从而影响粮食质量。粮食运输需要打包,途中亦不能遇到雨水或潮湿的气候。从仓库储存到打包、运输和分配,皆需要大量人力物力和财力,从而增加粮食的损耗。正由于粮食具有这些特殊要求,保存和运输粮食就会产生各种各样的问题。贵州省境内交通不发达,陆路、水路皆面临困难,这些造成管理粮食的官员和办事人员容易滋生营利舞弊动机,更能找到合理的粮食损失缘由。比如遇土匪打劫、船运事故、交通事故等,造成粮食的损失,形成所谓的"损耗";或者调包、以次充好换掉粮食运到粮食市场贩卖以获取不利之财。"这些稻米到了士兵或官吏的饭锅时,只是勉强可食而已"。仓馀问题,"政府之损失,当匪细微。除加工与仓馀之外,其他之损失,如储运人员之因侵蚀,而浮报损耗,或捏报运输失吉等情事,其数必巨。此为当局之所知,非局外人所能估计者也。"❸由此,粮食储藏、运输成本增加,粮食从征收数额到实际消耗数,其间的差额比较大,由此产生的经济损失较大。

---

❶《剑河县志》,贵州人民出版社,1994:778.
❷《炉山县志》(凯里市),贵州人民出版社,1998:798.
❸ 陈正谟. 田赋征实与粮食征借之检讨[J]. 四川经济季刊,1944(2):320.

第五章　抗战时期贵州田赋征实的评价

与征收货币相比,田赋征实牵涉到的机构和人员太多,综合协调、统筹兼顾等工作如果未做到位,则其中产生的弊端亦不少。官员、征收人员的基本素质亦是影响粮食征收弊病的原因之一。就全国而言,参与田赋征收的人数多达20余万。❶

贵州田赋征实过程中亦出现许多问题。擅自改动粮册,虚报稻谷数目,折收价款,侵占滞纳金,监守自盗,私自侵吞粮食,大斗大秤收进,小斗小秤支出等,采用各种形式勒索农民。民国三十一年(1942年)桐梓县采用"随赋带征"的办法,把每元征户捐4角6分,改为每元征户捐9角3分,超征数额为45333元,处罚结果:对县长、财政科长记大过一次,征收主任记大过两次。同年,三都县田赋的80%由地主和佃农各自承担一半;县长吕广恩借职权之便,盗窃卖公粮,其中一宗为115石,另私卖军粮。人民代表韦明法等21人曾向省参议院请愿,要求治其罪。❷

庞大的粮食征收队伍,本身要耗费大量的薪金和粮食;更何况如何有效管理这支队伍使其发挥最佳效率,对于国民政府来说,短时间是很难企及的。国民政府亦在兴利除弊,但有时是贼喊捉贼,因为田赋征实过程中人人可见大量的利益,在利益的驱动下,各级征收、仓储、运输人员竞相谋私利,不顾国家法纪,拼命敲诈交纳田赋之人,无形中增加农民的田赋数额,损伤农民的切身利益,挫伤农民对国家和抗战的认同,从而为国民政府后期的迅速垮台埋下伏笔,"税收上各式各样的贪污断丧了民众的士气,动摇了民族的根基"。❸ 张嘉傲曾说:"田赋征实对政治和社会长远的影响远胜于军队暂时能获得廉价粮食的好处。"❹张氏道出了田赋征实所产生的间接后果,从侧面揭示了田赋征实的负面影响。

5. 扩大田赋征实数额,除县级公粮未改动外,征借军粮演变为征发

国民政府对田赋征实进行调整。1942年,由于军队对粮食需求不断增加,财政部与粮食部修订了《战时田赋征收实物暂行通则》,调整田赋征收标准为:"各省田赋征收实物,依民国三十年(1941年)省县正附税总额每元折征稻谷4市斗,或

---

❶ 易劳逸.农民、农税和国民政府[C]//.中华民国建国史讨论集编辑委员会编辑出版.中华民国建国史讨论集,1981:264.
❷ 《贵州省志·粮食志》,贵州人民出版社,1992:40.
❸ 财政部财政年鉴编纂处.财政年鉴(三编)[M].(第五章),1948:34.
❹ 张嘉傲.1939年至1950年间中国之恶性通货膨胀[C]//转引易劳逸.农民、农税和国民政府.中华民国建国史讨论集编辑委员会编辑.中华民国建国史讨论集,1981:265.

小麦 2 市斗 8 升为标准。其赋额较轻或较重之区域,由中央酌量增减。"❶提高了税率。由前文所示,加上公教人员每元征稻谷 1 市斗,实际征收田赋比中央所定的标准高出 1 市斗。

民国二十八年(1939 年)起,贵州设立省购粮委员会,办理军粮征购事宜。准备后方军粮总库六个月囤粮,计米 168000 大包,纯为自由收购,这是军粮购办的起源。二十九年(1940 年)奉令购囤军粮大米 2 万大包,按照驻军地点和产量、市价收购。

民国三十年(1941 年)贵州全省需军粮大约稻谷 180 万市石,由田赋拨充 42 万市石外,另补购 138 万市石,按市价购稻谷,产包谷的地方购三成包谷。其数额仍按各县采购军粮的配额办理,实价参照各县的市价,一次付清粮价。这笔款来源于贵州省以盐易谷,由省委托贵州盐局代理,由售盐所得的款项交各县政府作购粮款。

民国三十一年(1942 年)全国征购军粮一亿市石,贵州省配征稻谷 150 万市石,占 1.5%;由田赋管理处分配到各县办理。以存有余粮户为征购标准,不适用随赋带征办法。

当时估计贵州粮价为 100 元—市石,最高单价为 135 元,最低为 75 元;最高付现金 50 元,四年期储蓄储券 85 元,价最低的付现金 50 元,四年储蓄券 25 元。共付现金约 7500 万元。各县征购数额在上一年的基础上加一成。

民国三十二年(1943 年)军粮改为半征半借,共 150 万市石。半借部分未发放任何补偿,纯为征发性质;半征部分的粮食,按照市价付一部分现金和一部分粮食库券。

民国三十三年(1944 年)度的军粮,全部改为征借,实际上全为征发性质,不付任何补偿。数额仍为 150 万市石,以存有余粮的大户为标准,此法同上一年;但不付代价,只在田赋收据上加盖戳记。这是征借军粮的开始。此后军粮征借随同田赋征实一起进行,成为农民的正供负担。共需军粮 383 万石,征借 129.6 万余石,不足的数额,由民国三十二年存粮支出 10 万大包,部队用现金委托各县政府购买 5.7 万大包,采购 22.6 万大包,仍差 11.7 万大包,此部分由四川省补运。❷

---

❶ 秦孝仪.《革命文献》第一一五辑抗战建国史料——田赋征实(二)[M].台北:中央文物供应社股份有限公司,1988:8.

❷ 贵州省人民政府财政经济委员会编.贵州财经资料汇编[M].1950:388.

民国三十四年(1945年)军粮改为随同田赋征实,征一借一,贵州省征实征借配数额为160万市石,每赋征一元,实征四市斗,征借四市斗,附征县级公粮一市斗;征借部分依照民国三十三年(1944年)的成例,不发粮食库券,不计利息。省田粮处根据各县赋数额随赋累进征借。此年赋额共计达到每元征9市斗。本年抗战取得胜利,全国田赋免征1年,但贵州省仍然征收和征借。这无疑对贵州是一种极不公平的做法。只是1946年度的田赋准予豁免。"行政院电示,凡曾经陷敌(日军)各省,应即予豁免1945年田赋一年,其他各省为1945年军糈民食所赖,准俟1946年度亦予豁免。"❶贵州征稻谷70个县,稻谷和平方米兼征10个县。包谷8升半折合稻谷1斗。还成立献粮献金委员会,开展献粮和献金运动,献粮主要献稻谷,由地主承担,共捐献1400石。❷ 田赋管理处呈报1944年度附征县级公粮标准提案,省参议会二届三次会议议决:"于军粮加征5升,县级公粮请免予再加2升,以疏民困。"❸省主席谕示依照参议会决议改为每元一市斗。

表5-6 抗战时期贵州田赋征实税率表　　　　　　　　单位:市斗

年　度	田赋征实标准 每元征稻谷	附征县地方公粮 每元征稻谷	征借军粮
民国三十年	2	1	田赋拨充42万市,补购138万市石
民国三十一年	3	1	配征稻谷150万市石
民国三十二年	3.5	1	半征半借,共150万市石。半征部分未发放任何补偿
民国三十三年	4	1	4
民国三十四年	4	1	4

根据贵州的各县志所载,民国三十三年、三十四年(1944年、1945年)实际执行田赋税率为每元征稻谷3.5斗。从整体上看,税率呈现逐年上升的趋势,由此可知,贵州人民所承担的负担是比较重的,如图5-6所示:

---

❶ 《民国贵州省政府委员会会议辑要》编辑部.民国贵州省政府委员会会议辑要(上)[M].贵阳:贵州人民出版社,1998:408.
❷ 贵州省志·粮食志[M].贵阳:贵州人民出版社,1992:39.
❸ 《民国贵州省政府委员会会议辑要》编辑部.民国贵州省政府委员会会议辑要(上)[M].贵阳:贵州人民出版社,1998:408.

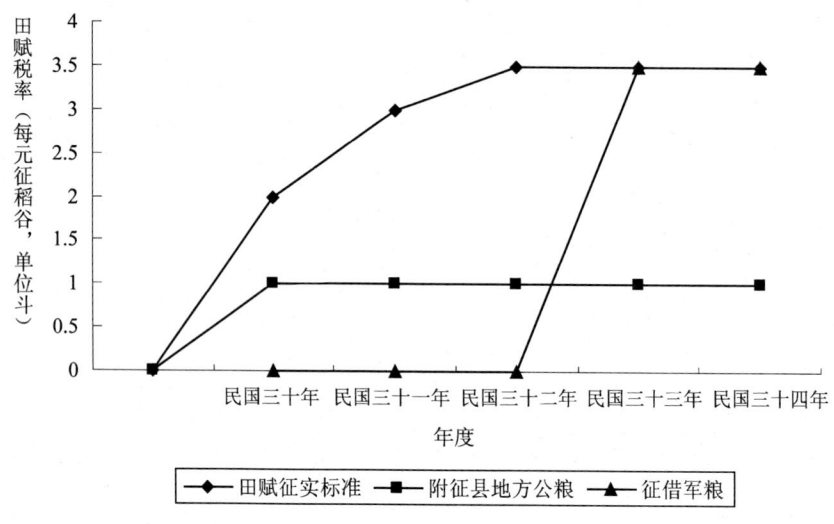

图 5-6 抗战时期贵州田赋征实税率图

民国三十二年(1943年)贵州省的积谷,随同三十三年(1944年)的田赋征实附征,三十四年的积谷,与同年田赋征实附征。标准为每赋一元附征积谷一市斗,全省民国三十二年至民国三十四年(1943—1945年)的数字无考,只零星有县志记载。❶

总之,从实际意义上说,抗战中后期,国民政府推行的田赋征实,是特定历史条件下使用的特殊税收政策,尽管存在着各种弊端,但对于支持抗战,支持中国军民夺取抗战的最后胜利起了不可估量的积极作用,这是应当充分肯定的。当时国民政府财政捉襟见肘,已无其他良策可以扭转濒临崩溃的财政状况,这种战时政策基本收到了预期的效果,完成了它的历史使命,在中国赋税史上也有一定的借鉴意义。其中,田赋收归中央政府,统一征收与管理,具有历史意义,为赋税的管理提供了一定的经验。田赋征实政策是"中国近代财政史上的一个重大的变化:它对抗战的胜利发挥了至关重要的作用"❷。田赋征实取得成功的原因在于国民政府曾制定了比较完善的征实征购征借制度,并认真贯彻执行,从制度和组织上作了保障;其二是贵州全省人民,换言之,全国人民皆饱含爱国热忱,积极支持田赋征实政策

---

❶ 贵州省人民政府财政经济委员会.贵州财经资料汇编[M].贵阳:贵州省人民政府财政经济委员会,1950:400.
❷ 潘国旗.第三次全国财政会议与抗战后期国民政府财政经济政策的调整[J].中国现代史,2005(6).

并积极响应,不畏任何艰难险阻而完成自己的任务,做到了天下兴亡、匹夫有责,这是最根本的原因,没有全民族的支持和同仇敌忾的民族精神,田赋征实不可能取得如此巨大的成绩。全民族支持田赋政策是评价该政策的重要背景,"首先应该考虑某个政策是在怎样的情况下采取的,并对照全面的情况同其他政策的可能性、有效性进行比较研究之后,才可以进行评价"。❶ 由此我们认为,贵州的田赋征实工作完成得出色,为后来的田赋征收提供了一定的历史借鉴。虽然从全国范围来看,贵州田赋征实的数额并不居前列,但若以人均量比较,贵州的田赋征实数量在十几个省区中仍在居中游。通过田赋征实,贵州人民对于全国抗战事业的积极支持、对于抗战的高度认识和主人翁态度,皆充分地凸显出来。总之,抗战时期贵州田赋征实在总体上取得了可喜的成绩,贵州人民为全国的抗战事业做出了重要贡献,功不可没。贵州田赋征实所取得的伟大成就将永远彪炳史册!

---

❶ [日]奥村哲.中国最近对民国时期经济史的严究述评[J].中国近代经济史研究资料,1985(3).

参考文献

一、文献史料

《大公报》《经济汇报》《新华日报》《西南实业通讯》《求是月刊》《财政评论》《东方杂志》等.

第三次全国财政会议秘书处[M].第三次全国财政会议汇编,1941.

贵州省政府统计室.贵州统计年鉴,1945.

贵州省人民政府财政经济委员会.贵州财经资料汇编[M].贵阳:贵州人民出版社,1950.

章有义.中国近代农业史资料[M].杭州:三联书店,1957.

荣孟源.中国国民党历次代表大会及中央全会资料[M].北京:光明日报出版社,1985.

贵州社会科学编辑部等.贵州近代经济史资料选辑.第一卷(上)[M].成都:四川社会科学院出版社,1987.

秦孝仪.抗战建国史料——粮政方面(二)[M].台北:中央文物供应社股份有限公司,1987.

秦孝仪.革命文献[M].台北:中央文物供应社股份有限公司,1988.

秦孝仪.《革命文献》第一一五辑抗战建国史料——田赋征实(二)[M].台北:中央文物供应社股份有限公司,1988.

秦孝仪.《革命文献》第一一六辑抗战建国史料——田赋征实(三)[M].台北:中央文物供应社股份有限公司,1989.

秦孝仪.《革命文献》第一一七辑抗战建国史料——田赋征实(四)[M].台北:中央文物供应社股份有限公司,1989.

左治生.中国财政历史资料选编第十一辑(北洋政府部分)[M].北京:中国财

政经济出版社,1990.

贵州省地方志编纂委员会.贵州省志·粮食志[M].贵阳:贵州人民出版社,1992.

贵州省地方志编纂委员会.贵州省志·财政志[M].贵阳:贵州人民出版社,1993.

中国第二档案馆.民国档案史料汇编[M].南京:江苏古籍出版社,1994.

贵州省地方志编纂委员会.贵州省志·军事志[M].贵阳:贵州人民出版社,1995.

中国第二历史档案馆.中华民国史档案资料汇编(第五辑第二编财政经济)[M].南京:江苏古籍出版社,1997.

二、著作

杨汝梅.民国财政论[M].北京:商务印书馆,1916.

贾士毅.民国续财政史[M].北京:商务印书馆,1932.

孙佐齐.中国田赋问题[M].北京:新生命书局,1935.

李荫乔.贵州田赋研究,1938年刊印,又见贵州省文史研究馆.民国贵州文献大系第二辑(下册)[M].北京:贵州人民出版社,2011.

涂雪寒.中国经济问题讲话[M].上海:新知书店,1938.

高叔康.战时农村经济动员[M].艺文研究会,1938.

贵州省政府秘书处.黔政五年,1943.

刘国明.国民政府田赋实况[M].上海:中正书局,1944.

陈伯达.近代中国地租概说[M].石家庄:晋察冀新华书店印,1947.

诸葛平.地籍整理[M].南京:行政院新闻局,1948.

马寅初.财政学与中国财政[M].北京:商务印书馆,1948.

马克思恩格斯全集[M].北京:人民出版社,1958.

毛泽东选集(第一、二、三、四卷)[M].北京:人民出版社,1966.

中国人民大学政治经济学系.中国近代经济史(下册)[M].北京:人民出版社,1978.

中国人民大学.中国近代经济史[M].北京:人民出版社,1979.

张道藩.酸甜苦辣的回忆[M].台湾:传记文学出版社,1981.

何辑五.贵州政坛忆往[M].台湾:中外图书出版社,1982.

孙中山全集(第9卷)[M].北京:中华书局,1983.

秦孝仪.中华民国经济发展史(第二册)[M].台北:近代中国出版社,1983.

陈登原.中国田赋史[M].上海:上海书店出版社,1984.

赵文林.中国人口史[M].北京:人民出版社,1985.

杨荫溥.民国财政史[M].北京:中国财政经济出版社,1985.

张公权.中国通货膨胀史 1937～1949[M].杨志信,译.吉林:文史资料出版社 1986.

胡致祥.贵州经济史探微 贵州近现代史研究文集 之二[M].贵阳:贵州省史学学会近现代史研究会,1986.

贵州社会科学编辑部等.贵州近代经济史资料选辑(上)[M].成都:四川省社会科学院出版社,1987.

周春元.贵州近代史[M].贵阳:贵州人民出版社,1987.

匡球.中国抗战时期税制概要[M].北京:中国财政经济出版社,1988.

四川经济史学会,四川经济史研究论丛编辑委员会.抗战时期的大后方经济[M].成都:四川大学出版社,1989.

金德群主编,左用章等撰.中国国民党土地政策研究 1905～1949[M].北京:海洋出版社,1991.

张静如,卞杏英.国民政府统治时期中国社会之变迁[M].北京:中国人民大学出版社,1993.

邓小平.邓小平文选(第三卷)[M].北京:人民出版社,1993.

中华人民共和国财政部,中国农民负担史编辑委员会.中国农民负担史第2卷半殖民地半封建社会中国的农民负担 1840～1949[M].北京:中国财政经济出版社,1994.

郑学檬.中国赋役制度史[M].厦门:厦门大学出版社,1994.

成汉昌.中国土地制度与土地改革 20世纪前半期[M].北京:中国档案出版社,1994.

崔国华.抗日战争时期国民政府财政金融政策[M].成都:西南财经大学出版社,1995.

贵州省史学学会近现代史研究会等[C].贵州与抗日战争学术讨论会论文集,1995.

李平生.烽火映方舟 抗战时期大后方经济[M].桂林:广西师范大学出版社,1995.

刘建业等.抗日战争史及史料研究[M].天津:南开大学出版社,1996.

熊大宽.贵州抗战时期经济史[M].贵阳:贵州人民出版社,1996.

孙翊刚,董庆铮.中国赋税史[M].北京:新华出版社,1997.

谢本书,温贤美主编,中国抗日战争史学会,中国人民抗日战争纪念馆编.抗战时期的西南大后方[M].北京:北京出版社,1997.

四川联合大学经济研究所,中国第二历史档案馆.贵州抗日战争时期物价史料汇编[M].成都:四川大学出版社,1998.

王志端.中国赋税史[M].北京:中国财政经济出版社,1998.

《民国贵州省政府委员会会议辑要》编辑部.民国贵州省政府委员会会议辑要(上)[M].贵阳:贵州人民出版社,1998.

郑学檬.中国赋役制度史[M].上海:上海人民出版社,2000.

王达,吴崇仪,李成斌.中国农学遗产选集甲类第一种(下)[M].北京:农业出版社,2001.

孙翊刚.中国财政史[M].北京:中国社会科学出版社,2003.

《贵州通史》编委会.贵州通史[M].北京:当代中国出版社,2003.

许涤新,吴承明.中国资本主义发展史第3卷:新民主主义革命时期的中国资本主义[M].北京:人民出版社,2003.

金桂兰,韩旭东.中国抗日战争60件大事[M].北京:国防大学出版社,2005.

朱玉湘.中国近现代史论丛[M].济南:山东大学出版社,2005.

《贵州通史》编辑部.贵州通史简编[M].北京:当代中国出版社,2005.

王建朗,曾景忠.中国近代通史·抗日战争[M].南京:江苏人民出版社,2007.

黄华文.抗日战争史[M].武汉:湖北人民出版社,2007.

邹进文.民国财政思想史研究[M].武汉:武汉大学出版社,2008.

贵阳地方志编纂委员会.贵阳通史(中卷)[M].贵阳:贵州人民出版社,2011.

刘一民.国民政府地籍整理 以抗战时期四川为中心的研究[M].上海:上海三联书店,2011.

林绪武,邱少君. 吴鼎昌文集[M]. 天津:南开大学出版社,2012.

周勇. 西南抗战史[M]. 重庆:重庆出版社,2007/2013.

杨德芳译. 新修支那省别全志·贵州卷(待刊)[M].

三、论文

秀峰. 整理土地与田赋之基础[J]. 财政研究,1937(7~8).

万国鼎. 贵州省民十九至二十一年之田亩清查[J]. 贵州地政月刊,第九期第四卷.

黄立人. 抗日战争时期国民党政府开发西南的历史评考[J]. 云南师范大学学报(对外汉语教学与研究版),1985(4).

崔国华. 论抗战时期国民政府田赋改征实物的意义[J]. 复印报刊资料经济史料,1988(7).

朱坚真. 抗战时期国民党政府的财政金融政策及经济统制措施(下)[J]. 教学与研究,1989(3).

顾文栋. 从清末到民国时期贵州田赋征课的概略[J]. 贵州文史丛刊,1990(1).

郭德宏. 南京政府时期国民党的土地政策与实践[J]. 近代史研究,1991(5).

张忠才. 考析抗战前十年南京国民政府的田赋整理[J]. 杭州大学学报,1992(3).

防艳魁. 试论抗日战争时期难民西迁的社会影响[J]. 广东社会科学,1994(5).

孔玲. 抗战时期"贵州农业改进所"对贵州农业经济开发的推动作用[J]. 贵州社会科学,1995(3).

林建曾. 抗战时期贵州农业的发展及其特点[J]. 贵州社会科学,1996(6).

于景洋,李明. 抗战时期国民政府田赋征实评析[J]. 黑龙江财政专科学校学报,1997(5).

潘洵,杨光彦. 抗战时期西南地区农村的社会变迁[J]."20世纪中国社会史与社会变迁"学术讨论会论文选集,1997.

曹余濂. 中国田赋档案概说[J]. 档案学研究,1998(1).

林建曾.抗战时期贵州农业经济与现代科技[J].贵州文史丛刊,1999(1).

朱莉.民国贵州财政述述略[J].贵州文史丛刊,1999(3).

傅宏.略论抗战时期大后方的农业合作运动[J].贵州社会科学,2000(4).

李铁强.抗战时期国民政府田赋征实政策再认识[J].中国社会科学院研究生院学报,2004(4).

顾朴光.抗日战争时期贵州农林牧业概述[J].贵州民族学院学报(哲学社会科学版),2001(4).

姜爱林.民国时期国民党土地政策述要[J].历史档案,2001(4).

孔庆国,张生.抗战时期法币的特殊角色述论[J].民国档案,2003(4).

李铁强.南京国民政府时期湖北地籍整理述评[J].聊城大学学报(社会科学版),2005(2).

李朝贵.抗日战争中的"贵州力量"[J].当代贵州,2005(4).

潘红石.试析抗战时期国民政府田赋征实之弊病[J].邵阳学院学报(社会科学版),2008(1).

郑东起.国民政府土地陈报研究[J].古今农业,2008(1).

陈丹丹.抗战时期国民政府的土地陈报[J].郑州航空工业管理学院学报(社会科学版),2008(5).

陈国庆.试析抗战时期国民政府田赋征实政策[J].历史教学回顾,2009(3).

王今诚,王超.中国农业近代化(1912~1937)的制度需求与供给研究[J].延安大学学报(社会科学版),2009(4).

陈国庆.抗战时期国民政府土地税收政策的调整[J].广西师范大学学报(哲学社会科学版),2009(5).

郝银侠.抗战时期国民政府田赋征实中的利益集团[J].南京师范大学学报(社会科学版),2009(6).

翁礼华.中国历代地籍管理[J].经济研究参考,2009(68).

付燕鸿,王先明.20世纪30年代的"农业恐慌"探析——立足于历史成因与时代特征的考察[J].人文杂志,2010(2).

翁泽红.文史天地 纪念辛亥革命100周年特刊[C].试述贵州少数民族对辛亥革命的贡献,文史天地杂志社,2011.

吴晓娜.抗战时期高校内迁对抗战影响探究(1931~1945)[D].东北师范大学

2007年博士论文.

韦华培.抗战时期贵州经济的跨越式发展[D].贵州师范大学2008年硕士论文.

郝银霞.抗战时期国民政府田赋实征制度之研究[D].华中师范大学2008年博士论文.

肖鸿今.论抗战时期四川田赋"三征"[D].四川师范大学2010年博士论文.

四、外文资料

Ch'ao - ting Chi, Wartime Economic Development in China, New York, 1939.

Arthur M. Young, China's Wartime and Inflation, 1937 - 1945, Harvard University Press, 1963.

Shun - hsin Chou(周舜辛), The Chinese Infiation, 1937 ~ 1949, Columbia University Press, 1963.

Hsiao - tung Fei(费孝通) and Chih - I Chang(张直易), Earthbound China, Chicago, 1945.

Han - shengChen(陈翰生), The Chinese Peasant, Orford University Press, 1945.

Dwight Perkins, Agricultural Development in Chian, 1368 ~ 1968, Chicago, 1969.

Evelyn Rawski, Agricultural Change and the Peasant Econorny of South China, Harvard Univmity Press, 1972.

后　记

　　本书为贵州省社会科学院历史所抗战系列研究之二,其前一部为《黔山抗战起烽烟》,已于去年出版。自去年接此写作任务以来,课题组成员未敢怠慢,凭借团体协作之精神,终于面世。虽谈不上创作,然各成员皆付出艰辛之努力,自选题、史料剪裁、史料组织到章节之撰写,无一不精心构思,字斟句酌,其甘苦自知。

　　各章之撰写为:第一章,张云峰;第二章,龙平久;第三章,翁泽红、徐适;第四章第一二节,范松,第三节一至七,李德生,七小节之军粮征借、积谷和公粮三部分,黄昊;第五章、自序、后记,安尊华。罗晓萍女士参加了资料搜集。图片来自贵州大学与天柱县合作项目《清水江文书集成考释·天柱卷》。

　　本书自项目立项,以及整个研究过程得到了贵州省社会科学院领导和科研组织处的鼎力支持,特别是吴大华院长的指导、关心和鼓舞,使课题组成员勇气倍增,有力地推动了写作。其他专家和前辈在审阅初稿后亦提出诸多宝贵意见,知识产权出版社王辉老师为本书的出版付出了不少精力。在此,对所有关怀和支持本课题的领导和同仁,我们表示深深的谢忱!

　　本书作为一种尝试,旨在抛砖引玉,唤醒学人关注抗战,特别是贵州人民为抗战所做的贡献,以期催生更多的抗战研究成果。时间仓促,任务艰巨,学识微薄,不足颇多,真诚地期待专家同仁指正,作为后学,我们感激之至!

2014 年 8 月 8 日识于相宝山